人类命运共同体下的加拿大华侨华人研究

朱倩 著

中国社会科学出版社

图书在版编目（CIP）数据

人类命运共同体下的加拿大华侨华人研究／朱倩著．—北京：中国社会
科学出版社，2021.11
ISBN 978 - 7 - 5203 - 8863 - 4

Ⅰ.①人… Ⅱ.①朱… Ⅲ.①华侨—研究—加拿大②华人—研究—
加拿大 Ⅳ.①D634.371.1

中国版本图书馆 CIP 数据核字（2021）第 157478 号

出 版 人	赵剑英
责任编辑	赵 丽
责任校对	刘 娟
责任印制	王 超

出 版	中国社会科学出版社
社 址	北京鼓楼西大街甲 158 号
邮 编	100720
网 址	http://www.csspw.cn
发 行 部	010 - 84083685
门 市 部	010 - 84029450
经 销	新华书店及其他书店

印 刷	北京明恒达印务有限公司
装 订	廊坊市广阳区广增装订厂
版 次	2021 年 11 月第 1 版
印 次	2021 年 11 月第 1 次印刷

开 本	710×1000 1/16
印 张	15.25
字 数	212 千字
定 价	79.00 元

目　录

导　　论

　　自 20 世纪 80 年代以来，全世界见证了来自中国的移民大潮，今天全球的海外华侨华人已达 6000 万之巨。在全球化深入发展和中国崛起的进程中，海外华侨华人的跨国实践显著增强，世界各国的华侨华人在中国与其东道国之间编织出巨大的跨国网络，社群中蕴含的经济、政治与社会文化资源在全球交换流动，海外华侨华人因此成为中国独特的社会资源。进入 21 世纪，中国开始在一个不确定因素增加、各种利益相互交融影响的全球背景之下寻求国家发展与社会的稳定，海外华侨华人在这一历史阶段的作用逐渐凸显。如何认识及妥善地处理其海外移民的议题成为中国面临的重要挑战。中国的海外移民在跨国关系与发展中扮演何种角色？更重要的是，他们在中国崛起的国际战略中扮演何种角色？这些都是 21 世纪的中国所面临的重要议题。

　　在中国庞大的海外族裔群体之中，加拿大华侨华人社群在冷战结束后迅速发展。自 1971 年建交以来，中加关系一直良性发展。自 20 世纪 70 年代以来，加拿大开放的移民政策与良好的生活环境吸引了大批中国移民。进入 20 世纪 90 年代，中国经济社会快速发展，融入世界的步伐也逐渐加速，两国之间的商贸科技往来和人员沟通交流日益频繁，加拿大的华人移民成为这一发展趋势中的主流群体，在两国之间形成了规模巨大的人员跨境环流。中加两国近年来每年往来人员总数超过 70 万人次，平均每天都有超过 2000 人往返于太平洋两岸，在中国与加拿大之间形成了多重的跨国社会联系。

本书以加拿大华侨华人作为研究对象，通过引入"散居者"这一具有跨国主义特征的概念和理论框架，试图展现冷战结束以来加拿大华人移民行为方式日益呈现出的价值理念多元包容和情感趋向彼此兼顾的发展特点。加拿大华侨华人在中加两国之间有大量显著意义的跨国经济、社会与政治活动，在祖籍国（中国）与东道国（加拿大）之间形成了超越边界的多层次、复杂的联系，在潜移默化中塑造了华人社群文化政治归属感的界限以及与国家的互动模式，令其成为中加两国之间独特的社会存在。通过跨国主义视角研究加拿大华侨华人，可以观察到当代海外华人移民从"旅居者"到"散居者"的身份转换，对于进一步探讨海外华侨华人之于中国外交和国际关系以及国际发展战略方面都有重要意义。

第一节　问题的提出与研究的价值

20 世纪 70 年代开始，大规模的华人移民潮再次出现。在这一波移民潮中，北美洲的加拿大成为中国移民的首选目的国之一。今天加拿大拥有将近 150 万华裔人口，其中大部分依然与中国保持着紧密的联系。与加拿大历史上传统的华侨华人群体相比，当代加拿大华侨华人社群更为积极活跃，他们更为主动地融入加拿大的社会之中，同时依然与中国保持着密切的经济、社会文化甚至政治的跨国联系。对中国和加拿大来说，这一群体都是十分独特的社会存在，因而值得对其研究。

一　问题提出的背景

第二次世界大战结束之后，全球人口迅速增长。然而人口增长的速度并不均衡，整体而言，发达国家和地区的人口自然增长率远低于发展中国家和地区。在发达国家经济持续快速发展的趋势之下，这些国家面临着劳动力人口短缺、社会老龄化等可持续发展问题。相比而言，发展中国家和地区人口数量增长快，劳动力相对充足。世界人口的这一发展趋势催生了国际移民潮的产生，大量来自发展中国家和地区的劳动力前往发达国家和地区，寻求工作机会。

自 20 世纪 90 年代以来，国际移民进入更为快速的发展时期。据统计，从 1990 年到 2013 年，全球的国际移民增加了 7700 万人（其中 69% 分布在发达国家和地区），其增幅为 50%；其中增长速度最快的时期是 2000—2010 年，这期间，移民以每年大约 460 万人的速度递增；截至 2013 年，全球总共有 2.32 亿国际移民。[①] 在国际移民数量不断增加的同时，跨国流动的趋势也在不断加强，技术移民、学生移民、投资移民、亲属移民甚至非法移民等跨国移民已经成为一种全球现象。这些跨国移民与其祖籍地和定居地之间的多重社会关系，形成了跨越地理、文化以及政治边界的社会场域。这一社会场域与民族国家内部以及外部的个体或者机构展开了多重互动，产生了复杂的联系，形成了一个普遍的国际现象。[②]

国际移民的这种跨国化发展趋势对全球政治产生了深刻的影响，带来了国际发展、国际安全等方面的议题。对于民族国家而言，它们开始越发重视自身内部以及海外存在的移民族群，认为这些群体中蕴含着对祖籍国和东道国产生巨大影响的潜力。例如，美国、加拿大、英国、德国以及澳大利亚这些移民国家，在过去的 30 多年中已经逐渐形成了各自的移民模式，其国内的民族构成已经发生了很大的变化。美国中央情报局认为："对于世界上那些最具影响力的政府来说，人口的变化将会创造出对新的联盟网络的需求，以及对外政策的优先考虑。"[③] 英国剑

---

① *International Migration Report*, United Nations Department of Economic and Social Affairs/ Population Division, 2013.

② 吴前进：《当代移民的本土性与全球化——跨国主义视角的分析》，《现代国际关系》2004 年第 8 期。

③ Kyle Grayson and David Dewitt, *Global Demography and Foreign Policy：A Literature Brief and Call for Research*, York Centre for International and Security Studies, Working Paper No. 24, December 2003.

桥大学教授克里斯托弗·希尔也观察到，包括国内移民族群在内的非国家行为体正在国家的对外政策政治中扮演越来越重要的角色，作为"高级政治"的国家对外政策领域，已经不再是一块拥有自己独特道德的政治保留地。尤其对于全球那些相对开放的国家来说，其对外政策与国际关系涉及的国内利益越来越多；国内政治已与国际政治交织在一起。① 近些年来，在对外政策和国际关系的研究中，分析视角变得更为内向和微观，人们试图从国内社会中寻求国家对外政策与关系中的原因及其路径。从这个角度出发，国际移民成为全球化理论与实践中典型的非国家行为体，给国际关系研究带来了新的议题。

20 世纪 80 年代开始，大量的华人新移民进入加拿大，加拿大华裔社群人数迅速增加。从 1998—2009 年，中国一直是加拿大第一大移民来源国。② 除了移民之外，在中加之间还有大量留学生、短期工作人员以及游客等其他群体。中加两国之间大规模的人员往来是经济全球化以及两国关系深入发展的结果：加拿大开放的移民政策、良好的生活环境吸引了大批来自中国的移民；同时，中国经济的快速发展又吸引了加拿大华侨华人参与两国之间的跨国商贸、科技的交流。冷战的结束、全球化的发展以及技术的进步为加拿大华侨华人的跨国流动提供了前所未有的便利条件，而这种密集的人口跨国流动也给两国关系增添了复杂性。对于中国和加拿大来说，加拿大的华裔社群中蕴含着巨大的经济与社会政治资源，他们的跨国联系与互动是两国关系中独特且重要的存在。

在上述理论与实践背景之下，跨国主义成为海外华侨华人研究的最新视角，海外华侨华人也成为国际关系学者眼中值得关注的非国家行为

---

① ［英］克里斯托弗·希尔：《变化中的对外政策政治》，唐小松、陈寒溪译，上海人民出版社 2007 年版，第Ⅰ—Ⅱ页。

② Kenny Zhang, *Multi - stream Flows Reshape Chinese Communities in Canada：A Human Capital Perspective*, Asia Pacific Foundation of Canada, Presentation to The 5th WCILCOS International Conference of Institutes and Libraries for Chinese Overseas Studies – Chinese through the Americas, UBC, Vancouver, May 16—19, 2012, p. 3.

主体。

二　选题的理论价值

自20世纪90年代以来，移民研究进入了一个新的阶段。越来越多的人意识到，尽管国家的政治边界依然强大、文化边界依然清晰，移民的跨国社会活动却在日益增长，当代移民及其后代在努力融入东道国的同时，还与祖籍国保持着联系。目前，跨国移民研究已经成为一个跨学科的研究领域，全球的学者试图描述与分析这些跨国行为复杂的动因，并因此创造出新的方法论工具。移民研究已经从简单的国家间的比较走向在进行区域间互动的研究中重新界定自身。

就国际关系研究领域而言，著名学者罗伯特·基欧汉和约瑟夫·奈早在1971年就认为国际关系理论需要反思它的基本概念与范畴，以捕捉那些非国家行为者以及次国家行为者之间的跨界关系。[①] 在国际关系领域，对移民跨国性的研究令很多学者看到了国家与公民（社会）之间超越边界的、多层次的、混合的联系，跨国移民及其实践正在转变国家的角色以及政治归属感的界限，这些研究继而引发了对民族国家的重新审视。[②]

本书采用了一种探究全球化与国际政治组织结构宏观变化的角度对当代海外华侨华人群体展开观察。对存在于当代跨国空间中的实践的关注令我们能够更加深入思考国际关系领域中核心的问题。其中对"散居者"概念的引入并不代表对国际关系中的核心概念"民族—国家"的

[①]　Robert O. Keohane and Joseph S. Nye, *Transnational Relations and World Politics*, Cambridge, MA: Harvard University Press, 1971.

[②]　Peggy Levitt and Nina Glick Schiller, "Transnational Perspectives on Migration: Conceptualizing Simultaneity", *International Migration Review*, Vol. 38, No. 3, 2004. Nina Glick Schiller and Peggy Levitt, *Haven't We Heard This Somewhere Before? A Substantive View of Transnational Migration Studies by Way of Reply to Waldinger and Fitzgerald*, CMD Working Paper 06—01, 2006. 丘立本：《国际移民趋势、学术前沿动向与华侨华人研究》，《华侨华人历史研究》2007年第3期。

抛弃，而是对其研究议程的扩展。① 本书尝试从跨国主义的视角去探讨全球化时代的华人国际移民，这一视角将国际关系中人的能动性、社会性和实践性体现出来，因此也体现出政治的本意。

三 选题的实践价值

除了理论上的探讨，当前更多的研究是从实践的角度对移民的跨国流动进行观察。就散居者这一概念来说，它更多的是指向一种现实：意指离散的种族社群被跨国的网络与实践联系在一起，并从这个角度出发去关注传统的国际关系中移民群体的经济、社会与政治活动。

跨国行为日渐复杂、多样甚至矛盾。对于学者来说，摒弃过去将国家视为"实心球"的方式，仔细审视不同层次的行为者复杂的互动，才能避免过于概括的结论以及一揽子的政策回应。跨国社群是如何将地缘政治意义上的"国家边界"、成员的"归属感"等这些概念与象征意义上的边界分开的？对跨国社群的观察将启发我们的思路，让我们将国家、民族认同等视为国际关系中实证研究的对象，而非基本的前提或者假设。

这种实证研究将会成为更多政策的基础。例如，对于很多国家来说，目前移民的跨国活动以及沟通往往形成了公共外交的某种形式，塑造了国家在海外的形象，同时还会影响决策者达到对外政策目标的能力。从实践的角度来看，20世纪中后期，外交领域出现的"参与革命"正是国际人口加速流动的结果之一。各个国家对此趋势的认识为公众参与外交开辟了广阔的空间和无限的可能。对一些国家而言，将其海外侨民纳入国家的外交战略的制定和执行过程之中，是在传统的以国家为中心的外交基础之上，对全球化时代外交社会化和民主化的一种应对。因此，对其海外族裔群体的研究，是扩展对全球化时代错综复杂的国家外

---

① Fiona B. Adamson and Madeleine Demetriou, "Remapping the Boundaries of 'State' and 'National Identity': Incorporating Diasporas into IR Theorizing", *European Journal of International Relations*, Vol. 13, No. 4, 2007, p. 503.

交、国际战略以及国际格局的理解的基础之一。

习近平主席 2018 年在庆祝改革开放 40 周年大会上的讲话中指出：必须坚持扩大开放，不断推动共建人类命运共同体。进入新时代的中国，统筹国内国际两个大局，形成了对外开放的新格局，中国的发展与世界的命运休戚相关。海外华侨华人曾经为新中国的建设和改革开放做出过重要的贡献，是中国参与经济全球化和现代化建设的重要力量。今天，海外华侨华人已经超过 6000 万人，他们分布在不同的国家地区，身处不同的领域，在中国和世界之间编织出一张巨大的华侨华人网络。在中国不断深化的对外交往过程中，研究这一庞大的海外群体，将其视为中国对外经济交往、国家软实力建设、"一带一路"建设的重要依托，对于中国推进构建"人类命运共同体"的国际战略具有重要意义。

第二节　相关文献的综述

兴起于 20 世纪 70 年代的散居者研究（Diaspora Studies）为当代的海外华侨华人研究提供了新的理论视角，自 20 世纪 90 年代始，海外学者的华人移民研究中开始大量使用"华人散居者"（Chinese Diaspora）这一概念，与之前的"华人移民"（Chinese Immigrant）或者"海外华人"（Chinese Overseas）并列使用。相对而言，中国国内学者则较少使用这一概念，在研究中依然使用"华侨华人"这一概念。随着 20 世纪 90 年代"跨国主义"（Transnationalism）理论被引入华侨华人研究领域，出现了与华人散居者比较接近的"跨国华人"这一概念，这是对全球化时代中国国际移民与海外华人社群新的发展趋势的观察与思考的回应。跨国主义视角下的散居化研究是华侨华人研究的新阶段，相比之前将海外华侨华人局限在某个东道国之内的研究或者单纯对移民行为本身的研究，这是一种动态的、更能折射出全球化时代特征的研究。

一 国外研究的现状

1. 海外华人研究

中国人移民和旅居海外历史悠久，海外关于华人移民的研究数量充沛，种类繁多。笔者将从历史的角度出发，沿着海外华侨华人研究框架与范式这一线索对该领域的研究展开极为简要的综述，同时呈现出时代发展对于海外华侨华人研究视角和研究方法的影响。

中国人大规模移居海外的历史从 19 世纪中叶开始。这些中国移民主要来自于中国东南沿海的广东、福建等省，他们的目的地主要是东南亚各国，还有一些前往北美。这些人大部分称自己为"华侨"，其主体由华工构成，也有一小部分华商，其政治忠诚和文化认同都倾向于中国。早期海外对这一华人移民群体的研究主要是在民族国家的框架之下，将华侨视为东道国的少数族裔而展开研究的。研究主要集中在文化研究和种族研究。文化研究主要探讨源于中国传统文化之中的华人移民及其后代，关注这一群体中文化传统的连续性、传播以及影响。而隶属于社会学的种族研究（民族志）则关注种族与种族关系，强调华人移民及其后代在东道国作为少数族裔的地位，以及他们与国家多数族裔（主流民族）之间的关系。[①] 沿着民族国家的脉络和思维，这些研究就华人对东道国社会和国家的影响提出了"旅居者""同化论"等调试模式和研究框架。[②] 比如萧保罗，作为北美第一代研究华人移民的社会学家，在他的研究中使用了齐美尔的"异乡人"和罗伯特·帕克的"边缘人"的概念，将 20 世纪 50 年代之前的华人移民定义为在异国他乡依

[①] Zhongping Chen, "Building the Chinese Diaspora across Canada: Chinese Diasporic Discourse and the Case of Peterborough, Ontario", *Diaspora*, Vol. 13, No. 2/3, 2004, p. 186.

[②] G. William Skinner, "Chinese Assimilation and Thai Politics", *The Journal of Asian Studies*, Vol. 16, No. 2, pp. 237–250. 转引自潮龙起《跨国华人研究的理论和实践——对海外跨国主义华人研究的评述》，《史学理论研究》2009 年第 1 期。

然坚持自己族裔文化的"旅居者"。① 这一群体在追求更好的生活与工作的动力之下来到海外，是否赚到钱决定着他们的去留，因此面临着是否返回家乡的现实选择与心理状态。在"旅居者"的视角之下，"华人不变论"开始出现。

自 20 世纪 50 年代始，华人海外移民的动因与方式有了新的发展，海外华人社会中也开始出现新的华人认同。海外华人社会中土生华人的数量开始增加，与此同时，1949 年中华人民共和国成立后中国大陆的华人向海外移民的进程一度中止。中国政府在 20 世纪 50 年代放弃了血统主义为原则的国籍法，不承认双重国籍。在这样的背景之下，大量的海外华侨放弃中国公民身份，"落地生根"成为华人或者华族。这期间一些华人从中国的港澳台地区和东南亚国家再移民，其中大部分移居到了北美、澳洲和西欧。②

伴随着海外华人社群的发展，海外华人的研究范式开始发生转变。第二次世界大战结束，全球民族主义兴起，冷战到来，在这样的国际背景之下，"同化论"的研究框架开始进入海外华人研究者的视线。这一时期的学者开始驳斥"华人不变论"的观点，通过同化论的研究框架对海外华人社群进行历史与社会文化的解读。这期间比较著名的研究者有施坚雅，通过对泰国华人的研究，他认为泰国华人已经为当地所同化，因为其后代都已经使用泰语，充分融入当地社会，并且认为自己是"泰国人"，因此，泰国华人已经被同化为泰国人了。在这一同化过程中，施坚雅强调了泰国政治的作用。③ 此外还有王保华，他认为在华人同化的过程中，结构性的因素会造成海外华人同化程度的差异。他将同化视为一个"移民抛弃祖籍地的文化特性，通过与异族通婚、集体参加

---

①　刘宏：《跨界亚洲的理念与实践——中国模式、华人网络、国际关系》，南京大学出版社 2013 年版，第 35 页。

②　刘宏：《跨界亚洲的理念与实践——中国模式、华人网络、国际关系》，南京大学出版社 2013 年版，第 32 页。

③　G. William Skinner, "Chinese Assimilation and Thai Politics", *Journal of Asian Studies*, Vol. 16, No. 2, 1957, pp. 237–250.

所在国的各种机构、在更大的社会中价值观的国际化，以及行为和态度的调整而接受居住国的文化特性"的过程。通过对秘鲁和美国华人的个案研究，他认为利马华人的同化度高于纽约华人。① 20 世纪 80 年代之前的海外华人研究还有一些涉及早期海外华人的历史演进及其相关的社会状况。总体而言，这些研究主要是沿着民族国家的脉络，将海外华人视作东道国历史或者说西方殖民历史的一部分，倾向于关注殖民政策的研究。②

　　自 20 世纪 80 年代以来，出现了华人移民海外的高潮。在这一波移民潮中，来自中国大陆的华人新移民是主体，其中 80% 前往发达国家，20% 前往发展中国家。这与早期的移民模式有很大的区别，早期的华人移民大约有 90% 是移居到东南亚地区。③ 这一华人新移民群体正在逐渐成为东道国华人社会的重要组成部分。伴随着华人本地化进程的持续、全球化进程的加速和中国的崛起，海外华人社会也经历了巨大深刻的变迁。

　　20 世纪 80 年代末，随着冷战接近尾声，海外华人研究中的同化论研究框架受到诸多学者尤其是海外华裔研究者的批判。在他们看来，同化论过于片面和单向，是一种西方中心论的产物。比如美国华裔学者王灵智的批判，他认为从同化论的角度出发去审视海外华人社群的"忠诚"问题是一种简单化、单一化且带有偏见的、不全面的研究范式，这种范式导致对海外华人的研究仅仅关注占统治地位的欧裔美国人和华人少数民族之间的种族差异和冲突。④

　　在这一反思与批判之下，海外华人研究的范式再次转变，海外华人

---

① 刘宏：《跨界亚洲的理念与实践——中国模式、华人网络、国际关系》，南京大学出版社 2013 年版，第 38 页。

② 刘宏：《跨界亚洲的理念与实践——中国模式、华人网络、国际关系》，南京大学出版社 2013 年版，南京大学出版社 2013 年版，第 37 页。

③ 廖建裕：《全球化中的中华移民与华侨华人研究》，《华侨华人历史研究》2012 年第 1 期。

④ Wang Ling – chi, "The Structure of Dual Domination: Toward a Paradigm for the Study of the Chinese Diaspora in the United States", *Amerasia Studies*, Vol. 21, 1995, pp. 149 – 167.

成了研究的主体，越来越多的研究者开始从"华人视角"出发，致力于发现海外华人社会内部复杂的关系与互动，及其自身的动力和独特的机制。海外华人独特性或者说"华人性"问题在这一阶段受到了仔细的审视。这一阶段出现了大量关于海外华人认同的研究。很多学者从历史学的角度出发对海外华人认同的发展演变及其特点展开了研究。比如颜清湟的《星马华人与辛亥革命》，古鸿廷的《东南亚华侨的认同问题》和王赓武的《中国与海外华人》。这三部著作分别探讨了19世纪末20世纪初、20世纪上半叶和20世纪下半叶的华人认同问题。他们都强调不应将海外华人视作一个整体。由于阶级、教育、出生地或者居留地的差异，华人对中国的认同也是千差万别；同时，时间、事件、居留地情势以及中国时局的变化也对华人认同产生多方面的影响。① 王赓武展开了大量关于东南亚华人民族主义及华人与中国、东道国之间的关系研究，通过研究他发现东南亚华人具有国家、阶级、民族和文化四个方面的多元认同。②

除了历史学领域的研究，文化研究为海外华人文化以及认同的研究提供了理论基础。在文化研究领域的海外华人研究更为关注理论上的批判。美国学者周蕾认为，在有关海外华人文化认同的争论中，"华人性"的探讨产生了一种文化本质论，在中国与世界之间勾画出一道想象中的边界，需要打破海外华人研究中的这一障碍。③ 此外，澳大利亚学者洪宜安也持类似的观点。她认为散居者并不是自然的、时时刻刻都存在的实体，而是一种想象的社会。她反对这种对华人和非华人的僵硬划

---

① 李盈慧：《海外华人认同的三种论述：评颜清湟、古鸿廷、王赓武的三部著作》，《东南亚学刊》2004年第1期。

② Wang Gungwu, "The Study of Chinese Identities in Southeast Asia", in Jennifer W. Cushman and Wang Gungwu eds. , *Changing Identities of the Southeast Asian Chinese since World War II*, Hong Kong: Hong Kong University Press, 1985, pp. 1 – 21.

③ Rey Chow, "Introduction: On Chineseness as a Theoretical Problem", in Rey Chow ed. , *Modern Chinese Literacy and Cultural Studies in the Age of Theory: Rethinking a Field*, Durham: Duke University Press, 2000, pp. 1 – 25. 转引自刘宏《跨界亚洲的理念与实践——中国模式、华人网络、国际关系》，南京大学出版社2013年版，第39页。

分，主张回归到混杂的背景之中，将全球的城市当作来自世界各地的移民的目的地，在这一基础之上展开海外华人文化认同的研究。①

在这一波对海外华人及其认同的研究之中，跨国主义作为一种研究方法被引入。跨国主义是跨学科研究的产物，最初源于文化人类学对跨国现象的关注，其后社会学对其展开了改进与丰富，并在地理学家的推动下得到了全面的发展。② 最初将跨国主义理论引入海外华人研究的是美国学者王爱华，她与美国学者诺尼尼共同编辑出版的论文集《无根的帝国》，是最早运用跨国主义理论探讨海外华人的著作。③ 从跨国主义的视角出发，王爱华和诺尼尼论证了海外华人移民在近代殖民政权、后殖民时代的民族国家以及国际资本主义这三个不同的历史时期表现出的灵活的策略。他们认为，当代华人的跨国主义根植于始自 20 世纪 70 年代的亚太地区出现的新资本主义的发展，是"第三种文化"，它产生于华人群体的跨文化交流进程之中。④

冷战结束以及全球化的进一步深入发展是跨国主义理论产生的时代背景。跨国主义通常被定义为"移民形成以及维持连接其祖籍地和定居地之间的多种社会关系的过程"，其根本要素之一是跨国移民在祖籍国和定居国都维持着多方面的参与。它关注一个数量不断增加的、以双重身份生活的人群：他们说两种语言，在两个国家都有家，通过持续不断的、正式的跨越国境的交往谋生。⑤ 它要求研究者具有超越民族国家的想象力，这种思维模式与研究框架更加符合冷战后国际移民那种"既在

---

① 刘宏：《跨界亚洲的理念与实践——中国模式、华人网络、国际关系》，南京大学出版社 2013 年版，第 39—40 页。

② 丁月牙：《论跨国主义及其理论贡献》，《民族研究》2012 年第 3 期。

③ Aihwa Ong and Donald Nonini eds., *Ungrounded Empires*：*The Cultural Politics of Modern Chinese Transnationalism*，New York：Routledge，1997.

④ Donald Nonini and Aihwa Ong，"Chinese Transnationalism as an Alternative Modernity"，in Ong and Nonini eds.，*Ungrounded Empires*：*The Cultural Politics of Modern Chinese Transnationalism*，New York：Routledge，1997，pp. 31 – 33.

⑤ 刘宏：《跨界亚洲的理念与实践——中国模式、华人网络、国际关系》，南京大学出版社 2013 年版，第 40 页。

此处又在彼处"的心理以及空间状态，因此为观察包括华人移民在内的当代国际移民提供了更为有效的观察框架。这种将双边社会联系起来的理论框架的说服力远胜于仅仅关注同化或者多元文化理论。[①] 在王爱华与诺尼尼的研究之后，产生了大量的研究试图运用跨国主义框架建立一个研究的宏大体系，全面探讨涉及海外华人与祖籍国、东道国以及自身内部的经济、政治与社会文化领域的所有相关议题。越来越多的研究者从"华人视角"出发，去解释海外华人的全球性的联系、网络、行为以及意识。

在跨国主义的理论框架之下，海外华人移民的历史发展得到了重新的审视，很多学者认为海外华人移民本质上就是跨国性的，这不仅体现在当代信息和交通技术发展的基础之上，因为历史上的华人移民在当时的技术条件下依然从事着长期的、多样化的跨国实践。中国香港学者冼玉仪，美国学者亚当·麦昆以及美国学者徐元音等对 19 世纪晚期到 20 世纪早期的美洲华人的跨国组织展开研究，认为跨国主义是海外华人社群的重要特征，并非后工业化时代的产物。新加坡华裔学者陈丽园通过对广东潮州人侨批研究指出，近代东南亚华侨与家乡的联系无论深度和广度，在世界移民史上都是罕见的。英国学者班国瑞运用跨国主义理论对英国华侨社区的早期历史展开系统的探讨。[②] 在现当代海外华人研究中，跨国主义视角得到了更为普遍的运用。比如刘宏在《跨界亚洲的理念与实践——中国模式、华人网络、国际关系》中超越传统的二分法，对国家、体制、全球化及其同海外华人的关系进行了深入的探讨，将网络理论应用于海外华人研究，强调华人网络与民族国家之间的联系机制。通过这种方式，刘宏将海外华人的历史大致分为四个时期，其中自 20 世纪 70 年代以来的第四个时期，海外华人网络和华人经济跨越民族

---

① Donald Nonini and Aihwa Ong, "Chinese Transnationalism as an Alternative Modernity", in Ong and Nonini eds., *Ungrounded Empires: The Cultural Politics of Modern Chinese Transnationalism*, New York: Routledge, 1997, pp. 31 - 33.

② 参见潮龙起《跨国华人研究的理论和实践——对海外跨国主义华人研究的评述》，《史学理论研究》2009 年第 1 期。

国家的范畴，将亚洲、甚至全球当作自身的活动范围。同时，这一发展得到了民族国家政府的赞成和支持，在国家和区域的经济发展中处于一种积极的主导地位。华人网络的发展因此促进了民族国家经济的发展，以及区域经济和社会活动的一体化。皮特·科恩和尹晓煌研究了美籍华人跨国主义与美中之间的经济、政治以及社会文化之间的联系。① 匈牙利学者聂宝臻，加拿大学者罗伊德·王、大卫·李以及英国学者彭珂分别以匈牙利的中国新移民、加拿大的香港移民资本家以及欧洲的福建新移民为考察对象，从全球的、跨国的以及地方的多层次空间中分析跨国华人的社会场域。②

在跨国主义的研究框架之下，海外华人与祖籍国的关系得到了格外的重视与强调。很多学者都认同这一观点：现代华人的跨国主义必须在将中国作为一个民族国家与其海外移民之间有种种联系这样一个历史和制度背景下去理解。③ 印度裔美国汉学家、历史学家杜赞奇探讨了20世纪上半叶清政府、改良派、革命派对海外华人所采取的不同策略，虽然中国境内不同的政治派别的国家主义与海外华人的跨国主义之间存在着矛盾，但是这些策略导致了海外华人的政治化，并促使他们在中国的社会政治发展中扮演日益重要的作用。④ 史蒂芬·菲茨杰拉德也通过对1949年到1970年中国对海外华人的政策分析中，看到了不同时期中国政府对其东南亚华侨华人的变化态度。⑤ 此外，杜赞奇、朱梅、聂宝臻、E. 芭拉班特斯娃和彭珂等运用跨国主义理论探讨了不同时期中国

---

① Peter H. Koehn and Xiao - huang Yin eds., *The Expanding Roles of Chinese Americans in U. S. - China Relations：Transnational Networks and Trans - Pacific Interactions*, Armonk, New York：M. E. Sharpe, 2002.

② 参见潮龙起《跨国华人研究的理论和实践——对海外跨国主义华人研究的评述》，《史学理论研究》2009 年第 1 期。

③ 参见刘宏《海外华人研究的谱系——主题的变化与方法的演进》，《华人研究国际学报》2009 年第 2 期。

④ Prasenjit Duara, "Transnationalism and the Predicament of Sovereignty：China, 1900—1945", *American Historical Review*, Vol. 102, No. 4, 1997, pp. 1030 - 1051.

⑤ 参见刘宏《跨界亚洲的理念与实践——中国模式、华人网络、国际关系》，南京大学出版社 2013 年版，第 263 页。

政府及其驻外使节和政党的海外分支机构如何利用政治和文化手段动员海外华人的资源为自己利益服务。他们认识到，中国政府为了促进经济发展和社会政治稳定，争取海外华人的支持，不断改进其政策、观念和方法，通过制度化的和非正式的手段，跨越民族空间，重建与海外华人的联系，维系新移民对家乡的情感和跨国的认同。① 刘宏在他的文章中从历史发展的角度考察了中国的外交与侨民政策对海外华人与中国关系的影响。②

美国汉学家白鲁恂认为中国不仅仅是一个民族国家，她是以一种国家形式出现的文明。③ 这种从文化角度对中国的认识有助于理解海外华人的多元性和复杂性。杜维明提出了"文化中国"的概念，试图建构一个超越地理、种族和文化疆界的包括中国和海外华人在内的研究。在他看来，文化中国是三个具有象征意义的世界之间的持续互动：一个是文化上和人口上华人占优势的社会，包括中国大陆、港澳台以及新加坡；一个是遍布全球的华人社会；还有一个是试图理解中国文化并将其传递给自己语言圈的个体（包括非华人）。他阐释了中华文化在全球流动以及由于这种流动形成的新的身份认同。华人社会在冷战结束以来不断增长的经济一体化促进了文化的互动。④ 此外，王赓武也在他的研究中批判使用了"大中华"这一概念，通过对不同类型的海外华人对中国政治态度变化的考察，他得出结论：虽然有些人狭隘地理解中国复兴，有些人狭隘地理解海外华人社会的存在，但是中国的崛起对海外华

---

① 潮龙起：《跨国华人研究的理论和实践——对海外跨国主义华人研究的评述》，《史学理论研究》2009 年第 1 期。

② 刘宏：《跨界亚洲的理念与实践——中国模式、华人网络、国际关系》，南京大学出版社 2013 年版。

③ 参见刘宏《跨界亚洲的理念与实践——中国模式、华人网络、国际关系》，南京大学出版社 2013 年版，第 41 页。

④ Tu Wei－ming, "Cultural China: the Periphery as the Centre", in Tu Wei－ming ed., *The Living Tree: the Changing Meaning of Being Chinese Today*, Stanford: Stanford University Press, 1994, p. 17. 转引自刘宏《跨界亚洲的理念与实践——中国模式、华人网络、国际关系》，南京大学出版社 2013 年版，第 41 页。

人生活及其居住地都产生了深远的影响。是中国与海外华人的不可分割性，令人们长期对海外华人与中国之间的关系感兴趣。[①]

总体而言，海外华人研究近些年发展迅速，涌现出越来越多的华侨华人研究学者。这些学者的研究呈现出多学科结合的趋势：例如很多历史学家开始从事与现实紧密相连的研究；一些人类学家与社会学家开始从历史的角度考察海外华人社会。同时，很多研究者开始同时在两个或者多个地域（华人居住国、中国、再迁移国）展开田野考察。海外华人研究的方法也开始采用多学科结合的方法，例如历史学的史料收集、文化人类学和社会学的资料分析、人口学的数据处理、经济学和语言学的模式分析等。此外，很多海外学者都能够用中文和其他语言展开双语研究。从研究人员看，有各国学者的结合，包括欧美不同国家学者的结合，以及外国学者与中国学者的结合。其中最值得注意的是，世界各地的华人学者在海外华人研究中扮演了极重要的角色。[②] 国外的海外华人研究日益深入，著述颇丰，在此不一一列举。

2. 散居者理论

自 20 世纪 70 年代"散居者"这一概念出现以来，海外华人的研究者们逐渐在自己的研究中引入这一概念。这一现象反映出在海外华人的国际迁移的研究中，一些旧的理论工具与概念已经无法充分有效地对其展开解释了。研究者希望散居者这一概念能够对海外华人在全球范围内包括社会行为、经济行为以及灵活的认同等活动展开超越以地区以及传统因果联系为基础的分析。

对散居者的研究最先在社会学领域展开。"散居者"这个词汇来自于希腊语"dia speirein"，最初的意思是"四处分散"或者"撒播种子"。在古希腊，它是指那些地中海地区的希腊殖民地，同时也意味着

---

① Wang Gungwu, "Greater China and the Chinese Overseas", *The China Quarterly*, Vol. 136, 1993.

② 李安山：《华侨华人学的学科定位与研究对象》，《华侨华人历史研究》2004 年第 1 期。

对遥远海岸的征服。① 在此之后直到 20 世纪中后期，"散居者"这一词汇几乎仅用于指称那些在历史上被迫流亡的、移居世界各地的犹太民族群体，即"犹太散居者"。② 逐渐地，一些研究者将那些与犹太民族有着类似境遇的其他离散民族——如亚美尼亚人、非洲人等——也被称为散居者。③

　　自 20 世纪 90 年代以来，散居者研究进入新的阶段。通过重新定义与理论分析，将散居者的概念从犹太社群的专指限制中释放了出来。1991 年，美国学者威廉·萨弗兰将散居者定义为"移居国外的少数民族社群"④；同时列出了散居者社群具有的 6 个特征，分散的历史：散居者从一个原始的中心向至少两个"外围"地区散布；关于祖国的记忆与谜思：散居者对于他们的祖国保留着一种"记忆、想象或者迷思"；与东道国的疏离：散居者"认为他们并没有被东道国完全地接受"；渴望最终的回归：散居者将他们的祖先居住的地方视为一个当恰当的时机来到就会回归的地方；祖籍国：散居者致力于"维护或者修复"他们的祖籍国；受到祖籍国影响的集体认同：散居者与其祖籍国之间的关系是定义散居者意识的重要方面。⑤ 通过这一定义，萨弗兰为后来的散居者研究以及学术讨论搭建了一套基本的框架。⑥

---

① Robin Cohen, "Diasporas, the Nation – State and Globalization" in: Wang Gungwu eds., *Global History and Migrations*, Boulder, Colo. : Westview Press, 1997.

② Pierre Gottschlich, *Diasporas and Diasporic Communities as New Sources of Power in International Relations*, paper presented at The X. International Conference of Young Scholars: Crucial Problems of International Relations through the Eyes of Young Researchers, University of Economics, Prague, May 2006, p. 4.

③ Adam McKeown, "Conceptualizing Chinese Diasporas: 1842 to 1949", *The Journal of Asian Studies*, Vol. 58, No. 2, 1999, p. 308.

④ William Safran, "Diasporas in Modern Societies: Myths of Homeland and Return", *Diaspora*, Vol. 1, 1991, pp. 83 – 89.

⑤ William Safran, "Diasporas in Modern Societies: Myths of Homeland and Return", *Diaspora*, Vol. 1, 1991, pp. 83 – 84.

⑥ 由于上述 6 点中的第 4 点（散居者渴望最终的回归）引发了很多异议，今天从散居者以及散居者群体的定义中已经取消了这一点。参见 Robin Cohen, *Global Diasporas: An Introduction*, London: Routledge, 1997。

随着全球化的发展和全球人口流动性的增强，散居者现象变得越发复杂，其概念也在不断地扩充。英国社会学家罗宾·科恩在他的著作《全球散居者》中对萨弗兰的定义进行了修改和扩充，认为散居者有以下特点：从祖籍国向两个或者以上的海外地区散布，散布的过程中"常常伴有某件创伤性事件的记忆"或者"重大的历史不公"；为了寻求工作、贸易或者受到进一步殖民的野心的驱动，从祖籍国向外扩散的可能性，为了进取的或者意志的理由扩散；对祖籍国有一种集体的记忆和迷思，包括她的地点、历史以及成就；集体致力于祖籍国的保持、修复、安全以及繁荣甚至她的创建（彻底的"想象中的祖国"）；回归运动的发展；在特殊性、共同的历史以及相信共同的命运的基础之上，长期地保存强烈的族群意识，与过去的强烈的联系，或者对同化的阻碍；与东道国社会之间的关系是困惑的，缺乏被接受的感觉；与其他国家定居的同宗同族的散居者之间有移情和团结的情感，语言、宗教、文化的联系以及共命运的感觉；在东道国拥有独特的、创造性的、丰富的生活，保留散居者认同的积极意义。[1] 科恩认为，这些特点组成了"散居者这根绳子的每一股纤维"——拥有这些特点越全面的散居者群体，他们的散居者认同就越强烈。[2]

萨弗兰和科恩等学者对散居者具体特征的界定引起了散居者研究领域对该概念内涵详细与深入的辨析，尤其是从文化以及民族的视角出发。散居者概念的变量变得越来越多，一度出现了过度定义的情况。为了使这一概念变得更为人所接受，同时兼具实践的价值，金姆·巴特勒将散居者的特征缩减为4条：散居者必须至少分散至两个目的地；需要与实际上的或者想象中的祖籍国有某些联系；群体的散居者认同要有一种自我意识；散居者必须存在至少两代。在此基础之上，巴特勒认为基

---

① Robin Cohen, *Global Diasporas: An Introduction*, London: Routledge, 1997, pp. 23 – 26.

② Robin Cohen, *Global Diasporas: An Introduction*, London: Routledge, 1997, pp. 179 – 187.

本的散居者研究应当具备 4 个维度：移民海外的原因以及情况；与祖籍
国的关系；与东道国的关系；散居者内部的相互关系。[①] 巴特勒将散居
者与东道国、祖籍国之间的关系及其内部的相互关系置于研究的核心，
同时也是对散居者现象本身的基本界定。巴特勒认为，散居者并不是被
历史定义的，而是被当下的沟通与交流的结构所定义的。巴特勒因此在
散居者概念的基础之上构建了一个相互联系的、多维的网络结构，这一
网络结构成为散居者基本的定义和研究的范围。巴特勒的概念界定与研
究框架避免了大量术语方面的争论，令学界重启了对散居者更为实用的
研究。[②] 今天的散居者研究已经逐渐与之前研究中浓厚的政治与道德色
彩剥离，而成为一个可以用来理解较为宽泛的人口迁移与扩散的概括性
概念；其中"故乡""离散"等关键词将这一群体塑造成一个集体。

　　当然，这种研究框架在一些学者看来也有局限性。亚当·麦昆认为
巴特勒的研究将散居者仅仅看作一系列的跨国联系与情感纽带，实际上
是将这一概念从历史的背景上剥离下来。而根据散居者定义中的特征给
现有的离散社群贴上"是"或者"不是"的标签，这是对散居者静态
的、理想化的解读。这种筛选性的研究方法不但没有给进一步产生的概
念留下任何的空间，还无法回答散居者认同及其实践是如何随着时间的
推进而产生变化的。因此麦昆认为对散居者的研究应当将其置于更大的
历史背景之中去考察。[③] 米歇尔·雷斯也指出，应当从不同的历史阶段
分别考察散居者的概念，她区分了经典的、近现代的以及现当代的散居
者。通过研究她发现，现当代的散居者与全球化同步发展，情况更为复
杂，其特点是"错位"与"分裂"。[④]

　　① Kim D. Butler, "Defining Diaspora, Refining a Discourse", *Diaspora*, Vol. 10, No. 2, 2002, pp. 192 – 209.

　　② Adam McKeown, "Conceptualizing Chinese Diasporas: 1842 to 1949", *The Journal of Asian Studies*, Vol. 58, No. 2, 1999, p. 309.

　　③ Adam McKeown, "Conceptualizing Chinese Diasporas: 1842 to 1949", *The Journal of Asian Studies*, Vol. 58, No. 2, 1999, p. 310.

　　④ Michele Reis, "Theorizing Diaspora: Perspectives on Classical and Contemporary Diaspora", *International Migration*, Vol. 42, No. 2, 2004, p. 47.

伴随着散居者研究的发展，散居者的概念开始被引入很多不同的学科领域之中。散居者研究中由于"移动"而带来的"转换"和"错位"，令散居者成了多重性、流动性、混杂性、异质性的代名词。在文化与社会的批判研究中，对散居者的分析与叙述构建了对传统的种族与文化的核心观念的批判，以及对政治与民族主义霸权叙事的颠覆，以此呼吁对多元性更为广泛的认可与包容。①

总体而言，目前的散居者研究呈现出两大特点。第一是突出"多样性"：每一次使用这一概念，实际上都是在对研究对象提出询问——我们讨论的是"谁"以及"什么"。第二是注重"联系与流动性"：研究散居者需要论述文化上的凝聚、与祖籍国的联系、跨国组织以及那些将跨界的人们连接在一起的网络。今天大部分学者都是将散居者视为一种叙述多样性和复杂性的方法。这是理解过去30多年世界变化——如跨国商业、电子媒体以及不断增长的流动性等——一种视角或者说框架。全球化的发展导致了散居者社群自我意识的提升，散居者不再是被迫离散的代名词，而逐渐地成为一种多样化的生活方式。这种视角不再专注于"考证识别"某些移民社群是否是"散居者"，而是更为关注这些在地理上离散的社群联系与机构。

进入21世纪，散居者群体变得更为复杂，其生存状态也发生了很大的变化，散居者的概念逐渐与全球流动的各种群体联系在了一起。对散居者研究实际上反映出人们对于全球化时代人口的流动、文化的混合以及跨国的网络所带来的新的发展趋势的关注，由此进一步引发了对自愿迁徙、灵活的公民身份、充满创意的跨国经历以及文化多元化等问题的研究。②

---

① Adam McKeown, "Conceptualizing Chinese Diasporas: 1842 to 1949", *The Journal of Asian Studies*, Vol. 58, No. 2, 1999, p. 309.

② Aihwa Ong, *Flexible Citizenship: The Cultural Logics of Transnationality*, Durham, NC: Duke University Press, 2000.

3. 跨国主义理论

跨国主义最初源自文化人类学家对跨国现象的关注。20 世纪 90 年代，美国人类学家妮娜·格里克·希勒，文化人类学家佩吉·莱维特、琳达·巴希，德国移民研究学者卢德格尔·普利斯等在研究移民现象时发现，现代跨国移民并非从前那样"一去不返"，他们依然通过种种方式与祖籍国维持着密切的联系。因此他们提议移民研究应当突破传统的以民族国家为中心的范式，从更为广阔的全球视角来研究族群和文化的跨国流动现象。他们使用了"跨国主义"这一概念，用来描述移民通过跨国流动来保持与移入和移出社会之间的多元化联系的进程；在这一进程之中形成了国家之间的动态社会场域，这一场域持续不断地通过移民同时嵌入多个社会，具有多层次和多节点（不仅包括祖籍国和东道国，还包括世界上的其他节点）的网络特征，将世界各地的同源社群紧密地联系在一起；这一空间中密集分布的社会资源令非移民的生活也因此产生转变。① 因此，跨国移民是全球化进程中的"社会单元"，其跨国实践与活动产生的空间是"跨国社会场域"。② 跨国主义的提出引起了学术界的普遍关注。自 20 世纪 90 年代以来，民族学、移民研究、国际移民研究等领域都展开了对跨国主义的理论探讨，并试图将这种理论框架引入自身的研究之中。多伦多大学出版社在 1991 年专门开始发行学术期刊《离散：跨国研究学刊》（*Diaspora：A Journal of Transnational Studies*）。③

1999 年，美国普林斯顿大学社会学教授波特斯对十多年来的跨国

① Linda Basch, Nina Glick Schiller and Cristina Szanton Blanc, *Nations Unbound：Transnational Projects, Postcolonial Predicaments and Deterritorialized Nation – States*, Langhorne, PA：Gordon and Breach, 1994, p. 6. Peggy Levitt and Nina Glick Schiller, "Conceptualizing Simultaneity：A Transnational Social Field Perspective on Society", *International Migration Review*, Vol. 38, No. 3, 2004. Peggy Levitt and B. Nadya Jaworsky, "Transnational Migration Studies：Past Developments and Future Trends", *Annual Review of Sociology*, Vol. 33, 2007.

② Thomas Faist, *The Volume and Dynamics of International Migration and Transnational Social Space*, Oxford：Clarendon Press, 2000.

③ 丁月牙：《论跨国主义及其理论贡献》，《民族研究》2012 年第 2 期。

主义研究进行了总结与分析，他认为跨国主义研究快速发展，其概念在反复探讨的过程中被过度使用，他因此对跨国主义研究重新进行了梳理，明确了该理论的定义和范畴，并且阐述了跨国主义对于移民个体和民族社区的意义。^① 波特斯认为跨国主义并非一个可以无限泛化的概念，它并不包含所有的跨境关系和过程或者个体的偶然或者无规律的活动，而是个体或者组织行为者有规律的、经常性的、正式的、多元的跨国参与，即在经济、政治或社会文化方面有显著意义的跨境活动。在经济全球化的背景下，当代跨国主义的趋势与模式与以往有所不同，它给移民个人和家庭、海外华人社会和移居国以及移民留守家乡的家庭成员、侨乡地方社会和祖籍国所带来的经济和社会文化影响也有所不同。当代跨国主义的研究价值在于它具备一定的规模、范围、深度、强度、频率、规律和制度化程度并且带来深远的影响。^②

此外，德国政治学家托马斯·费斯特以及英国人类学家斯蒂芬·维托维克的研究也推动了跨国主义的理论发展。他们意识到，移民通过跨国行为和网络构建出"共融"社会空间，该空间的出现令传统的移民理论在研究当下跨国移民行为时的解释力大为下降。这种跨国社会场域和跨国社会网络的出现，不仅仅摆脱了地理的物质束缚，有时候甚至会摆脱国家的主权制约。^③

作为移民研究的一种新方法，跨国主义目前在西方广受重视，其研究兴趣主要集中在：比较不同散居者群体的概念与意义，不同地区移民社会文化共同体的形成与特征，跨国移民与祖籍国的政治互动，移民与全球政治网络，双重公民身份，跨国移民与祖籍国的经济重建与全球经

---

① Alejandro Portes, Luis E. Guarnizo and Patricia Landolt, "The Study of Transnationalism: Pitfalls and Promise of an Emergent Field", *Ethnic and Racial Studies*, Vol. 22, No. 2, 1999.

② 周敏、刘宏：《海外华人跨国主义实践的模式及差异——基于美国与新加坡的比较分析》，《华侨华人历史研究》2013 年第 1 期。

③ Thomas Faist, *The Volume and Dynamics of International Migration and Transnational Social Space*, Oxford, UK: Oxford University Press, 2000. Steven Vertovec, "Conceiving and Researching Transnaitonalism", *Ethnic and Racial Studies*, Vol. 22, No. 2, 1999.

济网络关系，移民与跨国企业的经营和管理，移民的文化重建和消费，移民的跨国宗教共同体以及跨国的家庭策略等。① 维托维克在其研究中归纳了跨国主义研究的6大主题：跨国主义作为一种投资路径、一种政治参与场所、一种本土性或者地方的重构、一种意识类型、一种社会隐喻以及一种文化再造模式。截至目前，大部分关于跨国主义的研究都是在主题之下展开的。②

　　然而无论研究内容为何，跨国主义研究主要是围绕三个核心的概念展开的：跨国实践、跨国社会场域以及跨国认同。跨国实践泛指各类跨国主义的行为和活动。目前，从不同角度以及不同层面展开的跨国实践的研究十分丰富。根据跨国实践主体的不同层次可以分为个体的、社区的、地方和国家政府的以及跨国公司的跨国主义实践。还可以根据跨国实践出现的原因进行划分，比如布朗大学的研究者在针对美国的来自多米尼加、哥伦比亚和萨尔瓦多的移民研究中，发现有三种类型的跨国主义实践：线性跨国主义、资源依赖型跨国主义以及应激型跨国主义。③ 这一研究体现出移民的祖籍国和东道国的政治、经济、社会文化状况，以及移民自身的生活方式是影响不同跨国实践的几个直接因素。

　　波特斯认为当代跨国主义有着不同的表现形式。最常见和最透彻的研究主要集中在海外移民的侨汇和经济投资领域。移民跨国主义还包括价值观念、身份认同、生活方式以及人际关系等方面的社会馈赠，④ 以

---

　　① 吴前进：《跨国主义的移民研究——欧美学者的观点和贡献》，《华侨华人历史研究》2007 年第 4 期。

　　② Steven Vertovec, "Conceiving and Researching Transnaitonalism", *Ethnic and Racial Studies*, Vol. 22, No. 2, 1999.

　　③ Jose Itzigsohn and Silvia Giorguli - Saucedo, "Immigrant Incorporation and Sociocultural Transnationalism", *International Migration Review*, Vol. 36, No. 3, 2002. 转引自丁月牙《论跨国主义及其理论贡献》，《民族研究》2012 年第 3 期。

　　④ Peggy Levitt, "Social Remittances: Migration Driven Local - Level Forms of Cultural Diffusion", *International Migration Research*, Vol. 32, No. 4, 1998.

及涉及祖籍国的政治发展方面的政治馈赠等。①

　　现有的文献大多聚焦于移民所扮演的角色，以个体作为基本的分析单位。对于移民个体或者移民家庭来说，跨国主义是一条维持和提高现有社会地位的有效途径，② 因为侨眷家庭在跨国主义实践中可双重获利：一是直接获利于侨汇收入；二是获利于由移民汇款和海外资金投资推动的地区经济发展。③ 同时，跨国主义也有可能对移民同化或者融入移居国主流社会带来挑战。

　　最新的一些研究已经开始把视线从个体移向群体和组织。这些研究发现，跨国主义并不仅仅是移民个体的行为。事实上，由移民个体所主导的跨境活动的影响力比较小，仅仅局限于移民家庭或者祖籍地的村庄，而许多更具深远意义的跨国活动是以组织的形式进行的。一方面，移民以社团组织的形式或者名义与侨乡的宗亲、公民文化组织等制度性的行为者互动，共同推进跨国主义实践。④ 另一方面，祖籍国也作为跨国主义的重要行为者之一，积极参与其中。事实上，祖籍国政府早就意识到与海外散居社群和侨胞合作的紧迫性和重要性，除了移民汇款本身所带来的直接经济效益和侨胞带来的大量金钱和物质捐赠之外，侨胞还会将外国的先进技术和企业经营经验引入祖籍地，如向乡亲传授如何办厂经商、发展地方工业的方法和技术等。⑤ 海外

---

　　① Nicola Pipes, "Temporary Migration and Political Remittances: The Role of Organisational Networks in the Transnationalisation of Human Rights", *European Journal of East Asian Studies*, Vol. 8, No. 2, 2009.

　　② 阿列汉德罗·波斯特、周敏：《国际移民的跨国主义实践与移民祖籍国的发展——美国墨西哥裔和华裔社团的比较》，《华人研究国际学报》2011 年第 3 期。

　　③ Luin Guarnizo, Alejandro Portes, William J. Halles, "Assimilation and Transnationalism: Determinants of Transnational Political Action among Contemporary Migrants", *American Journal of Sociology*, Vol. 1098, No. 6, 2003.

　　④ Alejandro Portes, Cristina Escobar, Alexandria Walton Radford, "Immigrant Transnational Organizations and Development: A Comparative Study", *International Migration Review*, Vol. 41, No. 1, 2007.

　　⑤ Mette Thunø, "Reaching Out and Incorporating Chinese Overseas: The Trans – territorial Scope of the PRC by the End of 20th Century", *The China Quarterly*, Vol. 168, 2001.

散居者社群与祖籍国互动的加强也促使祖籍国的各级政府不断地调整、完善和进一步推行涉侨优惠政策，以维持、鼓励和引导更多的侨汇和捐赠以及双向流动。政府一般不会单独与个人进行合作，而更多的是通过移民社团及其精英或代表展开合作。最新研究表明，许多祖籍国政府的确把关注的重点从侨胞个人转向了社团。学界对于移民社团组织在跨国主义进程中超越个体所发挥的作用，通常从组织网络或者社会网络的角度来探讨。①

波特斯的研究对跨国实践的类型展开了较为详细的分类。丁月牙基于波特斯研究的基础之上，吸取了其他学者对其分类方式的批判，对跨国实践的分类进行了总结。②

如表0-1所示，跨国实践的表现形式多样，内容丰富。上述分类也并不代表这些跨国实践活动之间泾渭分明，很多跨国实践可能在上述领域重叠交错。参与跨国实践的群体也可能是短期的或者长期的。2009年维托维克出版了《跨国主义》一书，对之前十年的跨国主义研究成果进行了阶段性的梳理与总结，该书集中论述了经济、政治、社会文化和宗教等领域的跨国主义实践及其给东道国和祖籍国的社会、政治和经济领域带来的深刻影响，对跨国主义实践进行了全景式的阐述。③

除了跨国实践，跨国社会场域也是跨国主义研究的核心概念。跨国移民的重要活动领域就是跨国社会场域。地理学家们在研究跨国现象时注意到传统的时空概念的转变。全球化时代随着跨国实践的出现，跨国联系日益密切，移民和祖籍国之间的空间联系被大大缩短；在信息与交通技术进步的推动之下，网络让移民与祖籍国咫尺天涯，空间与时间、

---

① Douglas S. Massey, Jorge Duran, Emilio A. Parrado, "Migradollars and Development: A Reconsideration of the Mexican Case", *International Migration Review*, Vol. 30, No. 2, 1996. And Eva Ostergaard – Nielsen, "Transnational Practices and Receiving State: Turks and Kurds in Germany and Netherlands", *Global Networks*, Vol. 1, No. 3, 2001.

② 丁月牙:《论跨国主义及其理论贡献》,《民族研究》2012年第3期。

③ Steven Vertovec, *Transnationalism*, London and New York: Routledge/Taylor and Francis Group, 2009.

地域分离，超越了地理和领土意义上的限制，建构出一个新的象征性的社会空间。德国政治学家托马斯·费斯特将这一空间阐述为"延跨多国边界的各种纽带、网络和组织三者的综合体"①。费斯特指出，只有当位于不同地区的人们通过社会的和象征性的纽带联系在一起，并且进行多种形式的资本交换时，该空间才得以产生。也就是说，跨国社会场域是一个动态的社会进程而非一种静止的关系和状态。在这一场域中，积累、转换、流动着文化、经济和政治资本，促进了移民的全球流动。②

表 0 - 1   跨国实践的类型分类

	经济跨国主义	政治跨国主义	社会文化跨国主义
个体	移民的个人投资行为；涉外劳工输出；移民汇款	海外移民通过募捐、信息发布和新闻媒体等方式影响祖籍国的政治活动；政治难民和流亡者；移民社区的政治活动家	移民个体回国探亲访友；移民的家庭、家族和朋友之间的跨国联系；和祖籍国的宗教联系
草根社团与社区	非正式的跨国贸易；家族/家庭跨国商业网络的发展	在移居国建立的移民政治社团和草根组织；海外移民社团和国内社团的政治结盟；人权和环保等民间组织的跨国活动	民间社团的跨国文化艺术交流活动，包括文艺交流和体育赛事等；移民社区组织机构的传统节日庆典
政府和跨国公司	企业的跨国投资；全球跨国公司的商业行为；银行业的跨国金融服务	向海外派驻领事官员，设立代理机构；成立海外政党分支机构；施行双重国籍；移民参与祖籍国的党政部门和立法机关的选举	国家级的文化艺术交流活动；驻外使馆组织的文化交流活动

① Thomas Faist, *The Volume and Dynamics of Internatioal Mirgration and Transnational Social Space*, UK: Oxford University Press, 2000, p. 40.

② 丁月牙:《论跨国主义及其理论贡献》,《民族研究》2012 年第 3 期。

　　跨国社会场域的存在让研究者们注意到存在于移民生活中的张力，这种力量来源于聚合与分散、此处与彼处、自我和非我、再造与被再造之间的较量纠结。托马斯·费斯特根据空间的跨国延伸程度和稳定性，将跨国空间分为四种类型：分散和同化（祖籍国和东道国的同步嵌入程度较弱，属于短期的跨国社会联系）；跨国交换和互惠（很强的同步嵌入性，但依然是短期的跨国社会联系）；跨国网络（较弱的嵌入性但有长期的跨国联系）；跨国共同体（很强的嵌入性和长期的跨国联系）。①移民与祖籍国和东道国之间保持的社会联系的强度和共时性，是影响跨国场域存在状态的重要因素。普瑞斯进一步提出了跨国场域的四个维度：移民过程中东道国和祖籍国的政治和法律体制、物质基础、社会制度以及移民的认同与生活。这些对跨国场域的形成及其内部的运作将会产生影响。②

　　跨国社会场域作为连接全球化和地方主义的中介地带，更为现实地反映了现实。这也是全球化带来的深刻影响：大量跨国实践与跨国社会场域的存在令国与国之间的政治、经济和文化边界正在变得模糊。民族国家依然重要且强大，但是跨国空间却在建构新的地方意识、民族意识和国家意识。

　　跨国主义的第三个核心概念是跨国认同。通过跨国社会场域，移民与祖籍国保持联系，获得物质上和情感上的支持。这种支持有利于他们在新环境中平稳过渡。与此同时，跨国网络中所蕴含的独特的社会资本也可以支撑移民更好地参与东道国的社会生活。在这一过程中，移民相当于同时嵌入不同的社会之中，随之一种新的身份认同开始产生，这种认同并不是单纯地归属于东道国或是祖籍国，而是双重的、甚至多元的混杂认同。

---

　　①　Ludger Pries ed. , *Migration and Transnational Social Space*, Aldershot：Ashgate，1999，pp. 36 – 72. 转引自丁月牙《论跨国主义及其理论贡献》，《民族研究》2012 年第 3 期。

　　②　Thomas Faist, *The Volume and Dynamics of Internatioal Mirgration and Transnational Social Space*，UK：Oxford University Press，2000，pp. 1 – 35.

　　史蒂芬·维托维克认为跨国移民进程会产生文化再造。在信息化高速发展的时代，跨国主义能够提供给我们一个"全球舞台的新的想象"。通过文化的渗透、汇合、混杂以及交换，文化得以再造。这种新的文化存在于跨国移民群体尤其是青年群体之中。这一群体的社会化发生于跨文化交流之中国，他们的身份和认同的多面性体现在自我意识的选择、调和，以及并不限于单一传统的复杂性之中。这种文化又由于受到全球化媒体的推动而被进一步加强。①

　　在跨国进程之中，认同是一个充满张力的、混杂的、不断变化的概念。跨国移民的认同不再与自身祖籍国的文化保持刻板的关系，也不会彻底从原文化认同之中剥离。因此，跨国移民认同并不是"非此即彼"的模式，而是"既在此处、又在彼处"的模式。这种对身份认同的研究大量出现在离散文学研究领域。② 全球化时代"本土—全球"的互动关系令认同超越了地理、民族和血缘的束缚，在跨国移民群体之中形成了散居者身份认同。加拿大学者郭世宝在针对华人回流散居者的研究中，发现华人社群中出现的"双重散居"现象。他观察到回流华人的身份认同具有鲜明的"双重性"特征，他们既认为自己是加拿大人，同时也认为自己是中国人。他们保持着多重的忠诚，超越了传统的认同定义。③ 在很多研究者眼中，那些跨国移民群体具有多重和跨文化的特征。他们拥有两个甚至更多的公民身份，超越了一个人在政治上和文化上只属于一个民族国家的传统原则，浮现出新的全球公民模式。这种源自全球化的强有力的经济和文化逻辑带来了新的跨文化的归属与认同，挑战了传统的民族—国家范式。

　　跨国主义也重新阐释了跨文化融入。传统的研究曾认为移民同质化

---

①　Steven Vertovec, "Conceiving and Researching Transnationalism", *Ethnic and Racial Studies*, Vol. 22, No. 2, 1999.

②　丁月牙：《论跨国主义及其理论贡献》，《民族研究》2012 年第 3 期。

③　Shibao Guo, "Return Chinese Migrants or Canadian Diaspora? Exploring the Experience of Chinese Canadians in China" in L. Suryadinata ed., *Migration*, *Indigenization and Interaction*: *Chinese Overseas and Globalization*, Singapore：World Scientific Studies, Vol. 27, No. 3, 2001.

的社会网络阻碍了他们参与本地社会生活，妨碍了他们的跨文化融入。从跨国主义的视角看来，与祖籍国的文化保持密切联系并不一定会阻碍个体的跨文化融入。实际上，只要善加经营利用，同质化的社会网络能够成为移民顺利融入本地社会和提升社会地位的强大资本。英国社会学家阿里等的研究显示，移民的跨文化融入和跨国主义之间的关系并非传统的负相关的关系；移民获得了公民身份、在东道国居住时间的增加并不意味着他们的跨国主义特征的减少。在一些个案中发现，在东道国居住的时间越长，就越有可能维持跨国主义。① 以此，传统的基于民族国家框架之下的以个体同东道国以及祖籍国之间的文化和心理距离来衡量移民是否成功融入东道国的诸多理论已经无法全面揭示全球化时代的跨文化融入现象了。

　　总体而言，跨国主义理论突破了传统的民族—国家的研究范式，从某种程度上解构了原有的社会知识体系，改变了理论界的传统视角与逻辑框架，发展了社会科学研究的认识论、知识论和方法论，为国际移民研究提供了新的研究范式。自 20 世纪 90 年代以来，绝大部分的国际移民研究在跨国主义这一范式之下展开，研究领域涉及社会学、人类学、文化研究、政治学、地理学、经济学等诸多领域，研究内容涉及国际移民的方方面面，丰富了人们对冷战结束以来全球人口流动趋势的理解和认识，同时也为各国决策者提供了显示更多有关移民和民族国家之间的关系发展和未来趋势。

二　国内研究的现状

　　由于华人悠久的移民历史，中国学术界对华侨华人②的关注研究可

---

　　①　Nadje Al - Ali, Richard Black and Khalid Koser, "The Limits to Transnationalism: Bosnian and Eritrean Refugees in Europe as Emerging Transnational Communities", *Ethnic and Racial Studies*, Vol. 24, No. 4, 2001.

　　②　海外华人研究使用的术语主要有"Chinese overseas""overseas Chinese""Chinese immigrants""Ethnic Chinese""Chinese diaspora"等，在中国学术界，绝大部分学者使用"华侨华人"这一称谓。

追溯到 20 世纪初。早期有关华侨华人的一些记述与研究散见于明清的典籍、游记与华人笔记之中。到民国时期，由于当时的华侨对于民国的建立贡献巨大，因此民国时期的学者对华侨（尤其是南洋华侨）的研究颇多。20 世纪 30 年代出现了华侨研究的高潮，出现了一批关于侨乡、侨务和华工的高水平的研究性著作。中华人民共和国成立之后，侨务部门重视海外华侨，提倡对华侨问题的研究。中国学者运用辩证唯物主义和历史唯物主义的方法和观点对华侨华人的历史和发展问题展开研究，华侨华人史研究在理论上和方法上以及研究成果方面都有很大的提高。[①] 但是"文化大革命"期间，华侨华人的研究受到很大影响，一直到 1978 年改革开放之前，中国的华侨华人研究处于低谷甚至停滞阶段。[②]

1978 年之后，中国的华侨华人研究重新启动，在短短的 30 多年中取得了长足的发展与进步。[③] 20 世纪 80 年代开始，中国对华侨华人研究的重视程度不断上升，国内学者纷纷致力于推动华侨华人的学科建设。北京大学李安山将华侨华人学定义为：以移民海外的华侨（保留中国国籍）和华人（已入居住国国籍）为对象的跨文化、跨族体、跨社区、跨国界、跨学科的综合性研究，目的在于客观揭示这一社会的起源、结构、功能及其与各方面（特别是居住国和祖籍国）的关系，系统探讨其移民、生存、适应和发展的规律。[④] 自中国改革开放以来，大量关于华侨华人的研究涌现，笔者在此无法详细列举，下文主要目的是沿着时间的脉络，对改革开放以来尤其是 20 世纪 90 年代以来国内华侨华人研究的主要内容及其框架与范式的发展变化展开简要综述。

---

① 黄昆章、吴金平：《加拿大华侨华人史》，广东高等教育出版社 2001 年版，第 2 页。
② 详细研究状况参见庄国土《回顾与展望：中国大陆华侨华人研究述评》，《世界民族》2009 年第 1 期。李安山：《中国华侨华人研究的历史与现状概述》，中国日报网（http://www.chinadaily.com.cn/gb/doc/2003-08/08/content_253360.htm），2003 年 8 月 8 日。
③ 梁志明：《世纪之交中国大陆学术界关于华侨华人的研究》，《华侨华人历史研究》2002 年第 1 期。
④ 李安山：《华侨华人学的学科定位与研究对象》，《华侨华人历史研究》2004 年第 1 期。

20 世纪八九十年代，华侨华人研究逐渐成为一门"显学"。国内有关华侨华人的学会以及各类研究机构不断涌现，研究成果逐年增加。[①]这一时期的华侨华人研究主要集中在历史学和政治学的领域，注重收集整理史料。在整理史料的基础之上，华侨华人的研究领域有了进一步的扩展，20 世纪末 21 世纪初，在传统的华侨华人历史研究领域，除了以往的以东南亚国家的华侨华人历史为重点的研究之外，一些有关世界其他国家和地区的华侨华人研究相继出现，填补了该领域的一些空白。这一时期，暨南大学华侨研究所编写、广东高等教育出版社出版的《世界华侨史丛书》是一套比较全面的世界各国华侨史的汇编，在海内外产生了一定的影响。[②] 这一时期该领域研究具有代表性的学者和著作有：朱杰勤的《东南亚华侨史》（1990），李春辉、杨生茂的《美洲华侨华人史》（1990），陈碧笙的《世界华侨华人简史》（1990），杨昭全的《朝鲜华侨史》（1991），罗晃潮的《日本华侨史》（1994），黄昆章的《澳大利亚华侨华人史》（1998），李安山的《非洲华侨华人史》（2000），蔡仁龙的《印尼华侨与华人概论》（2000），黄昆章、吴金平的《加拿大华侨华人史》（2001），李明欢的《欧洲华侨华人史》（2002）等。此外，周南京主编的《华侨华人百科全书》（12 卷）也在 2002 年出版，对海内外华侨华人的研究进行了全面的整理和总结。[③]

除了国别和地区史之外，有关华侨华人的专门史与专题研究也层出不穷。其中重要的课题有：辛亥革命与华侨、抗日战争与华侨、华侨华人与中外文化交流和中外关系、留学生历史、契约华工与出国华工史、侨务政策与移民政策等。具体的研究情况与代表性研究成果，详见李安山的《中国华侨华人研究的历史与现状概述》，在此不一一列举。

进入 21 世纪，华侨华人研究继续快速发展。受到中国国家经济社

---

① 庄国土：《回顾与展望：中国大陆华侨华人研究述评》，《世界民族》2009 年第 1 期。

② 参见黄昆章、吴金平《加拿大华侨华人史》，广东高等教育出版社 2001 年版，第 1 页。

③ 梁志明：《世纪之交中国大陆学术界关于华侨华人的研究》，《华侨华人历史研究》2002 年第 1 期。

会的快速发展以及国际化的影响，海外华侨华人社会也发生了很大的变化。进入 21 世纪，国内的华侨华人研究依然延续了以往该领域重要的研究议题，比如移民问题、东南亚华侨华人研究、侨史研究等几个议题依然是学者们高频研究的对象。除此之外，出现了更多的对华商企业、华人文化等专题的研究。① 总体而言，华侨华人研究范畴目前已经十分全面，其研究范畴涉及民族研究、华人经济（史）研究、华人社会（史）研究、华文文化教育（史）研究、华侨华人宗教（史）研究、华侨华人与新闻传播（史）研究、华侨华人历史研究、华侨华人与国际关系研究、华侨华人与中国的关系、侨乡研究、华侨华人的比较研究以及华侨华人学的研究，目前对所有的研究范畴都有不同程度的涉猎。② 同时对原始档案和文献的整理以及大型工具书的编辑也在推进。从研究的具体内容来看，近年来华侨华人研究的内容越发微观，分类也越发细致。比如对福建新移民的田野调查、对浙江新移民的田野调查、对华商企业的数据调查等。③ 从研究方法的角度来看，华侨华人研究并不具有属于自身的研究方法，它往往倾向于多学科的研究方法。在 20 世纪 90年代之前，中国国内从事华侨华人研究的多为历史学者，主要使用历史学的研究方式展开华侨华人的相关历史研究。自 20 世纪 90 年代以来，华侨华人研究中经济、社会、民族以及国际关系学者居多，政治学、心理学、宗教学、新闻学、语言学、统计学等几乎所有的人文社科各学科都有学者涉足该领域研究。④ 华侨华人研究的跨学科、多学科的研究方式成为一种发展趋势。总体而言，近年来华侨华人研究所涉及的内容正在呈现从宏观到微观、从理论到实证、从定性到定量的研究发展趋势。华侨华人研究的视角越发微观，涉及的群体越发细致，使用的研究工具

---

① 邓三鸿、许鑫：《近 10 年国内华人华侨研究状况——基于 CSSCI 的分析》，《东岳论丛》2011 年第 11 期。

② 李安山：《华侨华人学的学科定位与研究对象》，《华侨华人历史研究》2004 年第1 期。

③ 庄国土：《回顾与展望：中国大陆华侨华人研究述评》，《世界民族》2009 年第 1 期。

④ 庄国土：《回顾与展望：中国大陆华侨华人研究述评》，《世界民族》2009 年第 1 期。

越发前沿。

　　对于华侨华人研究来说，笔者最为关注的是其研究范式的转变。同海外华人研究一样，中国的华侨华人研究也经历了研究视角和研究范式的转变。总体而言，以 20 世纪 90 年代为分界点，在此之前的华侨华人研究基本是在民族—国家的框架之下展开的。李安山认为，从 1949 年到 2000 年的华侨华人研究中，对该群体的看法大体有两种。第一种认为他们是"爱国同胞"，与中国存在着各种缘分，因此他们是中国的宝贵财富，是国家建设的有力支持者。那些外籍华人虽与华侨有所区别，但是在亲、地、神、业、物这"五缘"方面依然与中国有着千丝万缕的联系。第二种观点认为华人的本土化是一种必然的发展趋势，华人成为东道国的公民并对其保持忠诚是自然现象，对中国的贡献和投资主要是依中国的环境而言（"自然同化论"是代表）。① 总体而言，这两类观点都是沿着民族—国家的脉络，或将海外华侨华人视作东道国历史或者说西方殖民历史的一部分，探究他们与东道国当地政府和社会之间的经济、政治、法律等方方面面的关系，侧重他们在东道国的调试模式等"同化进程"②；或将海外华侨华人视作"族类"，将其历史视作中国历史的一部分，强调海外华人的华人情结或者民族主义，以及在这种认同与情绪驱动之下与中国发生的种种经济社会、政治以及文化联系。③

　　自 20 世纪 90 年代开始，随着海外华人研究范式的转变与发展，国内的华侨华人研究也进入新的阶段。暨南大学的周聿峨教授和龙向阳博士认为，对于华侨华人的研究应当从之前的"从属性"视角转向"主体性"视角：将海外华人视为相对独立的主体，从华侨华人社会的内部按照其自身的逻辑探索历史进程；反对那种把华侨华人社会的历史视为中国历史或者西方历史的延续。主张在华侨华人研究中树立"华侨华人

---

　　① 李安山：《中国华侨华人研究的历史与现状概述》，中国日报网（http：//www. chinadaily. com. cn/gb/doc/2003－08/08/content_ 253360. htm），2003 年 8 月 8 日。

　　② 吴前进：《国家关系中的华侨华人和华族》，新华出版社 2003 年版，第 29—30 页。

　　③ 梁志明：《世纪之交中国大陆学术界关于华侨华人的研究》，《华侨华人历史研究》2002 年第 1 期。

中心观"的分析模式和价值取向。① 与此同时，国际移民的跨国化的发展趋势以及相关研究视角的转变深刻地影响了中国的华侨华人研究。学者们开始跳出一国视野，从国际移民的视野去看待中国的华侨华人，并从华人社群与东道国、祖籍国以及自身内部的三者关系中去探讨华侨华人的相关议题。

如前文所述，滥觞于 20 世纪 90 年代的跨国主义理论在 21 世纪进入中国研究者的视野，并且迅速为中国华侨华人研究者所接受。2004 年到 2006 年，上海社科院著名华侨华人研究学者吴前进连续发表了《跨国主义与跨国移民》《当代移民的本土性与全球化：跨国主义视角分析》《全球化时代移民问题研究的新视野》《战后华人移民跨国民族主义》等论文，对跨国主义展开了全面的介绍。② 此外，暨南大学潮龙起于 2009 年发表论文《跨国华人研究的理论和实践——对海外跨国主义华人研究的评述》，国家行政学院的丁月牙于 2012 年发表的论文《论跨国主义及其理论贡献》。上述都是国内华侨华人研究领域的著名学者，他们对跨国主义理论的关注和介绍进一步推动了这一理论研究框架在华侨华人研究中的发展。2007 年，中国华侨华人历史研究所和中国华侨历史学会也邀请国内著名的华侨华人研究学者丘立本、李明欢、吴前进、潮龙起等参加关于"跨国主义理论与华侨华人研究"的学术座谈会。与会的学者们探讨了西方跨国主义理论，并且强调国内应当加强对这一新兴理论的研究，并将其运用于华侨华人的研究之中。③

在跨国主义理论的启发之下，中国的华侨华人研究范式开始发生转变。很多研究开始以华人为研究主体，从全球视野出发，对华侨华人的历史与现状展开了超越民族国家疆域的政治、经济和社会文化活动的研

---

① 龙向阳：《世界体系思想对华侨华人历史研究的意义》，《华侨华人历史研究》2004 年第 1 期。

② 丘立本：《国际移民趋势、学术前沿动向与华侨华人研究》，《华侨华人历史研究》2007 年第 3 期。

③ 陈永升：《跨国移民理论与华侨华人研究座谈会综述》，《华侨华人历史研究》2007 年第 4 期。

究与探讨。在跨国主义的视角之下，海外华裔的社会商业网络成为研究者的重点研究对象。如庄国土以海外华资在中国大陆的投资为个案，研究了东亚华商网络与中国大陆日益加深的经济整合对东亚经济一体化产生的影响。[①] 廖杨在《世界体系中的"华南经济圈"及其参与中国—东盟自由贸易区的优势问题》中，以"华南经济圈"为个案，研究了世界体系中的世界华商网络与中国经济发展之间的关系与影响。[②] 类似的研究还有王望波的《中国—东盟自由贸易区中的东南亚华商》[③]。此外林勇的《海外华人网络与 FDI 流入大陆的实证分析》运用统计分析的方法，以 13 个国家在 2002—2006 年的数据为样本，建立了以经济规模、人均 GDP、地理距离和海外华人网络为主要变量的分析模型，证明了海外华人网络与国际对华投资流量之间成正比的关系[④]。陈丽园的《侨批公会的建立与跨国侨批网络的制度化（1911—1937）：以潮汕为例的研究》，以潮汕侨批业为个案研究，利用跨国主义理论，探讨了侨批网络的内部整合与制度化问题。令读者可以从微观的角度去观察中国与新加坡的商业关系，以及跨国华人网络的制度层面。[⑤]

　　在社会文化领域，有李明欢主编的《福建侨乡调查：侨乡认同、侨乡网络与侨乡文化》（2005），陈志明、丁毓玲、王连茂主编的《跨国网络与华南侨乡》（2006）。[⑥] 龙向阳与周聿峨在《华侨华人与国际关系》（2012）一书中，专门就美国华人"百人会"与中美关系共有知识

　　① 庄国土：《东亚华商网络的发展趋势——以海外华资在中国大陆的投资为例》，《当代亚太》2006 年第 1 期。

　　② 廖杨：《世界体系中的"华南经济圈"及其参与中国—东盟自由贸易区的优势问题——全球化背景下的华南经济圈研究之一》，《广西民族研究》2005 年第 1 期。

　　③ 王望波：《中国—东盟自由贸易区中的东南亚华商》，《南阳问题研究》2007 年第 3 期。

　　④ 林勇：《海外华人网络与 FDI 流入大陆的实证分析》，《华侨华人历史研究》2007 年第 3 期。

　　⑤ 陈丽园：《侨批公会的建立与跨国侨批网络的制度化（1911—1937）：以潮汕为例的研究》，《华侨华人历史研究》2012 年第 2 期。

　　⑥ 丘立本：《国际移民趋势、学术前沿动向与华侨华人研究》，《华侨华人历史研究》2007 年第 3 期。

的建构进行了论述。暨南大学博士生罗向阳 2010 年的博士学位论文《当代华人社团跨境活动研究》，从全球化背景来考虑华人社团跨境活动的发展与影响，认为中国对外关系中因民族矛盾、文化冲突、环境保护、食品安全、资源分配、贸易摩擦等引起华人居住国主流社会不安和疑虑的问题，华人社团可凭借华人血缘关系与内在文化认同优势建立起来的华人网络资源，在相关领域开展跨境活动，设法化解矛盾，减少摩擦，为全面提升中国在国际社会的贡献、影响与话语权做出努力。此外还有一些涉及国际安全议题的关于华人跨国犯罪及其组织的研究。①

在政治领域，一些研究涉及华侨的跨国政治活动与中国政治发展之间的关系。比如邓丽兰与英国学者班国瑞在《英国华侨社团的历史演变与当代华人社会的转型》一文中，提到了英国华侨社团的跨国主义特性，及其民族主义的驱动下对中国抗日战争的积极支援。② 吴前进在《孙中山与海外华侨民族主义》一文中，分析了 19 世纪末至 20 世纪初，孙中山政治动员的构建与华侨民族主义的互动关系，阐述了华侨民族主义的跨国互动之于中国社会政治的意义，认为没有孙中山等革命党人的不懈努力，就不可能有华侨的革命参与，孙中山政治动员的构建与华侨民族主义的发生和形成息息相关。孙中山一生所致力的跨国的政治实践，其意义在于促成了祖国政治的根本改变和进步；散居世界各地的华侨，在这种政治动员的推动下，实现了他们的本土回归运动和祖国改进计划的愿望。③ 此外，潮龙起与魏华云的《跨国的政治参与：华侨华人的反"独"促统工作探析：以海外中国和平统一促进会为中心》，通过对近十余年来海外统促会着力构建全球最广泛的反独促统阵线的努力与

---

① 周聿峨、王显峰：《当代中国非法移民活动的成因——以福建沿海地区非法移民为例》，《东南亚纵横》2004 年第 3 期。周聿峨、白庆哲：《国际移民与当代国际安全：冲突、互动与挑战》，《东南亚纵横》2006 年第 1 期。

② 邓丽兰、班国瑞：《英国华侨社团的历史演变与当代华人社会的转型》，《华侨华人历史研究》2005 年第 2 期。

③ 吴前进：《孙中山与海外华侨民族主义》，《华侨华人历史研究》2011 年第 3 期。

实践的研究，说明海外统促会这一跨国组织已成为中国反独促统运动的一支重要力量，为促进中国和平统一做出了重要而积极的贡献。①

华侨华人的独特性及其与中国之间的复杂互动关系一直以来就是中国外交实践与研究的重要内涵之一。近年来，随着中国的发展及其对外战略的调整，海外华侨华人逐渐走入中国外交研究与决策的视野。2011年，中国前国务委员戴秉国在全国侨务工作会议上首次提出中国要拓展"侨务公共外交"②，随之，相关的理论与实践研究也相继产生，海外华侨华人被视为中国公共外交的重要载体和重要资源。针对海外华侨华人与中国（侨务）公共外交的研究，基本上都沿袭以下思路展开：基于国别或地区甚至整个世界范围内海外华侨华人的属性和实力地位，尤其是基于特有的文化认同，分析华侨华人在帮促实现中国（公共）外交和国家利益方面特有的优势和功能；在此基础上，提出挖掘这股资源力量提升外交绩效的方法和路径。这种立足于海外华侨华人的发展状况来探索提升中国国家利益的应用性研究，对当下中国追求和平崛起的夙愿大有裨益。陈奕平等探讨了华侨华人在中国软实力建设方面的作用、机制以及挑战。③王伟男从主体、客体、实施途径以及目标四个方面入手，在此基础之上界定侨务公共外交的内涵。④此外，潮龙起在《侨务公共外交：内涵界定与特点辨析》一文中，不仅较为系统地界定了侨务公共外交的概念，概括了其特点，还对侨务公共外交的复杂性进行了深入地分析。⑤隆德新与林逢春将符号学的地域与建构主义的边疆进行接壤的尝试，试图建立分析海外华侨华人与侨务公共外交关系的理论

---

① 潮龙起、魏华云：《跨国的政治参与：华侨华人的反"独"促统工作探析：以海外中国和平统一促进会为中心》，《理论学刊》2010 年第 6 期。

② 《全国侨务工作会议首提"侨务公共外交"》，中国新闻网，2011 年 10 月 21 日（http://www.chinanews.com/zgqj/2011/10-21/3406592.shtml）。

③ 陈奕平、范如松：《华侨华人与中国软实力：作用、机制与政策思路》，《华侨华人历史研究》2010 年第 2 期。

④ 王伟男：《侨务公共外交：理论构建的尝试》，《国际展望》2012 年第 8 期。

⑤ 潮龙起：《侨务公共外交：内涵界定与特点辨析》，《东南亚研究》2013 年第 3 期。

框架。①

　　进入 21 世纪，国际关系中的华侨华人问题开始受到越来越多的关注。吴前进在其专著《国家关系中的华侨华人和华族》中，从国际关系学的视野出发，通过对北美和东南亚华侨华人华族的比较研究，试图为现实的华侨华人华族在国家关系中的角色定位。她认为华人问题超越了单纯的民族国家本身的民族问题，发展成为事关中国和华人居住国国家关系的一部分，呈现在区域格局中。② 暨南大学的周聿峨教授和龙向阳博士借鉴了国际政治学者沃勒斯坦的世界体系思想及其理论，试图将不同时期、不同国家之下的华侨华人的历史变迁作为一种体系和整体的演进结果而加以解释。按照世界体系的思想，近现代世界体系大约在1500 年左右开始其发展时期，在 19 世纪末发展成为覆盖全球的资本主义世界体系，我们今天依然处在这个历史体系时期。而华侨华人的历史从世界体系的角度来看，经历了两个重大转型时代：一是从外围融入资本主义世界经济体并被边缘化的时代，即沃勒斯坦所谓的社会变迁时期；二是从资本主义世界经济体的边缘上升或迁移到现代世界体系的半边缘或中心地理位置的时期。这成为华侨华人历史分析的重要时代背景。③ 在这一背景下，华侨华人在冷战后受到了经济全球化、政治民主化以及中国崛起这三种力量的影响。世界体系的变迁和国家关系及国际关系格局的演变在很大层面上影响着华侨华人社会的发展。特别是世界体系变迁引发的经济结构和政治结构的变迁，以及经济制度和政治制度的转型等方面对华侨华人社会的发展影响深远。世界体系的变迁影响着华侨华人与国家或国际关系互动与关联的方式，体现出从边缘向半边缘、从不对称到相互依存、从经济层面向多元层面发展的态势。同时，他们还通过对东南亚和北美洲的华侨华人的研究，提供对华侨华人与国

---

① 隆德新、林逢春：《侨务公共外交：理论内核、本体特征与效用函数》，《东南亚研究》2013 年第 5 期。

② 吴前进：《国家关系中的华侨华人和华族》，新华出版社 2003 年版，第 29—30 页。

③ 吴前进：《国家关系中的华侨华人和华族》，新华出版社 2003 年版，第 57—58 页。

际关系互动的更具个性特征的行为模式和结论。周聿峨与龙向阳的研究为我们展现了在宏大的世界体系的背景之下，华侨华人与国际关系之间的复杂关联的图景。①

上述研究框架暨南大学龙向阳 2003 年在其博士论文《世界体系中的华侨华人与国际关系：一种历史的分析与反思》中就有所体现。他对 1000—1500 年的朝贡体系，以及 1500—1800 年的东南亚国家关系中的华侨华人展开了历史研究；从"世界体系理论"的视角研究华侨华人与国际关系的互动和关联展开了全面的分析与思考。② 2010 年，暨南大学的易刚明博士学位论文《东南亚华侨华人与中国关系：一种国际体系结构分析》运用结构主义的方法，分析了中国与东南亚国家互动而成的国际体系对东南亚华侨华人与中国关系的影响。易刚明认为，东南亚华侨华人与中国的关系受到中国与华侨华人居住国共同建构的国际体系的影响，这种影响不是由体系本身直接施加的，而是通过体系结构对中国、东南亚华侨华人及其居住国三者行为的塑造来最终完成的。

进入 21 世纪以来，华侨华人研究开始越来越多地关注华人新移民。所谓新移民，学界的共识是泛指 20 世纪七八十年代之后移居国外的港、澳、台以及中国大陆的移民。③ 就新移民来说，中国台湾最早、香港次之、大陆较迟。1999 年之后，来自中国大陆的新移民人数激增，而来自中国港台地区的新移民数量急速下降。根据庄国土教授的统计，2006 年，全球的中国新移民约有 600 万人，其中 460 万人来自中国大陆，70 万—80 万人来自中国港台，69.9 万人是正式的劳务人员。这些移民可分为留学生及其家眷、普通移民、投资移民与商务移民、非正式渠道移

---

① 吴前进：《国家关系中的华侨华人和华族》，新华出版社 2003 年版，第 57—58 页。

② 龙向阳：《朝贡体系中的华侨华人（1000—1500 年）——一种世界体系视野分析》，《南洋问题研究》2004 年第 4 期。龙向阳：《1500—1800 年间的东南亚国家关系与华侨华人——一种世界体系视角的分析》，《南洋问题研究》2006 年第 1 期。

③ 新加坡的廖建裕教授还将"迁移"与"移民"并用，他认为留学生也可以被列入移民的范围之内，因为即使不是真正的移民，只要居留的时间长，与吸纳国的族群有某种程度的互动，他们就会对吸纳国产生一定的影响。参见廖建裕《全球化中的中华移民与华侨华人研究》，《华侨华人历史研究》2012 年第 1 期。

民。这 600 万移民之中，前往发达国家的约占 80%，发展中国家的约占 20%。① 与老一代华人移民相比，新移民群体自身整体素质较高、对中国认同较强，在中国的国家发展与对外交往中积极活跃。这一群体极大地改变了世界华侨华人的分布、数量、籍贯与职业构成、认同以及与中国的关系，为中国的华侨华人研究者以及决策者所重视。

近十年来国内对华人新移民的研究呈上升趋势。一些学者早在 20 世纪 90 年代后期就开始从较为宏观的角度关注华人新移民群体，并对该群体的移居目的地、特点、处境与前景提出了思考。比如庄国土的《对近 20 年来华人国际移民活动的几点思考》（1997），黄润龙、鲍思顿、刘凌的《近十年我国大陆海外新移民》（1998）。进入 21 世纪，关于华人新移民的各类研究不断涌现，其中既有宏观研究，也有国别研究，此外还有专题研究，比较研究以及学术史研究，内容涉及华人新移民的方方面面。② 国内华侨华人研究的著名学者周南京、庄国土、李明欢、丘立本、李安山、高伟浓、李其荣、程希等均在近十年来发表过华人新移民的论文。③ 与老一代华人移民相比，华人新移民更具开放性与多元意识，有更强的适应性和谋生能力，视跨国流动（甚至回流中国）为谋生和发展的常态，他们已经告别了落叶归根或是落地生根的传统移民心态。华人新移民是中国改革开放和世界移民全球化发展趋势之下的产物，他们深具跨国主义的时代特征。

进入 21 世纪，以华侨华人为主体的研究视角以及跨国主义的研究方法启发了笔者从海外华人散居者的角度出发，去看待他们在世界经济政治发展变化的宏观背景之下，与东道国、中国及其自身内部复杂多元的跨国互动与影响。目前中国的华侨华人研究的视角正在全面转向这一方向，学者们尝试运用不同的研究方法，研究对象也从以往的对华侨华

---

① 廖建裕：《全球化中的中华移民与华侨华人研究》，《华侨华人历史研究》2012 年第 1 期。

② 详见李其荣《华人新移民研究评析》，《东南亚研究》2007 年第 5 期。

③ 廖建裕：《全球化中的中华移民与华侨华人研究》，《华侨华人历史研究》2012 年第 1 期。

人整体宏观的研究转向多样化、微观的、更为专业细致的研究。

总体而言，中国的华侨华人研究经过长期的发展，已经进入了一个快速发展的新阶段。笔者认为，研究华侨华人对于中国具有十分独特的意义。党的十九大提出了构建人类命运共同体的重要思想，其全球化的视野蕴含着人类社会发展的必然趋势，共同体的思想则彰显了包括海外华侨华人在内的人类情怀。海外华侨华人在跨国文化、社会、网络以及流动方面的实践与优势，为中国在 21 世纪相互依存的世界中创建了一个更为开阔的国际空间，令其成为中国推动构建人类命运共同体进程中一股独特且不可或缺的力量。随着中国国家战略的不断推进以及日益频繁的国际学术交流，国内的华侨华人研究发展前景广阔。

第三节　本书的相关概念、研究框架 与研究方法

本节对文中的相关概念展开界定，厘清这些概念，是本书展开清晰论述的基础。之后对本书的研究框架与研究方法作一概述。

一　本书的相关概念

（一）散居者

本书中的散居者意指那些具有跨国主义特征的移民群体。[①] 他们与祖籍国有着真实的抑或想象中的联系，在东道国与祖籍国之间形成复杂的互动方式与网络。与传统的、单向的"移民""侨民"等概念不同，散居者是一种更为宽泛的概念，它关注与东道国、祖籍国及其自身内部

---

① Peggy Levitt, "Transnational Migration: Taking Stock and Future Directions", *Global Networks*, Vol. 1, No. 3, 2001, pp. 202 – 203.

这三重关系及其形成的复杂的互动方式及网络。与传统的国际移民概念相比，这一概念更能够反映全球化发展趋势之下移民的地域、社会、经济以及认同的复杂性。

（二）华人散居者

华人散居者属于侨居和移民现象的特定概念。他强调四海为家，欲走还留；还强调在地理上的离散和心理上对华人价值观和身份意识的保留；此外，他还意味着与世界的新发展呼应和同步，是华人世界主义的新身份。① 本书的华人散居者是指华人散居在海外的社群。本书使用这一概念是为了凸显自20世纪90年代以来海外华人的跨国性，故而本书沿用的华人散居者概念，仅用来说明海外华人称呼在当代变迁的一个结果，且以此区分当代移民与传统移民所具有的不同行为方式、关系类型和制度特征。华人散居者概念在本书中所应表达的内容可以概括为：居住在中国之外的移民个人和群体，其行为方式日益呈现为价值理念多元包容和情感趋向彼此兼顾。

（三）华侨华人

华侨是一个具有政治和法律内涵的词汇，是指那些出生在中国大陆、香港、台湾和澳门地区，后又移居国外的拥有中国国籍的人。中国政府对于华侨的定义有三重含义：一是华侨是居住在海外的中国公民，具有中华人民共和国国籍；二是如果侨居在国外的中国人加入了居住国或其他外国的国籍，就自动丧失中国国籍，成为外籍华人②；三是指在

① 吴前进：《国家关系中的华侨华人和华族》，新华出版社2003年版，第10—11页。
② 王赓武发现，一些国家和地区的华裔往往在"华人"的称呼之前加上国名，以体现其对东道国的政治归属，这在华人精英中尤其普遍。在第二次世界大战之后，在东南亚国家参与东道国政治的华人，通常称他们自己为"华人"，而非"华侨"：比如马华（马来西亚华人）、泰华（泰国华人）、印华（印尼华人）等。Gungwu Wang, "Political Chinese: Their Contribution to Modern Southeast Asian History", in Wang Gungwu, *China and the Chinese Overseas*, Singapore: Times Academic Press, 1991, p. 142. 转引自 Jianli Huang, "Conceptualizing Chinese Migration and Chinese Overseas: The Contribution of Wang Gungwu", *Journal of Chinese Overseas*, Vol. 6, No. 1, 2010, p. 11.

国外获得永久居留权者，短期居住者不是华侨。①

（四）跨国主义

本书中的跨国主义有两层含义。第一层含义是指国际移民与祖籍国之间的社会关系和跨境行动，是移民在祖籍国与移居国之间所建立并维系的多层社会关系的动态过程。② 但是它并不是包含所有的跨境关系和过程或者个体的偶然的或者无规律的活动，而是个体或者组织行为者有规律的、经常性的、正式的、多元的跨国参与，即在经济、政治或社会文化方面有显著意义的跨境活动。③ 第二层含义是指一种观察的视角，是一种在全球化深入发展的背景之下，将华人散居者作为观察的主体，将其置于跨国的社会场域中考察其灵活的身份与复杂的实践。

除了以上四个核心概念之外，本书中还出现了一些与上述四个概念的含义比较类似或者接近的概念，在此一一展开辨析。

（五）国际移民

一般来讲，国际移民是指为了在其他国家定居而跨越国境流动的人群。它既包括移居群体本身，也包括移居这一行为过程。

（六）跨国移民

自 20 世纪 90 年代以来，国际移民的活动出现了跨国化的趋势：移民在努力融入东道国的同时依然试图与祖籍国保持多种多样的联系。因此，跨国移民就是那些依然在移入与移出社会之间保持着多元化联系的移民群体。他们的主要活动空间是超越了民族国家的动态社会场域，这一场域持续不断地通过移民同时嵌入多个社会，具有多层次和多节点（不仅包括移入地和移出地，还包括世界上的其他节点）的网络特征。跨国移民是全球化进程中的"社会单元"，其跨国实践与活动产生的空

---

① 吴前进：《国家关系中的华侨华人和华族》，新华出版社 2003 年版，第 6 页。

② Linda Green Basch，Nina Glick‑Schiller，Cristina Szanton Blanc，*Nations Unbound：Transnational Projects，Postcolonial Predicaments and Deterritorialized Nation‑States*，Langhorne，PA：Gordon and Breach，1994.

③ 周敏、刘宏：《海外华人跨国主义实践的模式及差异——基于美国与新加坡的比较分析》，《华侨华人历史研究》2013 年第 1 期。

间是"跨国社会场域"。

（七）海外华人

"海外华人"意指"在中国之外的任何可以被辨认的华裔"[①]。海外华人的概念比较宽泛，通常可以指代：其一，已入籍居住国的中国血统的人，突出在居住国的政治与法律身份；其二，泛指已入籍或者未入籍的所有居住在海外的中国血统的人，突出其人种学上的意义；其三，指已入籍居住国，但是在心理情感和文化价值上较多地倾向于中国的海外中国血统的人，突出心理上的双重取向。此外，"华裔"主要指出生于居住国，拥有居住国国籍的第一代华人移民的后代，他们中的一些人可能拥有双重国籍或者无国籍。华裔通常包含在更宽泛的"华人"概念之下。[②]

鉴于"华侨""华人"在指代上的历史区别和近年来的事实上的并列互称，本书在指称上既作区别，又适当通用——既反映"华侨"在特定历史时期（"二战"结束以前）较为固定的政治含义，又表达出"华人"一词在使用中的广涵性和兼容性。上述概念并不能被单纯地看待和评价，它们的形成与发展与中国和国际政治的发展密切相连，因此在不同的历史时期，不同的地域、语境之中，往往具有不同的含义。在本书中也会根据语境的不同来分别使用上述概念。虽然从某种意义上来说，华人散居者、海外华人、华侨华人均指向中国之外生活的华人社群，但是这些词汇在不同的区域、情形以及历史时期，代表不同的含义和表现内容。

二　本书的研究框架

本书选取加拿大华人移民群体作为研究对象，通过引入"散居者"这一概念，试图展现冷战结束以来加拿大华人移民行为方式日益呈现出

---

① Jianli Huang, "Conceptualizing Chinese Migration and Chinese Overseas: The Contribution of Wang Gungwu", *Journal of Chinese Overseas*, Vol. 6, No. 1, 2010, pp. 9 – 10.

② 吴前进：《国家关系中的华侨华人和华族》，新华出版社 2003 年版，第 7 页。

的价值理念多元包容和情感趋向彼此兼顾的发展特点。加拿大华人移民在中加两国之间具有大量显著意义的跨国经济、社会与政治活动，在祖籍国（中国）与东道国（加拿大）之间形成了超越边界的多层次、复杂以及混合的联系，在潜移默化中改变着华人社群文化政治归属感的界限以及与国家的互动模式，令其成为中加两国之间独特的社会政治存在。

　　本书的第一章对第二次世界大战结束以来海外华人移民及其社群的"散居化"发展趋势展开论述。当代华人移民是世界资本主义体系在20世纪中叶以来迅速发展的结果，是战后国际移民潮的一部分。与近现代的华人移民相比，当代华人移民的移民动因、认同方式以及生存模式都更为复杂、灵活以及多元化。在当代语境之下，海外华人移民的发展趋向散居化：他们在世界各地，却依然以各种灵活多变的方式保持着与祖籍国持续的联系。在这一进程之中，华人移民群体努力地在他们的祖籍国和东道国之间、在他们的原文化和新文化之间保持动态的平衡，这两种类型的持续的努力以及其形成的暂时的模式已经展现了一种独特的生活方式，海外华人的多重认同得到了建构，华人移民的身份也从"旅居者"转变为"散居者"。

　　第二章对加拿大华侨华人社群进行整体的介绍。华裔是加拿大最重要的少数族裔之一。自18世纪晚期开始至今，华人一直在陆续移民加拿大；不同阶段的华人移民及其华人社会受到加拿大移民及其他政策的影响，呈现出不同的社会特征。历史上加拿大的华人社会主体是"华工"，在加拿大社会地位低下；自第二次世界大战结束以来，拥有技术、学历以及资本的新华人移民大量移民加拿大，华人社会快速发展，逐渐形成了以华人中产阶层为主的社群。社群的经济实力与社会地位都有了极大的提高。进入21世纪，在国际移民潮的影响之下，加拿大华人社群呈现多元化发展的特点。

　　第三章分析影响加拿大华侨华人"散居化"发展的因素。作为散居海外的少数族裔群体，华人散居者生活在一种群体自身、东道国、祖籍国三者的相互关系之中。如果说传统的华人散居者主要通过保留自身的文化与政治认同（作为华侨）来体现这种关系，那么当代的华人散居者除了心理层面之外还从行为和机制方面维系并强化这些复杂的多重联系。当代华人散居者建立和保持这种联系的动机是在这种复杂的网络关系中获得自身所需要的社会以及经济资本。这种由此及彼的联系受到多重社会政治力量的影响，其中东道国的社会政治发展、祖籍国的社会政治发展，以及东道国与祖籍国之间的关系成为影响华人移民散居化发展的最为直接重要的外部因素。

从加拿大的角度来看，20世纪70年代开始推行的多元文化主义国策令加拿大形成了更为开放宽容的社会以及多元化的国家社会管理模式；不再刻意地解构少数民族的族群身份，而是以较为开放的态度对之予以包容。对于少数族裔和移民群体来说，这成为他们既保留自身的文化与传承又融入加拿大社会与国家的社会政治制度基础。加拿大的华人社群在这样的社会政治氛围之下逐渐形成了区别于东南亚华人的华人认同和社会实践。从中国的角度来看，自20世纪90年代以来，随着中国的经济发展以及融入世界体系进程速度的加快，对海外华侨华人（包括加拿大华侨华人）形成了强大的吸引力，在思想和实践层面推动着加拿大华侨华人趋向中国。华人移民尤其是新移民形成了双重认同，其"本土关怀"与"远程关怀"并行不悖。此外，自1970年建交以来，中加关系日益密切的发展为华侨华人的跨国认同与实践提供了稳定安全且更为灵活的跨国空间与平台。上述三个国家层面的因素是导致加拿大华人散居者产生的重要原因。

第四章展开对加拿大华侨华人散居化发展的全面观察与论述。第二次世界大战结束之后，加拿大华侨华人解决了在加拿大的政治身份认同问题；自20世纪70年代始，他们的文化认同也开始获得新的生命力；冷战结束以来，加拿大华人的认同日益复杂多重、彼此兼顾。在散居者的多重认同驱动之下，他们在加拿大和中国（甚至第三国）之间穿梭往复，将其固有的血缘、地缘和业缘关系建构于全球化时代的动态网络之中，有效地将加拿大和中国以及世界其他地区的资源结合起来，实现经济推动、政治参与、文化交流和价值共享。在不断发展的跨国互动进程中，产生了新的跨国华人群体；他们具有高度全球化特征的投资贸易等经济行为、政治联合行为以及社会文化沟通行为深刻地改变了加拿大华人社会的结构与状态，以及加拿大和中国之间的关系模式。总体来看，当代加拿大华人散居者的跨国化发展趋势深受自 20 世纪 90 年代以来全球经济全球化、政治民主化以及中国崛起这三种力量的影响。这种力量令加拿大华人散居者的跨国性特征日益鲜明，在加拿大、中国以及华人社群内部三者关系的复杂互动之中界定、发展自身。

最后一章是对加拿大华人散居者跨国化趋势发展的进一步论述，指出华侨华人的散居现象与民族国家之间的复杂互动，以及这种发展对中国致力于在 21 世纪推动构建人类命运共同体所带来的机遇和挑战。进入 21 世纪，加拿大华人散居化的发展趋势进一步加深：已经移居到加拿大的一些华人出现了"回流"现象，成了新的"加拿大散居者"。在全球网络信息技术加速发展的推动下，加拿大的华人散居者加入世界华人网络，超越了民族国家的界限，基于中华文化之上建构了"想象中的共同体"，在虚拟的空间中汇集成"华人数字散居者"。华人散居者的这种发展引发了跨国主义与民族国家之间的关系问题：散居者的"双重甚至多重认同"可能引发的"忠诚度"的质疑及其灵活的跨国实践引发的诸多政策与机制方面的实际问题。

总体而言，从跨国主义的视角对华人散居者展开分析，我们能够更为清晰地观察到当代华人移民以及海外华人在东道国、祖籍国以及自身内部这三种（甚至多重）关系中的复杂互动方式。华人散居者在这样的网络之中形成了独特的社会文化经济混合体，有别于东道国和祖籍国的其他社会群体，并且形成了跨国社会场域。当代华人散居者是全球化时代的产物，他们兼顾彼此的多重认同和跨国经济、政治与社会文化实践令他们同时处于"民族之内"和"祖国之外"。他们因此在民族—国家的国际框架之中建构出新的跨国空间，也因此与民族国家之间产生了新的互动。这些互动发生在现有的国际体系结构的间隙中，其组织以及空间逻辑与现实的国际体系产生了竞争。散居者密集的实践终将产生累积的效应，影响人们对于民族国家的认识与实践的变化。

进入21世纪，从跨国主义的散居者视角去观察华人移民群体更具有全球性的意义。如果我们把目光投向全球，就会发现跨国移民与国家之间的联系与流动关系是属于一个更大的全球化的过程之中。尽管民族主义情绪的爆发依然会给国际社会带来冲击，但是那些不断增长的跨国、越界的活动带来的影响却越来越大。在资本的全球流动中，华人散居者在其中发挥了重要的作用，可以帮助中国在21世纪相互依存的世界中创建一个共同的领域。党的十九大提出了构建人类命运共同体的重要思想，其全球化的视野蕴含着人类社会发展的必然趋势，共同体的思想则彰显了包括海外华侨华人在内的人类情怀。海外华侨华人在跨国文化、社会、网络以及流动方面的实践与优势，为中国在21世纪相互依存的世界中创建了一个更为开阔的国际空间，令其成为中国推动构建人类命运共同体进程中一股独特且不可或缺的力量。

三　本书的研究方法

本书主要的研究方法属于实证研究的范畴：主要通过对一些现实的观察以及相关文献的阅读，产生了问题和思考，形成了本书的基本假设，再通过相关文献研究与思考，在归纳和演绎的基础上提出文章的观点与结论。在具体的章节中，本书采用了文献分析法、个案研究法、数据研究等方法。

第四节　本书的创新与不足

一　本书的创新之处

本书是基于众多研究基础之上的研究。如果有创新之处，那么主要是以下几个方面。首先，从研究内容上来说，本书对加拿大华侨华人的散居化发展进行了比较系统的研究，之前并无此类研究。其次，从本书的研究视角与理论运用来说有一定的创新。学界对加拿大华侨华人研究的已有成果主要是采用历史分析的方法，对相关的历史进程或者事件进行梳理，或者分别从政治、经济、社会文化等方面展开研究。笔者在这些研究中并未发现从跨国主义视角出发，将其视为研究的主体，从"散居者"的理论对其展开整体分析的相关研究。此外，本书综合运用了社会学中的跨国主义理论、族裔理论以及政治学中的利益集团、国际关系等相关理论，将加拿大华人社群视为具有跨国性的非国家行为体，探讨其与中加两国之间的关系及其在中加关系中的位置与角色。

二　本书的不足之处

本书的田野调查不够。笔者虽然在加拿大学习与生活过，由于时间、精力有限，以及目前不在加拿大这一地理位置的限制，所以对有些问题缺乏深入的田野调查。此外，在本书相关论点的论证方面，其数据支撑还有进一步的挖掘空间。

第一章

当代华侨华人移民趋势
与海外华人社会发展

第二次世界大战结束以来，在经济全球化发展的推动之下，国际移民潮出现。华人移民海外的趋势也深受这一国际发展趋势的影响。与近现代的华人移民相比，当代华人移民的动因、生存模式以及认同方式都更为复杂、灵活以及多元化。在当代语境之下，海外华人移民的发展趋向散居化：他们四散于世界各地，却依然以各种灵活多变的方式保持着与祖籍国的积极持续的联系。在这一进程之中，华侨华人群体努力在他们的祖籍国和东道国之间、在他们的原文化和新的文化之间保持动态的平衡；这种持续的努力及其形成的模式展现出一种独特的社会生活方式，海外华侨华人丰富的认同因而得以建构：从"旅居者"转变为"散居者"。

第一节　当代国际移民趋势与华人海外移民

第二次世界大战结束之后，世界人口出现了快速增长，然而这一增长并不平衡，主要集中在发展中国家和地区。各国基于自身经济社会发展的情况制定了不同的人口与移民政策，促进了战后人口的跨国流动。冷战结束以来，国际移民的跨国流动趋势进一步加强，世界经济发展的不平衡成为推动这一趋势发展的根本动力。当代华人移民潮深受这一国际移民趋势的影响，伴随着 20 世纪 70 年代末中国的改革开放，华人移民潮汇入世界移民大潮之中，大量华人新移民给海外华人社会带来深刻影响，其发展趋势凸显全球化特征。

一　当代国际移民趋势

第二次世界大战结束之后，全球进入了整体加速发展的时期，全球人口开始快速增长。然而全球人口的增长并不均衡：发展中国家和地区的人口自然增长率远高于发达国家和地区。人口增长的不平衡进一步扩大了发达国家和发展中国家的差距：发达国家和地区的人口在全球人口中所占的比重连年下降，面临着劳动力减少、人口逐渐老龄化等社会问题；相比而言，发展中国家和地区的人口数量多，劳动力相对充足。

第二次世界大战之后世界人口的上述发展趋势深刻地影响了各国的人口和移民政策。人口数量的急速增长令各国决策者意识到，人口作为国家实力保证的这一职能正在衰退，而作为经济以及军事上负担的这一作用正在增长。因而控制人口数量、提高人口质量，已经成为世界各国人口政策的普遍指导性原则，很多国家在战后开始施行较为严格的移民筛选政策。

除了少量因为战争或者政治原因而形成的难民迁移之外，战后的移民潮的主要推动力量来自于经济和社会发展，那些经济社会发展良好、收入较高的国家对其他国家的移民产生了很大的吸引力。总体而言，主要有四类国家战后施行有条件、有限度的移民政策。第一类是国土辽阔、资源丰富、人口密度较低、近代以来主要由外来移民构成的国家，如美国、加拿大、澳大利亚、新西兰等；第二类国家人口密度较高，但是人口老龄化严重，经济发展需要大量青壮年劳动力，因而在战后也成为净移民输入国，如西欧的英国、法国、荷兰、德国等；第三类是西亚的一些国家，这些国家由于 20 世纪 70 年代石油工业的兴起与经济高速发展，就业机会大增，故而接纳了大量的外籍劳工，如科威特、阿联酋、卡塔尔等；第四类国家是由于本国人才外流，因而希望接纳移民填补国内人才的空缺，其中最典型的是新加坡。[①]

上述国家对入境移民的选择接纳都十分慎重。战后各国依法接纳的移民主要有三类：家庭类移民、难民类以及独立移民类（包括专业技术移民、劳工移民、投资移民等）。前两类移民主要基于"人道主义"的标准，第三类移民的选择标准比较严格，以国家利益为核心，在控制移民入境量的前提之下，对移民的种族、年龄、能力等方面严加筛选。比如一些移民接纳国在吸收移民时首先考虑与本国主体民族同文同种的移民。例如，西亚国家在接受外籍工人时，往往优先接收来自伊斯兰教国家的劳工；欧洲国家曾经首先接收来自欧共体成员国的外籍工人，其次为原殖民地、附属国，最后才是其他国家的移民；澳大利亚曾经特别欢迎"盎格鲁—撒克逊人或者真正的北欧人"；新加坡在吸引人才时，特别看重在欧美学有所成的中国大陆、港澳台的年轻学者。

从年龄的角度来看，各移民接收国往往对移民的年龄有较为严格的限制。例如，美国在20世纪70年代所接纳的科技人才中，30岁以下的占50％，30—44岁的占45％，几乎全部都在科技人才的最佳年龄段。在新西兰的移民计分法案中，25—29岁年龄组为最高，35岁以上得分递减，并且规定年龄超过55岁就不得申请"普通种类"的移民。加拿大移民计分法中，18—35岁的申请人可得满分，超过35岁者每超过1岁扣1分。澳大利亚虽然接受55岁以上的退休移民，但是规定他们要有相当的可以转移到澳大利亚的财产，以便他们能够在澳大利亚建立家园以及支付将来生活所需。[②]

对申请移民入境者能力的考察，一般涉及申请者的技能、智力、财力等各个方面，是对入境移民选择中最重要的一个部分。根据相关的计算，相比本国自身培养劳动力而言，从海外直接将有经验的劳动力引入是一种

---

　　①　李明欢：《战后世界人口的增长与华人海外移民》，《华侨华人历史研究》1993年第1期。

　　②　李明欢：《战后世界人口的增长与华人海外移民》，《华侨华人历史研究》1993年第1期。

节省费用的方式，如果接纳的是高级专业人才则更为划算。战后美国、加拿大等国从发展中国家引入的科技专业人才，不仅为他们节约了大笔教育培训费用，同时还为这些国家带来可观的收益。近年来，各个移民接收国对于专业人才大开绿灯，注重移民的学历等教育背景。除了学历以及专业技能之外，具有一定财力的移民也越来越受到移民接收国的青睐。澳大利亚、加拿大等国都有相关的移民的投资额度以获取商业移民身份的条款。

从移民的方式来看，战后国际移民主要有两种方式：一种是永久性的移民，即移民到达接收国后，安家立业长期居住，加入东道国的国籍。另一种是短期移民，即依据合同或者聘约，到异国打工几年甚至十几年，而后返回祖国。战后很长一段时期很多国家欢迎短期移民的劳工进入，一俟期满即出境返国。

自20世纪90年代以来，国际移民中的永久性移民数量逐渐增加，很多移民入籍东道国，在那里落地生根。除了上述这些通过合法途径进入东道国的移民之外，在北美、欧洲、西亚等地还存在着大量的非法移民。

直到20世纪90年代之前，各个国家对于移民入境均有种种规定限制。第二次世界大战之后全球人口的迅速增长以及全球经济的迅速恢复发展是国际移民产生的重要背景，而各个国家的移民政策则决定了国际移民的流向。但是由于冷战格局的影响，这一阶段各国普遍限制移民，移民政策趋紧。

自20世纪90年代冷战结束以来，伴随着经济全球化的进一步发展，国际移民在总体规模、流向、流量上都有了新的发展与变化。国际移民的数量开始迅速增加，据统计，1985年，国际移民的总数为8400万人，2005年这一数量增加到1.91亿人。根据国际移民组织在2010年11月发布的报告，全球移民总数已达2.14亿人。而到2050年，这一数字将达到4亿人以上。①

---

① 《国际移民组织说全球跨国移民总数达2.14亿》，新华网（http：//news. xinhuanet. com/world/2010 – 11/29/c_ 12828165. htm），2010年11月29日。

20 世纪 90 年代之前人口主要从发展中国家和地区流向发达国家和地区，90 年代之后在全球移民中大约有 1/3 从发展中国家流向发达国家，同时大约有 1/3 在发展中国家间流动。欧洲和北美洲已经成为移民的主要输出地。在这一波移民潮中，脑力劳动者的比重显著增加。据统计，20 世纪 90 年代，经合组织国家年龄 25 岁以上的国际移民增加人数中接受过高等教育的将近一半，约为 120 万人；到了 2000 年，这一数字增加到 200 万人，每 10 名居住在经合组织国家受过高等教育的移民中就有 6 名来自于发展中国家。[①] 进入 21 世纪，移民的来源地与民族成分越发复杂与多元化，很多国家的移民人口已经占据了其人口增长的很大比例，因此造成了移入国社会文化的多元化发展趋势。与此同时，移民的全球化发展趋势正在形成，短期移民和环流式移民正在取代永久性移民，成为新的移民模式。移民在全球快速流动，他们的交往程度空前密切，网络日趋发达。一些全球性的城市如纽约、温哥华、伦敦等正在成为国际移民网络中的重要节点城市，全世界的移民汇集于此，成为国际移民社会的缩影。

在这样的发展趋势下，各国政府和国际组织都开始意识到国际移民问题的重要性。那些在 20 世纪 90 年代之前或者对移民实施严格限制或者对移民漠不关心的国家都开始转变其对移民的态度与政策。由于这一波移民潮中蕴含着丰富的人力资源，因此很多国家都希望能够从中获利，各国的移民政策因而体现出鲜明的功利主义原则。移民接收国（大部分是发达国家）的政策越来越具有选择性，偏重于接纳科学技术部门所需要的人才和劳工短缺部门的劳动力，此外还包括携带资本的移民。相对而言，那些移民移出国（大部分是发展中国家）更为担心的是人才与技术甚至资本的流失。因此，除了相关的限制性政策之外，很多移民输出国调整政策，积极与海外移民建立联系，鼓励其回归祖籍国，引

---

① 丘立本：《国际移民趋势、学术前沿动向与华侨华人研究》，《华侨华人历史研究》2007 年第 3 期。

导他们在祖籍国的国家利益中发挥积极的作用。

除此之外，全球还存在着不断发展的非法移民现象，这些移民主要源自战争、冲突等政治原因，第二次世界大战结束以来，世界各国对移民施行大赦多达 60 多次，仅 1990—2005 年就达到 35 次，530 多万人的身份得以转换。① 但是非法移民问题依然困扰着各国政府。

就总的发展趋势来看，第二次世界大战结束以来，经济全球化以及网络信息技术的迅速发展是世界人口流动的根本动因，也是国际移民发展趋势的强大推力。移民的流动特征与其自身的诉求相关，也与世界各国的移民政策相联系。进入 21 世纪以来，脑力环流、资本环流等跨国流动正在成为国际移民的发展趋势。

二 当代华侨华人移民趋势

华人移民深受国际体系和国际移民发展趋势的影响。近代以来华人移民的产生正是中国不断卷入世界资本主义劳动力市场体系的结果之一。因此近代以来，中国出现了两次大规模的移民潮。第一次是 19 世纪末 20 世纪初的近代移民潮。第二次是当代移民潮，从 20 世纪末开始至今。

随着第二次世界大战结束和冷战的到来，新中国因为自身选择的政治发展道路与西方国家产生对立，致使国家受到封锁遏制，一度中断了与世界的联系，对外移民活动基本终止。据统计，1949—1978 年，中国政府批准的因私出国者仅为 21 万人②，多为归侨、侨眷出国探亲。这段时期，中国与世界在第二次世界大战后的移民潮相脱离。1956—1985年，美国、加拿大、澳大利亚、新西兰分别接收了 1200 万、380 万、

① 丘立本：《国际移民趋势、学术前沿动向与华侨华人研究》，《华侨华人历史研究》2007 年第 3 期。

② 张秀明：《国际移民体系中的中国大陆移民——也谈新移民问题》，《华侨华人历史研究》2001 年第 1 期。

310 万和 65 万永久移民。[①] 第二次世界大战后初期到 20 世纪 80 年代海外华人移民的一大组成部分是来自中国港、澳、台地区的华人移民。中国港、澳、台地区的客观发展情况有类似之处。第二次世界大战后,上述三个地区与中国大陆在政治上有一段分隔时期,故而一部分来自上述地区的华人是因为政治局势的不明朗与不稳定而选择移民。上述特点令中国港、澳、台地区的华人移民在第二次世界大战后的相当长一段时期内成为海外华人移民的主要组成部分。根据相关资料显示,在 1971—1982 年,中国台湾的海外移民人口达到 23 万余人,80 年代末年均移民在 3 万人左右。同时,第二次世界大战后中国香港的移民潮也一直没有间断,进入 20 世纪 80 年代中后期更是进入快速发展时期。1980—1992 年,大约 38 万港人移居异国。[②]

第二次世界大战前已经定居东南亚国家的华人是战后华人海外移民的另一大组成部分。东南亚地区是第二次世界大战前数世纪中国人海外移民最集中的聚居区,第二次世界大战之前,中国本土之外的华人95% 以上聚居于东南亚。第二次世界大战之后,该地区华人的生存环境发生了重大的变化。一方面,在中华人民共和国成立之后,东南亚各国随即基本禁止来自中国大陆的新移民入境;另一方面,在东南亚的一些国家,战后近半个世纪以来,曾先后施行过歧视、排斥甚至更为恶劣的迫害国内华人的政策。由于缺乏安全感,那些有能力或者有海外社会关系的华人纷纷选择移民,其中一部分选择回到中国,例如 20 世纪 50 年代有大批印尼华侨青年回国,20 世纪 80 年代越南排华时期有约 20 万难侨回国。此外还有大批东南亚华人流向欧美国家以及大洋洲。例如,1984 年澳大利亚的华人中有 85.4% 是来自东南亚的华人移民。20 世纪90 年代初,法国 18 万华人中来自印度支那的华人移民占 70% 左右。除

---

① 张秀明:《国际移民体系中的中国大陆移民——也谈新移民问题》,《华侨华人历史研究》2001 年第 1 期。
② 李明欢:《战后世界人口的增长与华人海外移民》,《华侨华人历史研究》1993 年第 1 期。

了东南亚之外，还有居住在其他国家和地区的海外华人华裔。比如印度、南美洲的苏里南，中美洲的尼加拉瓜，韩国等，这些地区的华侨华人数量相对很少。①

随着 1971 年中国恢复在联合国的合法席位，中美、中加等国的相继建交及 20 世纪 70 年代末中国实行改革开放政策，中国一步步走向世界、走向开放。作为改革开放的一个组成部分，中国出入境政策放宽。特别是 1985 年 11 月《中华人民共和国公民出入境管理法》的颁布以及随后有关细则的制定，简化了出国手续，为中国公民出国提供了法律保障和制度保障，极大地方便了中国公民的移居活动。此外，封闭已久，国门开放，人们迫切希望了解外面的世界，于是纷纷寻求机会出国，中国出现了一波又一波的"出国热"，从而形成了目前颇具规模和影响的新移民群体，改变了海外华人社会的结构。从某种意义上说，中国的新移民是世界经济全球化和中国改革开放的产物。由于中国大陆巨大的人口体量，来自中国大陆的华人新移民迅速地成了冷战结束以来华人海外移民的主流。在 1999 年之后，来自中国大陆的新移民人数激增，而来自中国台湾与中国香港的新移民数量急速下降。据统计，2006 年，全球的中国新移民有 600 万人，其中有 460 万人来自中国大陆，70—80 万人来自中国香港和中国台湾。② 这些华人移民主要可以分为四个类型：留学生及其家眷，以家庭团聚为主的普通移民，投资移民和商务移民，以及非正式渠道移民。

华人新移民的大量出现深刻地改变了海外华人社会的现状与发展。由于国际移民潮所引起的华人社群内部的社会经济背景的多元化也导致了海外华人社会的多元化发展。华人移民的来源地更为复杂，同时这一群体的身份和素质也大大提高，其中很大一部分是具备高学历的专业技

---

① 李明欢：《战后世界人口的增长与华人海外移民》，《华侨华人历史研究》1993 年第 1 期。

② 廖建裕：《全球化中的中华移民与华侨华人研究》，《华侨华人历史研究》2012 年第 3 期。

术人员以及拥有资金的投资移民。与已经落地生根的老一代华人移民相比，这个群体的社会表现也非常不同。他们更为积极地参与当地和跨国的种种社会实践之中：例如在东道国积极参与社会政治活动，维护自身正当的公民和发展权；同时与祖籍国（主要是中国）的联系依然密切，一些群体甚至频繁地在居住地和故乡之间流动往返。他们的到来，影响和改变了传统海外华人社会的居住模式、职业模式、生活模式甚至语言使用模式，也改变了他们与祖籍国（中国）的相处模式。

　　总的来说，世界经济发展的不平衡一直是移民活动发生的原动力。谋求经济地位的改善，追求更好的生活一直是移民的最主要的动因，自20世纪90年代以来的华人移民潮的主要推动力量也源自于此。华人移民潮汇入世界移民大潮之中，其发展趋势凸显全球化特征。

第二节　当代海外华人社会的发展

　　全球化时代的华人移民，其移民动机、移居目的地、社会行为以及文化与身份认同都呈现出复杂多元的图景。与老一代的华人"旅居者"相比，当代华人移民正在向"散居者"转变。

一　当代华侨华人移民的动因与途径

　　在散居者研究中，当代学者基于对全球众多散落世界各地的移民社群的研究之上对散居者的特点进行了总结。散居者的特点究竟有多少，学者们并未达成统一，但是有三个特点是大家认同的：散居者群体首先至少分散至两个目的地；散居者必须需要与实际上的或者想象中的祖籍国有某些联系；此外，具有复杂的散居者认同。

　　尽管在20世纪80年代之前，海外华人已经颇具规模，但是自20世纪90年代以来，伴随着新华人移民潮的出现，海外华人社群在全球有了持续快速的发展，其移民的地域也向更多的地区扩展。当代华人移民与现代的华人移民，甚至更早之前的华人移民之间有很大的区别。与老一代移民相比，当代华人选择移民的原因更为多元化。

很多研究海外华人的学者发现华人移民的原因十分复杂多元。与其他散居者社群相比，华人移民是一个独特的群体，他们不是因为政治原因而产生的迁移群体。由于中国历来拥有大规模的人口和广阔的疆域，因此单独的、大规模的社会政治历史事件（包括内战甚至侵略），都无法致使其整个人口，甚至部分人口颠沛流离，离散于祖国之外。很多学者注意到华人移民动机中的经济社会因素：获取更多的财富以及社会上向流动的机会。比如斯蒂芬·钱认为华人移民外迁并不是被强迫的行为，而是对更好的经济发展的追求。[1] 陈勇发现，即使那些在 19 世纪从广州前往美国加州的华人移民之中，也有一些并不是为了改善自身的贫困状态，而是为了在跨太平洋的联系中获取上向社会的流动机会。[2] 此外，中国不同的发展阶段与特定历史事件也会对华人的迁移流动产生影响。[3] 比如一些学者曾经研究过诸如 20 世纪 90 年代的香港回归等历史事件对香港华人移民北美的影响。[4]

进入 21 世纪以来，华人移居海外的动因进一步多元化，其移民的原因十分宽泛。除了传统的因为经济社会的状况而移民之外，越来越多的华人是为了获得某种程度的自我实现而移民，还有一些群体是为了获取一种跨国的生活方式而移民。在这些形形色色的移民动机的推动之下，海外华人移民社群的内部呈现高度的多元化特色的发展，海外华人

---

① Stephen Chan, "What is This Thing Called Chinese Diaspora?" *Contemporary Review*, Vol. 2, 1999.

② Yong Chen, "The Internal Origins of Chinese Emigration to California Reconsidered", *The Western Historical Quarterly*, Vol. 28, No. 4, 1997, pp. 521 – 542.

③ David Ip, Christine Inglis and Chung Tong Wu, "Concepts of Citizenship and Identity Among Recent Asian Immigrants in Australia", *Asian and Pacific Migration Journal*, Vol. 6, No. 3 – 4, 1997, pp. 363 – 375.

④ Peter S. Li, "The Rise and Fall of Chinese Immigration to Canada: Newcomers from Hong Kong Special Administrative Region of China and Mainland China, 1980—2000", *International Migration*, Vol. 43, No. 3, 2005, pp. 9 – 24.

的社会生活产生了散居化的趋势。事实上，如果从移民的动机来看，除了共享一个祖籍国之外，很难将当代华人移民视为一个同质化的整体，他们散居于世界各地的现状正是他们复杂多元的移民动机造成的结果。

多重复杂的动机推动了华人移民途径的多元化选择，李明欢在她的研究中展示了当代海外华人移民向海外迁移的主要途径。

随靠迁移。华人移居海外，向来有亲属介绍、接踵而行的传统。第二次世界大战以后，欧、美、澳等国出于人道主义的原则，对亲属移民放开政策。对于华人来说，其亲属范围庞杂，往往一村一乡数百上千人沾亲带故。因此，除了相关移民法中规定可获得优先移民的直系家庭成员之外，在海外已经定居的移民往往还会为其他旁系亲属提供必要担保，使其能够获得移民条件。这种以亲缘关系为纽带、滚雪球似的连锁性随靠迁移，随着相关国家对于独立入境移民选择的日益规范化、严格化，其所起的作用就更为突出。①

学习迁移。这就是我们一般所说的"留学"。此类始自"留学"但是终于"定居"的人员在第二次世界大战后呈明显的上升趋势，在海外华人移民中占很大的比例。这主要是因为中国大陆以及中国香港和中国台湾基础教育的质量自第二次世界大战之后有很大的提高，中国学生有机会能够通过申请进入西方发达国家的高等院校学习。西方国家高等教育的条件以及科研的水平都是吸引中国学生的重要条件。相关数据显示，自20世纪50年代到20世纪末，中国台湾大约有10万人赴美留学，大部分人学成后定居美国，返回中国台湾的比例仅有12%。中国大陆自改革开放到20世纪90年代初，由政府公派出国留学的人达到15万余人，学成回国者5万余人，自费出国留学者14万人，多数没有返回。很多人在东道国学成之后都以"专业人士"的身份申请移民，其中有很多专业领域的精英人士。相关国家为了留住这些专业精英，往往

---

① 李明欢：《战后世界人口的增长与华人海外移民》，《华侨华人历史研究》1993年第1期。

为其提供方便,令其转变成为自己国家的高端人力资源。比如,20 世纪 80 年代,日本劳动力市场出现短缺现象,当时的日本学者预测日本将于 20 世纪 90 年代之后进入老龄化社会,因此日本政府规定,外籍劳务特别是发展中国家的劳务只能以"就学生"的名义进入劳务市场。因此,中国劳务进入日本劳务市场的途径,一是研修生;二是学生。①

劳务迁移。在第二次世界大战后的国际人口迁移大潮中,发达国家以及中东地区是因为国家大量吸收外籍工人带动了世界的劳务迁移,人数多流量大。相对来说,战后海外华人移民中,劳务迁移所占的比例并不高。作为世界人口资源第一大国的中国,自 20 世纪 40 年代末至 70 年代一直紧闭对外劳务输出的大门,20 世纪 80 年代后的直接劳务输出也微乎其微。据统计,从 1978 年到 1989 年,中国大陆有组织的、直接以"劳务输出"名义前往国外的劳务人员年均 3 万—4 万,其中人数最高的 1978 年也仅有 7 万人。而彼时国际上的跨境劳务迁移规模已经是百万、千万计了。② 第二次世界大战之后,华人跨境"劳务迁移"较为集中的是 20 世纪六七十年代由中国香港地区向英国的移民。当时随着中国香港新界地区的大规模开发,农田成片抛荒,居住在新界的农民纷纷外出谋生。由于中国香港与英国的特殊关系,大批新界移民因此以"中餐就业工人"的身份进入英国。1962 年,约有 3 万人进入英国。这令英国原有的华人数量增加了一倍。1981 年英国华人中约有 80% 的新移民来自中国香港新界。由于很多国家在第二次世界大战之后的一段时期之内依然对华人入境有种种限制,因此有相当一批华人移民是通过学习迁移和随靠迁移的方式进入东道国的。通过劳务方式移民的华人往往由于语言、文化、教育等方面的因素,集中于餐饮、制衣、零售等行业。

---

① 李明欢:《战后世界人口的增长与华人海外移民》,《华侨华人历史研究》1993 年第 1 期。

② 李明欢:《战后世界人口的增长与华人海外移民》,《华侨华人历史研究》1993 年第 1 期。

投资迁移。20 世纪七八十年代之后，华人移民中开始出现投资移民。在 20 世纪 90 年代之前，这一群体主要由来自中国香港和中国台湾地区的华人移民组成。这一群体的产生得益于自 20 世纪 70 年代以来中国港台地区的经济腾飞，这部分人拥有资产，因此纷纷通过投资海外的形式举家迁移。①

政治迁移。这主要是指由于居住地的政治变迁弃国出走造成的人口迁移。1949 年中华人民共和国成立时，曾经有一批对新中国政权不理解不信任者前往中国台湾以及中国香港，其中一部分人又以"政治难民"的身份移民美国。20 世纪八九十年代之后，从中国大陆移民中也有部分人是以"政治难民"的身份进入西方国家，但是数量极为有限。第二次世界大战之后华人因政治原因造成的大规模强制性迁移，主要有 20 世纪 70 年代中后期印度支那数十万遭受本国政治迫害的华裔难民的大流亡。

总体而言，第二次世界大战以来世界范围内的华人移民潮的出现主要是由于世界经济的发展以及中国的迅速崛起的推动下产生的一股潮流。在这一大背景之下的华人移民的动因呈现出多元化的特征，华人移民一改历史上主要是以劳工输出为主的移民模式，通过随靠、留学、投资等方式移居他国，因此华人移民的社会构成也发生了巨大的变化，移居海外的华人不再是教育程度低且不具备任何资产的劳工阶层，而是受过良好教育甚至拥有大规模资产的华人中产阶层，这大大地改变了海外华人移民社群的社会结构以及他们在东道国的社会经济地位。

进入 21 世纪以来，华人移居海外的动因进一步多元化，其移民的原因十分宽泛。除了传统的因为经济社会的状况而移民之外，越来越多的华人是为了获得某种程度的自我实现而移民，还有一些群体是为了获取一种跨国的生活方式而移民。在这些形形色色的移民动机的推动之

---

① 李明欢：《战后世界人口的增长与华人海外移民》，《华侨华人历史研究》1993 年第 1 期。

下，海外华人移民社群的内部呈现高度的多元化特色的发展，海外华人的社会生活产生了散居化的趋势。

二　当代华人移民认同的发展

海外华人移民散居化发展的另一个重要特征就是"散居者认同"的产生。当然，即使不从散居者的视角去观察海外华人移民，相当多的研究者也发现了海外华人在东道国所开展的丰富多元的实践，以及在本地与跨国的互动中所产生的灵活独特的认同。海外华人由于长期生活在祖籍国、东道国以及自身社群内部的多元的权力关系之中，因而他们会采取种种不同的策略，在东道国的少数族裔地位以及社会政治环境的平衡中去寻求他们的认同。这种认同并不是单纯统一的，而是复杂多变的。

在相当长的一段时期内，由于历史政治的原因，人们认为海外华人社群倾向于发展自身的社团文化以及满足自身的特殊需求，固守华人认同或者说中国认同，而不会被东道国社会完全同化或者接纳。海外华人由于中国强调家族血缘的文化传统以及国家长期以来的"血统主义"的侨民政策，具有十分强烈的中华民族认同。尤其在近代中国内忧外患的国情之下，海外华侨民族主义认同在国内民族主义者的动员之下不断高涨，华人社会中的很多民族主义者强烈关注并参与中国的革命和战争之中。[①]

第二次世界大战结束之后，随着冷战的到来以及中华人民共和国对其海外侨民开始实施新的国籍政策，这一发展令海外华侨在政治认同方面开始做出选择。他们纷纷开始获取东道国的公民身份，海外华侨社会开始向华人社会演变。海外华人的民族与国家认同发生了本质上的变化。政治上的认同与归属感对海外华人的影响巨大，他们抛弃旅居者的

---

① Yen Ching - hwang, "Overseas Chinese Nationalism in Singapore and Malaya, 1877—1912", *Modern Asian Studies*, Vol. 16, No. 3, 1982. 转引自刘宏《海外华人研究的谱系——主体的变化与方法的演进》，《华人研究国际学报》2009 年第 2 期。

身份，开始了落地生根的生活。自 20 世纪 70 年代起，一些移民国家开始推行多元文化主义政策，营造了反对歧视的社会氛围与环境，海外华人的认同开始更多地受到来自东道国的影响，对于祖籍国的认同逐渐以民族（种族和文化）认同形式存在。[①]

　　毫无疑问，即使获得了东道国的公民身份，在政治上认同和归属于东道国，海外华人依然是一个十分独特的社群。要理解海外华人的认同需要从两个角度出发去观察：政治认同与文化认同或者说族群认同。政治认同主要从民族国家的脉络出发，其核心是国家认同，主要表现在个人对国家持有的感情和认识，标志是国籍认可，具有相对的可变性和流动性。而文化认同或者说族群认同与文化个体归属的民族联系在一起，具有先赋性和内生性，是个体无法选择的。这两种范畴的认同不是排他的，政治认同与文化认同可以重叠在一起。[②] 同世界上其他地区的移民群体一样，海外华人社群之中蕴含着复杂的政治与文化认同。华人认同的基础是基于血缘的族群认同。虽然血缘是人与生俱来的自然属性，但是人的社会性决定了其自然属性与社会属性密切相关，因此，华人的族群认同虽然是以血缘为基础的，但是却与其社会关系的性质相关联：比如族群共享的语言、宗教、历史等，这与文化认同产生了交集。由于中华文化历史悠久，华人认同中的文化认同成为其突出的特点。这一特点兼备历史与当下的特征，既包括强调传统的家庭价值、宗族起源以及种族分支等内涵，还包括华裔移民从移居社会中所习得的知识、信仰、道德、习俗、宗教和法律等。[③] 生活在特定国家的华人，其族群认同和文化认同被置于东道国国家和社会框架之内，其认同也浸染了国家认同的成分。这种政治性的国家认同与华人的文化认同相互交叠，相互依存，令海外华人的认同呈现复杂多变的面貌。总体上而言，海外华人的认同

---

　　① 　吴洪芹：《海外华人的民族认同与国家观念辨析》，《华侨华人历史研究》1996 年第 1 期。

　　② 　朱桃香、代帆：《融合与冲突——论海外华侨华人的认同》，《东南亚研究》2002 年第 3 期。

　　③ 　柴玲：《论海外华人的中国认同》，《国际社会科学杂志（中文版）》2010 年第 1 期。

是一种"多元认同",这是被其社会历史的复杂化所决定的。王赓武就从国家、阶级、民族和文化四个维度去探讨海外华人认同的复杂性。①华人在同一时间持有一种以上的认同,这种多元的认同再具体到华人所在的东道国的特殊情况,则全球海外华人所拥有的认同千差万别。

冷战结束以来,华人新移民大规模涌现,华人的跨国流动性大大增强,在这一发展驱使之下,海外华人认同出现了跨国化的趋势。持有这种认同的主体是20世纪70年代之后移居海外的华人新移民,这一群体人数众多,在前往移居地之前已经在中国完成了自身的社会化过程。他们并不像老一辈华人那样选择落地生根的本土化作为自身融入东道国社会的唯一途径,因此这一群体的中华文化认同特征极为凸显。

但是对于移民来说,他们认同中的这种民族主义已经开始具有明显的跨国性特征,吴前进将这一民族主义称为"跨国民族主义"。这种跨国民族主义既包括跨边界的祖国民族主义(指虽然身居海外,但却依然保留本民族的认同),同时也包括双重民族主义(指认同两个截然不同民族的政治认同)。②移民群体在这一认同中表现出既对"此处"也对"彼处"同时关切的综合能力。这种认同超越了狭隘的族群民族主义情结,而结合了更具理性的现代公民民族主义内容:既追溯过去,召唤其源远流长的历史与文化内涵,展现群体的连续性与归属感;同时又强调在政治上对其国家的效忠,以公民的整体性原则来消解族群的多样性分歧。在统一性的前提下表达多样性,在多样性的基础上实现统一性。基于此,移居世界各地的华人族群解决了在东道国的政治身份认同,其文化认同也开始获得新的生命力。冷战结束以来,伴随着华人移民在东道国和祖籍国之间的往复穿梭,将其血缘、地缘和业缘的关系建构到全球化的动态网络体系之中,进而有效地把祖籍国和东道国的资源结合起

---

①　Wang Gungwu, "The Study of Chinese Identities in Southeast Asia" in Jennifer W. Cushman and Wang Gungwu eds. , *Changing Identities of the Southeast Asian Chinese since World War II*, Hong Kong: Hong Kong University Press, 1985, pp. 1 - 21.

②　吴前进:《冷战后华人移民的跨国民族主义——以美国华人社会为例》,《华侨华人历史研究》2006年第1期。

来，实现政治推动、经济互补、文化交流以及价值共享。

这种跨国民族主义的认同来自华人移民努力保持自身社会地位不被边缘化的原动力。冷战结束以来华人移民的跨国民族主义的强化就是现实利益将华人认同中的个人认同与社会认同紧密接合的结果。这是因为身份在历史当中受到文化的塑造，而共同的利益更易形成身份认同。中国崛起作为催化剂使海外华人在文化传统与社会心理层面产生向成功行为体靠拢的化学反应与现实受益。因此，海外华人的身份认同出现了强化趋势；尤其是华人新移民，对中国的认同呈现新民族主义的动向。[①]今天的海外华人不再像老一代华人那样压抑甚至掩盖自身的民族认同，而是不惮于公开宣称自身的中华文化认同；对于新移民来说，他们普遍认为华人应在实现中国经济发展、文化繁荣和主权与领土完整方面发挥作用，同时他们也可以从中国崛起中获益。高佳在对新一代华人移民的研究中发现，华人移民处于一种持续不断地付出努力的状态，同时保持着他们与东道国和祖籍国联系的目的是抵抗自身地位边缘化的趋势。由于这两种努力非常地明显以及持续，以至于形成了某种暂时的模式，被称为"双轨抗边缘化"模式[②]。正如李明欢所言，"海外华人需要两个世界"[③]。在这一跨国往返的进程中，华人移民努力地在他们的祖籍国和东道国之间、在他们的原文化和新的文化之间来回摇摆，这两种类型的持续努力以及其形成的暂时的模式已经展现了一种独特的生活方式，建构出新的内涵更为丰富的海外华人认同，麦克·雅各布森认为，与其说华人社群是散居的民族群体，不如说他们是一些社会综合组织；这些组织具有非常灵活的认同，其局部的因素是可以协商的。[④] 由于每天的

---

① 隆德新、林逢春：《侨务公共外交：理论内核、本体特征与效用函数》，《东南亚研究》2013 年第 5 期。

② Jia Gao, "Migrant Transnationality and its Evolving Nature", *Journal of Chinese Overseas*, Vol. 2, No. 2, 2006.

③ Li Minghuan, *We Need Two Worlds': Chinese Immigrant Associations in a Western Society*, Amsterdam: Amsterdam University Press, 1999.

④ Michael Jacobsen, "Re – conceptualising Notions of Chineseness in a Southeast Asian Context", *East Asia*, Vol. 24, No. 2, 2007.

日常生活尤其是经济方面的考虑带来的压力，他们对家乡的渴望已经不再是一种普遍的情怀。这是一种"生活在祖国之外"①的生活方式，同时也意味着当代海外华人已经不会再从他们的东道国社会中独立和分离了。

从离开祖籍国的原因、能够被东道国接受的信念以及由此而建立的自身的集体文化等角度而言，今天海外华人移民的认同都呈现出与往日不同的特征。正是在这种"双向多重"的认同之中，"华人散居者"成为联结东道国与祖籍国的交汇之处，其复杂认同在这一进程中，则作为行为的动机与行为的结果出现。

三　当代华人移民的跨国实践活动

如果从散居的视角来看，华人移民的跨国生活方式并不是近期才出现的。亚当·麦昆认为伴随着19世纪末20世纪初太平洋世界市场的形成与扩张，华人移民的跨国网络逐渐形成，这是一个由长期的纷繁芜杂的债务与利润的共享机制以及被招募和组织在一起的华人移民构成的网络。②早期招募劳工的网络体系由一系列的跨国机构、组织以及个人联系等组成的，对于移民来说，是可行的经济计划，同时也是他们可以依赖的物资、人员、信息以及利益循环的稳定体系。由华人建造的这一网络在力量、范围、灵活性等方面都是惊人的，这一网络除了可以促进以及指导跨国行为之外，本身就是一个持续数代的利益之源。这是一种世界性的支持移民的服务链，更是一种经济战略。③

如果从"散居"的视角看待华人移民的历史，对东道国的华人社会也会产生新的理解。在很多学者的描述中，海外华人社会曾经一度是

---

① Kim D. Butler, "Defining Diaspora, Refining a Discourse", *Diaspora*, Vol. 10, No. 2, 2002.

② Adam McKeown, "Conceptualizing Chinese Diasporas: 1842 to 1949", *The Journal of Asian Studies*, Vol. 58, No. 2, 1999.

③ Adam McKeown, "Conceptualizing Chinese Diasporas: 1842 to 1949", *The Journal of Asian Studies*, Vol. 58, No. 2, 1999, p. 317.

"单身汉"的社会。但是在亚当·麦昆看来,如果不坚持认为家庭的定义必须是地理上的统一,以及必须和妻子、孩子共同居住的话,很多华人移民通过跨国的方式很好地保持了宗族的延续。家庭往往是移民的原动力。由于他们的收入,在海外的移民往往成为家族中主要的决策者。因此在很长一段时期内,侨汇在移民的家族中扮演了相当重要的角色。即使移民将他的妻子和孩子移居海外,他依然会在家乡保留房屋以备将来的回迁。这样一来,移民在祖籍国所居住的村庄也成了跨国的实体。① 此外,那些长久以来被视为海外华人团结一心、抵制歧视、寄托乡愁的兄弟会、宗亲会以及同乡组织,在亚当·麦昆看来也是海外华人移民保持与故乡联系的网络化机构。通过这些社团机构,来自同一故乡的移民聚集在一起,依然保持着与故乡的种种跨国联系。②

随着历史的发展,海外华人移民的这些网络通过不断地变换以及调整,成为他们与东道国政府和社会关系中的一部分;也成为他们与其所根植的全球力量不断变化的关系中的一部分。③ 这种力量与趋势受到了20世纪后半叶日新月异的现代传媒通信与交通技术发展的推动,得到了更为迅速的扩张与发展。

自20世纪90年代以来,华人移民的活动出现了全球化的发展趋势。海外华人新移民成为这一阶段深具跨国主义色彩的华人群体,他们来自于中国和世界的各个地区和国家,其自身素质很高甚至拥有大量资产,在东道国积极参与本地的社会政治生活,与此同时也对中国的事务

① Haiming Liu, "The Trans - Pacific Family: A Case Study of Sam Chang's Family History", *Amerasia Journal*, Vol. 18, No. 2, 1992. Adam McKeown, "Conceptualizing Chinese Diasporas: 1842 to 1949", *The Journal of Asian Studies*, Vol. 58, No. 2, 1999, p. 318.

② Renqiu Yu, "Chinese American Contributions to the Educational Development of Toisan, 1920—40", *Amerasia Journal*, Vol. 10, 1983. Adam McKeown, "Conceptualizing Chinese Diasporas: 1842 to 1949", *The Journal of Asian Studies*, Vol. 58, No. 2, 1999, p. 320.

③ Gary Hamilton and Tony Waters, "Ethnicity and Capitalist Development: The Changing Role of the Chinese in Thailand" in Daniel Chirot and Anthony Reid eds., *Essential Outsiders: Chinese and Jews in the Modern Transformation of Southeast Asia and Central Europe*, Seattle: University of Washington Press, 1997. Adam McKeown, "Conceptualizing Chinese Diasporas: 1842 to 1949", *The Journal of Asian Studies*, Vol. 58, No. 2, 1999, p. 320.

保持高度关注和参与。这一移民群体继续扮演着积极的"华商"角色，展开密集的跨国商业贸易和投资行为。今天，海外华人的跨国联系比以往任何历史时期都显得更为密集和强烈。经过一个多世纪建立起来的华人跨国网络本身也发生了变化。在网络中一些新的节点城市——如温哥华、中国台北、悉尼以及纽约——代替了传统的节点城市——如中国香港、新加坡、厦门等。尽管家庭依然是华人移民的基本单元，但是家族的概念逐渐淡化，新的移民更多的是考虑自己的小家庭的生存的物质情况，他们也更多地从全球活跃的经济、发达的教育以及稳定的政治中获益。①

与此同时，海外华人的参政意识也在不断提升。华人参政运动走向实质性的阶段的标志是组建本土化的政治团体组织。目前在北美洲、欧洲、大洋洲以及亚洲等地都有华人组建政党等政治性社团参与地方政治。比如美国的华人"百人会"，加拿大的"全加华人协进会"和"全加华人总会"，澳大利亚的"亚裔澳大利亚人行动委员会"以及巴西的"巴西华人选民联谊总会"等，在争取华人在当地平等的政治社会权力，甚至推动当地政府与中国的联系方面都颇具影响力。

此外，华侨华人的社团组织也出现了全球化的发展。据不完全统计，目前全球有100多个各种类型的世界性的华侨华人社团组织。主要可以分为地域同乡性质、血缘宗亲性质、业缘同行性质以及超越前三缘的联谊性质这四大类社团组织，其领域涉及经济、政治、社会文化等诸多方面。其中比较有影响力的有1991年在新加坡召开并成立的"世界华商大会"，此外还有兴起于20世纪90年代中期的"中国和平统一促进会"等。这些世界性的华侨华人组织活动越发频繁，参与人数不断增加。他们具有国际化的组织机构、联系方式和活动内容，是海外华人全球化活动的主要平台与机制。在这些跨国华侨华人社团组织的发展促进

---

① Adam McKeown，"Conceptualizing Chinese Diasporas：1842 to 1949"，*The Journal of Asian Studies*，Vol. 58，No. 2，1999，p. 330.

下，海外华人的活动进一步全球化。对中国来说，海外华人之于中国的意义也日益重要，成为中国在新世纪国际战略之中必须加以考量的一个重要群体。

小　结

当代华人移民的散居化发展趋势是世界资本主义体系在 20 世纪中叶以来迅速发展的结果。国际格局从冷战时期的两极对峙逐渐向多极化和多样化发展。区域经济一体化成为冷战以来世界多极化发展的重要载体。对于民族国家来说，国家的发展尤其是经济的发展和综合国力的提升成为首要的任务。这一背景为包括华人移民在内的国际移民提供了良好的契机。那些受到良好教育、身怀专业技能或者大笔资本的华人在追求更好的经济利益、自身的发展以及更好的生存环境等动因之下进行跨国迁移，带动了新一轮的华人移民潮。他们并不是单纯地迁移到东道国然后定居于此，而是继续通过全球化的（华人）网络活跃在各种类型的介于祖籍国和东道国的跨国实践关系之中，在其中实现政治推动、经济互补、文化交流以及价值共享。在这一同时嵌入不同社会的跨国进程之中，华人移民产生了新的散居认同，同时也更紧密地将出生地与居住地联系在了一起。他们形成了独特的生活模式，抛弃了"旅居者"的身份，成了"华人散居者"。

第二章

加拿大华侨华人概况

华人移民加拿大历史悠久。加拿大的移民政策是其国家发展战略的反映，不同时期的移民政策对华人进入加拿大的数量有着巨大的影响。华人是加拿大最重要的少数族裔之一，华人移民发展到今天成为加拿大第二大亚裔族群经历了漫长的历史时期。从18世纪末期开始至今，加拿大对华的移民政策经历了自由移民时期、限制移民时期、禁止移民时期和政策放宽时期。长期以来，受制于自身情况与加拿大国情，华人散居者在加拿大社会地位低下。第二次世界大战之后，尤其是冷战之后，随着世界经济格局的迅速变化，尤其是中国国际地位的提升，加拿大华侨华人的社会经济地位发生了巨大的变化。这与大量的中国新移民的到来有关。拥有高学历、技术以及财富的华人移民，深刻地改变了加拿大华人社群的结构与面貌，华人中产阶级力量壮大，整体的社会地位和影响力提升。进入21世纪，在国际移民潮的影响之下，加拿大华人社群呈现多元化发展的特点。

第一节　加拿大华侨华人社会的发展历史

加拿大是一个移民之国，其移民的历史可以追溯到1608年法国人尚普兰在加拿大土地上建立第一块永久居住地。[①] 1867 年 7 月 1 日英国议会通过《英属北美法案》，加拿大作为英属殖民地的自治领国家诞生，最初由英国殖民地上加拿大（安大略）、法国殖民地下加拿大（魁北克）以及新不伦瑞克和新斯科舍组成。1881 年的人口普查显示，占加拿大人口 90% 的是英国人和法国人。[②] 19 世纪末期，加拿大开展大规模的国家建设。加拿大的商人为了寻求廉价的劳动力，游说政府出台了门户开放的移民政策，这使得大量来自世界各地的移民进入加拿大寻求铁路、矿山或者农场的工作。据统计，19 世纪 80 年代，每年平均有大约 85000 人进入加拿大寻找工作机会。[③] 早期的加拿大精英们努力将国家发展成白人的天下，但是在铁路、矿山、伐木以及捕鱼业当中，加拿大商人很快发现他们最需要的是中国人：这些人工作努力，报酬更低。就这样，在加拿大早期的国家建设的大背景之下，华人开始踏上了去往加拿大的漫漫长路。

一　18 世纪 60 年代—19 世纪 70 年代：自由移民时期

华人去加拿大做工的历史始自加拿大和中国之间的贸易往来。18世纪 80 年代，一些英国商人在中国和加拿大之间开展茶叶、布匹与毛皮的交换贸易，他们曾经雇用华人工人去加拿大做木匠、舵工和水手等工作。据记载，1788 年，英国船长约翰密和歌罗纳前往温哥华诺达港开设贸易公司，他们先后从广州和澳门招募了 66 名华人到加拿大做木匠、舵工和水手。但诺达港于 1791 年被西班牙占领，1793 年英国承认诺达港归属西班牙统治。约翰密被迫返国，其公司产业以 21 万元转售西班牙人，在原公司做工的华人则不知所终。[④]

---

① 李节传编著：《图本加拿大通史》，山东人民出版社 2011 年版，第 27 页。

② Sarah V. Wayland, "Immigration, Multiculturalism and National Identity in Canada", *International Journal on Minority and Group Rights*, Vol. 5, No. 1, 1997, pp. 34 – 38.

③ Sarah V. Wayland, "Immigration, Multiculturalism and National Identity in Canada", *International Journal on Minority and Group Rights*, Vol. 5, No. 1, 1997, p. 36.

④ 黄鸿钊：《加拿大华人社会的变迁》，《史学月刊》1996 年第 6 期。

1884 年之前没有华人移民的相关法例，所以华人可以自由出入加拿大。伴随着加拿大"淘金热"，华人移民加拿大的第一次高潮出现在 19 世纪 50 年代。1858 年，在加拿大弗雷泽河和汤普森河沿岸发现了金矿。消息传出，一些曾经在美国加利福尼亚淘金的华工跟随美国的雇主或者自行前往加拿大的不列颠哥伦比亚省的矿区。这些人就是华人移民加拿大的先驱。据统计，从 1858 年到 1859 年，这批来自美国的华工有 2000 多人。1860 年之后，更多的华人从中国香港、澳门和夏威夷等地来到加拿大，加入淘金者的行列，这使得在弗雷泽河矿区淘金的华工增至三四千人。此外，还有从事小商贩等其他行业的华人大约五六百人。[1] 1863 年之后，该地区的金矿日益枯竭，矿工过剩，很多华工开始另谋生计，改行做其他工作，如建筑工人、木工、农业工人、洗衣工、佣工等。还有一些华人离开了矿区。1881 年加拿大人口普查，华人人口共 4383 人，其中不列颠哥伦比亚省 4350 人，安大略省 22 人，魁北克省 7 人，曼尼托巴省 4 人。[2]

19 世纪 80 年代，加拿大开始兴建太平洋铁路，此间引来了华人移民加拿大的第二次高潮。太平洋铁路横贯加拿大东西，东起大西洋岸的新斯科舍的哈利法克斯，西至太平洋岸的不列颠哥伦比亚的温哥华，全长 3800 多公里，是当时北美最长的一条铁路。为了修建这条铁路，加拿大招募大批工人，其中包括大量的华工。从 1881 年到 1884 年，总共有 15700 多名华工，从中国、美国旧金山以及其他地方前往加拿大修建铁路。据统计，1884 年，不列颠哥伦比亚省的华人人口已达 10492 人，其中 3510 人是铁路工人。[3] 修建铁路的工作十分艰苦，工作环境恶劣危险，因此造成华工的大量死亡。根据太平洋铁路的承包商翁德唐克在加拿大皇家委员会上所做证词作出的保守估计，在铁路施工期间至少有

---

① 黄昆章、吴金平：《加拿大华侨华人史》，广东高等教育出版社 2001 年版，第 23 页。

② 黎全恩：《加拿大华侨移民简史（1858—2013）》，转引自仲伟合主编《加拿大内政与外交研究》，世界图书出版广东有限公司 2014 年版，第 179 页。

③ 黎全恩：《加拿大华侨移民简史（1858—2013）》，转引自仲伟合主编《加拿大内政与外交研究》，世界图书出版广东有限公司 2014 年版，第 180 页。

600 名华工死亡，平均每英里死亡 4 人。加拿大当时的报纸《殖民者日报》估计在铁路修建的 5 年当中，约有 1500 名华工死亡。[①]

总体看来，在 1885 年之前前往加拿大的华人绝大部分是契约劳工，他们主要集中在不列颠哥伦比亚省。最初由于工作的原因，华人社区主要集中在金矿、煤矿以及铁路营地附近，随着淘金热的兴衰和铁路工程的进度，这些华人的分布地点也发生相应的变化，但依然主要集中在不列颠哥伦比亚省。其职业除了工人之外，还有一些为华人社区以及白人社区提供服务的职业如医生、理发师、教师、佣仆、裁缝、菜贩等。在 19 世纪 80 年代，维多利亚曾经拥有全加拿大最大的唐人街。[②] 这些早期的移民几乎全部来自中国广东省的四邑地区。[③]

华人大部分人怀着"黄金梦"来到北美，但是这些梦想却被现实击碎。加拿大殖民政府当时推行白人精英政策，华人在加拿大社会遭受严重歧视与不公待遇。从 19 世纪 60 年代起，就时常发生一些排华事件。19 世纪 70 年代后，不列颠哥伦比亚省的白人工人抱怨华人愿意超时工作、接纳低工资，影响他们的生计。实际上，华人人口仅占不列颠哥伦比亚省人口的 8.8%[④]，只不过因为当时工作机会少，找工作困难，华人便成为众矢之的。

19 世纪 70 年代以后，不列颠哥伦比亚省议会曾多次试图通过排华议案。但由于当时太平洋铁路还未竣工，华工依然有利用价值，所以当时的殖民政府对国内的一些排华的叫嚣之声采取了置之不理的态度。1881—1882 年，不列颠哥伦比亚省的华人数量急剧上升，省长科斯莫斯在国会中要求联邦政府禁止华人移民加拿大。当时的加拿大总理麦克

[①]　黄昆章、吴金平：《加拿大华侨华人史》，广东高等教育出版社 2001 年版，第 41—42 页。

[②]　David Chuenyan Lai, *Chinatowns*, *Towns within Cities in Canada*, Vancouver：University of British Columbia Press, 1988, p. 39. 转引自黄昆章、吴金平《加拿大华侨华人史》，广东高等教育出版社 2001 年版，第 53 页。

[③]　黄昆章、吴金平：《加拿大华侨华人史》，广东高等教育出版社 2001 年版，第 57 页。

[④]　黎全恩：《加拿大华人移民简史（1858—2013）》，转引自仲伟合主编《加拿大内政与外交研究》，世界图书出版广东有限公司 2014 年版，第 179 页。

唐纳答复他说："要中国人劳动抑或无铁路，由你选择。"麦克唐纳从国家建设的利益出发，支持奉行华人自由移民政策，他在公开场合对华人的评价表明了他的态度。他认为中国移民"忠诚、本分、和平、守法，节俭而聪明"①。

二　19 世纪 80 年代—20 世纪 40 年代：排华时期

19 世纪 80 年代末期，太平洋铁路竣工在即，加拿大对华工的需求开始大幅度减少；与此同时，加拿大政府和社会对待华人的态度也开始逐渐转变。加拿大白人对华人的种族歧视开始浮出水面，这种情况在华人比较聚集的不列颠哥伦比亚省尤甚。

1885 年，加拿大政府通过《华人入境条例》。这是一项专门针对中国人入境的税收规定：每个打算在加拿大定居的华人都要额外缴纳 50 加元的人头税。同时不列颠哥伦比亚省还推出本省针对华人的歧视性政策：加征华人的丁口税每年 15 元，采矿税每年 15 元。② 虽然有此苛令，但是依然有很多华人涌入加拿大。1900 年，加拿大远东移民局委员会鉴于华人移民有增无减的趋势，建议政府颁布限禁华人入境的法令，并将华人移民的人头税提高到 100 加元，到 1904 年，又增加到 500 加元——这相当于当时加拿大一个普通工人两年的收入。据统计，从 1886 年至 1923 年，大约有 80000 多华人被强行征收人头税，缴纳的税款总额约 2300 万加元，几乎相当于当年修筑太平洋铁路的全部投资。③此后，华人移民的数量终于伴随着严苛的法令逐渐降低。

华人在加拿大受到排斥的原因很复杂，其中一个原因是华人社区人口数量的不断快速增长。到 1900 年，在不列颠哥伦比亚省的亚裔人口已经超过了 23000 人，这相当于该省当时人口的 11%。对于一些加拿大

---

①　黄鸿钊：《加拿大华人社会的变迁》，《史学月刊》1996 年第 6 期。
②　这项政策由于受到华人的强烈反对，在一年之后遭到废除。参见黄鸿钊《加拿大华人社会的变迁》，《史学月刊》1996 年第 6 期。
③　黄鸿钊：《加拿大华人社会的变迁》，《史学月刊》1996 年第 6 期。

工人和一些有组织的工会来说，他们认为报酬低廉的华工会导致他们薪酬水平的下降，增加他们失业的可能性。此外，在那些盎格鲁加拿大民族主义者看来，来自于完全不同的东方文化圈的华人会破坏加拿大社会赖以建立的英国价值观、传统以及机构的社会基础，在他们眼中亚洲人（尤其是华人）妨碍了加拿大的国家团结与社会和谐。[1]

人头税只是加拿大政府和社会开始排斥华人的第一步。从 19 世纪 80 年代开始，缩减亚洲移民成了一项主要的政治议题，尤其在华人人口比例比较高的不列颠哥伦比亚省。加拿大政府在 1902 年就此议题成立了皇家委员会，在该委员提交的报告中，他们说华人是"我们国家中的外来的杂质，对我们的法律和机构毫无爱意；是一群无法被我们的民族以及国家同化或者整合的人……他们妨碍了那些本来能够成为永久公民的人，同时在劳务市场制造有害的环境，危害社区的工业化和平……他们不适合拥有公民权"。[2]

作为对皇家委员会报告的回应，加拿大联邦政府颁布了压制华人的政策。在 1905 年之后，加拿大联邦政府的移民政策变得非常苛刻。政府的政策助长了加拿大社会的反移民情绪。在 1907 年，温哥华出现了一些针对移民的游行，还有一些针对移民居住区的种族暴力行为。加拿大社会中很多人支持终止联邦的移民政策。作为对温哥华骚乱的回应，加拿大政府开始进一步限制所有来自亚洲的移民以及美国的黑人移民，同时制定了更加符合英国以及欧洲工人条件的新移民政策。[3]

1923 年 6 月，加拿大国会通过了《中国移民法》，共 43 条，规定除外交官员、加拿大出生的孩子、商人和留学生之外，华人禁止入境，

---

① Ninette Kelley and Michael Trebilcock, *The Making of the Mosaic——A History of Canadian Immigration Policy*, （Second Edition）, Toronto, Buffalo, London: University of Toronto Press, 2000, p. 13.

② Sarah V. Wayland, "Immigration, Multiculturalism and National Identity in Canada", *International Journal on Minority and Group Rights*, Vol. 5, No. 1, 1997, p. 37.

③ Sarah V. Wayland, "Immigration, Multiculturalism and National Identity in Canada", *International Journal on Minority and Group Rights*, Vol. 5, No. 1, 1997, p. 37.

也不允许华人申请其亲属来加拿大团聚。加拿大华人将这个法令称作"四三苛令",并将颁布法令的 7 月 1 日定为"耻辱节"。① 进入 20 世纪 30 年代,伴随着大萧条的到来,加拿大对其他移民的大门也开始逐渐关闭。在这一阶段,由于经济的萧条,政府严格的移民政策得到了更为广泛的支持。

排华法案的直接结果是有效地抑制了华人移民,致使华人人口下降。加拿大华人人口从 20 世纪 20 年代大约占加拿大人口的 4.5% 下降到 50 年代占全加人口的 2.3%。从 1923 年到 1946 年,由于此项法令的实施,总共只有 15 名中国人进入加拿大。在 1935 年至 1940 年,因离开加拿大而失去重返加拿大资格的华人有 4002 人。② 20 世纪 40 年代,加拿大的华人人口数量达到历史最低点,这种情况直到 1947 年加拿大政府废除排华法案才开始发生转变。

政府的排华法案伴随着对华人的进一步的歧视与排斥行为。很多行业不再雇用华人,一些地方禁止华人与白人同校,唐人街族裔混居一片萧条,华人生活艰难,整个加拿大社会弥漫着对华人的种族歧视情绪。整个华人社会由于政治和社会的原因畸形发展。由于加拿大华人当时大多数是单身赴加的契约劳工,他们并无定居同化之意,排华法案抑制了华人移民的进入,因此在当时形成了男多女少的单身汉社会。据统计,20 世纪二三十年代以及 40 年代的华人男女比例分别为:15∶1、12∶1 和 8∶1。③ 这种情况抑制了华人家庭的正常发展,进一步抑制了在加拿大出生的土生华人的增长。

三 20 世纪 40—60 年代:选择性移民时期

对华人移民严格且不公的限制直到第二次世界大战结束才开始逐渐

---

① 黄鸿钊:《加拿大华人社会的变迁》,《史学月刊》1996 年第 6 期。

② 黄昆章、吴金平:《加拿大华侨华人史》,广东高等教育出版社 2001 年版,第 205 页。

③ [加]李东海:《加拿大华侨史》,加拿大自由出版社 1967 年版,第 429 页,转引自黄昆章、吴金平《加拿大华侨华人史》,广东高等教育出版社 2001 年版,第 206 页。

放松。第二次世界大战期间，中国与加拿大、美国都是世界反法西斯同盟中的成员，数千华人加入加拿大军队，在战争中做出了自己的贡献。战争令美国率先改变了对华人移民的政策，1943 年，美国废除了它的排华法案（*Chinese Exclusion Act*）。第二次世界大战结束之后，加拿大人开始理性地思考法西斯的种族主义理论给这个世界带来的灾难，同时也开始反思加拿大之前的带有歧视色彩的移民政策。曾经的那些针对华人的歧视性政策令加拿大觉得难堪。在战后加拿大全力推动联合国建立的过程中，他们意识到国内曾经基于种族去判断是否具有公民权的做法与《联合国宪章》的精神背道而驰。1947 年，加拿大政府废除了排华法案。1947 年 5 月 1 日，第三度出任加拿大总理的麦肯齐·金在国会发表演讲，他代表自由党政府公开承认《中国移民法案》是"基于歧视的立场强硬地排斥中国移民。这个法案好像把一个从特定国家来的人当作劣等种族看待"。[①]

然而承认这一点并不代表加拿大政府会完全放弃限制华人移民的立场。麦肯齐·金在其演讲中还说道："加拿大的民众并不希望通过大规模的移民对其人口的特征进行根本的改变。因此，政府应当反对从东方大规模地移民，因为这会引起社会与经济方面的问题，并且可能导致严重的国际问题。"[②] 基于此，麦肯齐·金阐述了加拿大今后移民政策的基本指导原则，其中包括为了维持英、法裔加拿大人的多数地位，不能吸收太多的东方移民；采用选择性的移民政策以促进经济增长和防止失业等。[③]

加拿大华人学者李胜生认为，在第二次世界大战后的十多年里，加

---

① 黄鸿钊：《加拿大华人社会的变迁》，《史学月刊》1996 年第 6 期。

② Xiao‐feng Liu and Glen Norcliffe, Closed Windows, "Opened Doors: Geopolitics and Post—1949 Mainland Chinese Immigration to Canada", *The Canadian Geographer*, No. 4, 1996, p. 309.

③ Xiao‐feng Liu and Glen Norcliffe, Closed Windows, "Opened Doors: Geopolitics and Post—1949 Mainland Chinese Immigration to Canada", *The Canadian Geographer*, No. 4, 1996, p. 309.

拿大的移民政策与过去相比并无本质性的区别。① 出于对中国的不信任和对东方移民可能会改变加拿大人口基本构成的担忧，对亚裔人口的限制没有完全被废止。华人和其他亚裔族群一起，依然处于移民政策的一些严格条款的限制之下。直到 1962 年之前，允许进入加拿大的华人只有华人移民的配偶以及未婚的孩子，但这是自 1923 年以来，加拿大华人的配偶以及子女首次获得机会进入加拿大与家人团聚。从 1947 年到 1951 年，大约有 5329 名华人移民来到加拿大，其中 77.3% 是家庭团聚类的移民。② 在此之后，华人移民的数量又呈现逐年增加的趋势：从 1946 年到 1962 年，有 28049 名华人移民进入加拿大。③

从 20 世纪 60 年代到 70 年代，支持反种族歧视的价值观更加深入人心，这大大地促进了相对宽松的家庭团聚类移民政策的发展。自 1956 年以后，入境的华人移民中总是女性多于男性，加拿大华人社会的男女比例逐渐向平衡发展，1956—1967 年男女比例为 65∶100。④ 新入境女性的增加，令原来无法找到配偶的单身华人男性成立家庭的可能性大大提高，也使得一些长期分居的家庭得以团聚，华人社会的家庭结构开始向正常平衡的方向发展。与此同时，战后以家庭团聚名义入境的华人移民很多是 18 岁以下的青少年，从 1956 年到 1967 年，入境者中 15—34 岁者占 53.1%。⑤ 由于中国大陆采取了严厉控制移民的措施，20 世纪 50 年代到 70 年代的华人移民大多数来自中国香港和中国台湾两个地区，此外还有一些来自于东南亚国家的华人移民。从 1945 年至 1977

---

① ［加］李胜生：《加拿大的华人与华人社会》，宗力译，香港三联书店 1992 年版，第 112 页，转引自黄昆章、吴金平《加拿大华侨华人史》，广东高等教育出版社 2001 年版，第 230 页。

② 黄鸿钊、吴必康：《加拿大简史》，香港商务印书馆 1991 年版，第 212 页。

③ 黄鸿钊：《加拿大华人社会的变迁》，《史学月刊》1996 年第 6 期。

④ ［加］李胜生：《加拿大的华人与华人社会》，宗力译，香港三联书店 1992 年版，第 119 页，参见黄昆章、吴金平《加拿大华侨华人史》，广东高等教育出版社 2001 年版，第 247 页。

⑤ Richard H. Thompson, *Toronto's Chinatown, the Changing Social Organization on Ethnic Communty*, AMS Press, New York, 1989, p. 179. 转引自黄昆章、吴金平《加拿大华侨华人史》，广东高等教育出版社 2001 年版，第 248 页。

年的华人移民，绝大多数已经成为加拿大公民。[①]

四　20 世纪 70 年代：平等入境时期

第二次世界大战之前很长的一段时期内，聚居在加拿大华人社区的移民大多数是劳工阶层的单身汉，其中还有一部分商人及其家眷。这些早期的华人移民前往加拿大的目的是挣钱，最终衣锦还乡，因此他们并不打算在加拿大落地生根，成家立业；与此同时，加拿大政府以及社会长期歧视、排斥华人，因此，早期的华人大多数居住在唐人街，不愿同化。第二次世界大战结束一直到 20 世纪 60 年代末，加拿大虽然废除了排华法案，但是由于依然采取限制亚裔（包括华人）移民的政策，华人社群人口增长依然缓慢。华人第二代已经长大成年，比起父辈，他们更加被主流的社会和劳动力市场所接受，因此，很多华人第二代移民通过个人的努力和奋斗，获得了进入主流社会机会，因而为加拿大主流社会所认可。越来越多的华人走出唐人街，进入主流社会。整个华人社群在第二次世界大战之后开始发生缓慢而巨大的变化。其中，1967 年的新移民法对当代加拿大华人社群的根本变化起到了至关重要的作用。

20 世纪 60 年代后期，由于加拿大的经济结构发生转变，开始从农业国向工业国过渡，需要大批的技术工人。[②] 1966 年 10 月 14 日，加拿大移民部部长马钱德向国会发表移民白皮书，说明加拿大的经济增长需要大量的人力，所以必须摒弃各种形式的偏见，广泛吸收各国的新移民。[③] 1967 年，加拿大对其移民政策进行调整，颁布了《新移民条例》，首次引入了计分制。申请移居到加拿大的移民根据其年龄、教育程度和职业进行打分，按照分数的高低来安排进入加拿大的时间。加拿大至此不再按照种族和国家来选择移民，而是根据申请者的能力作为标准。分

---

① 黄昆章、吴金平：《加拿大华侨华人史》，广东高等教育出版社 2001 年版，第 253 页。
② 黄昆章、吴金平：《加拿大华侨华人史》，广东高等教育出版社 2001 年版，第 233—234 页。
③ 黄鸿钊：《加拿大华人社会的变迁》，《史学月刊》1996 年第 6 期。

数面前人人平等，移民法向客观和公正又迈近了一步。此项条例因此受到很多亚裔人口的拥护。① 在这期间，加拿大政府对华人移民的政策有从"放松限制"转变为"平等相待"。这一新的移民政策吸引了很多来自中国香港、中国台湾、东南亚以及其他地区的华人教师、工程师、医生等专业人士移民。1970 年中加两国建交，两国总理在 1973 年 10 月签署了家庭团聚移民协定，为一批移居加拿大的大陆移民提供了保证。1978 年，中国大陆实施改革开放政策，进一步放宽了国民出国的条件。② 在新的移民政策之下，亲属团聚的手续更为便捷。从 1962 年到 1987 年，华人移民入境达 24 万人。③ 大量华人移民的到来开始改变了加拿大传统的移民结构：来自欧洲移民的数量和比例开始下降，而来自亚洲移民的数量和比例开始迅速上升，华人人口在 20 世纪 90 年代一度位居加拿大各少数族裔之首。④

1978 年，加拿大政府实施新移民条例，将移民分为家庭亲属移民、独立经济移民和难民类型移民三大类别。此后，加拿大的移民法虽然根据情况进行过多次调整，但是基本上以 1978 年的移民条例为框架实施展开。⑤ 加拿大 1985 年发表了一份未来移民数量发展方向的报告，指出因为生育率低、人口减少，将会影响加拿大的经济发展，如果增加商业移民，则可以减轻因经济发展缓慢带来的失业等问题。因此加拿大政府于 1986 年 1 月颁行了一项投资移民法例，目的是吸收投资资金和企业家，在加拿大创业、协助经济发展。在这一法例的影响下，加拿大在 20 世纪八九十年代吸引了大量来自中国台湾和中国香港的华人投资者以及工商业创业者。香港于 1997 年回归中国，成为特别行政区，其经济和政治前途明朗；再

---

① Johnson G. E., "Ethnic and Racial Communities on Canada", *Ethnic Groups*, Vol. 9, No. 3, 1992, p. 161.

② 黄昆章、吴金平：《加拿大华侨华人史》，广东高等教育出版社 2001 年版，第 244—245 页。

③ 黄昆章、吴金平：《加拿大华侨华人史》，广东高等教育出版社 2001 年版，第 233 页。

④ 《广东侨报》，1998 年 2 月 12 日，转引自黄昆章、吴金平《加拿大华侨华人史》，广东高等教育出版社 2001 年版，第 244 页。

⑤ 黄昆章、吴金平：《加拿大华侨华人史》，广东高等教育出版社 2001 年版，第 235 页。

加上加拿大施行海外资产呈递法例以及 20 世纪 90 年代中期的亚洲经济危机，中国香港与中国台湾移民加拿大的人数从 20 世纪 90 年代末期开始逐渐减少。[①]

与此同时，从 1998 年开始中国大陆成为加拿大华人移民最主要的来源地。中国大陆新移民的数量自 20 世纪 90 年代之后进入了快速增长的时期。从 2001 年到 2006 年，华人移民 5 年增幅 18%。[②] 从 1990 年到 2010 年，这 20 年间加拿大每年平均接受 24000 多名来自中国的新移民，相当于每年来到加拿大的 22 万移民总数的 10%。[③] 2000 年到 2012 年，加拿大共有 38701 名台湾移民，50845 名香港移民，但是大陆移民多达 434778 人。[④]

20 世纪 60 年代加拿大移民政策的变迁直接导致了华人移民数量的激增。从 1961 年到 2011 年，加拿大华人人口的数量增长了 22 倍。[⑤] 这不仅仅是一个数字上的巨大变化，还伴随着加拿大华人社区的重大发展与变化。华人社区从过去那个以单身汉为主的社会，变成了以移民家庭为主、性别比例平衡的少数族裔社区。新的、更为多元化的加拿大华人社会逐渐形成。

加拿大统计局 2011 年全国家庭调查的数据显示，华人人口数量为 1324700 人，是加拿大少数族裔中的第二大族裔，占加拿大少数族裔人口的 21.1%，[⑥] 约占加拿大 2011 年总人口的 3.86%。[⑦] 在加拿大，中文

---

① 黎全恩：《加拿大华侨移民简史（1858—2013）》，转引自仲伟合主编《加拿大内政与外交研究》，世界图书出版广东有限公司 2014 年版，第 189 页。

② Kenny Zhang, *Flows of People and the Canada – China Relationship*, Canadian International Council, China Papers, No. 10, May 2010, p. 6.

③ Kenny Zhang, *Flows of People and the Canada – China Relationship*, Canadian International Council, China Papers, No. 10, May 2010, p. 6.

④ 黎全恩：《加拿大华侨移民简史（1858—2013）》，转引自仲伟合主编《加拿大内政与外交研究》，世界图书出版广东有限公司 2014 年版，第 189 页。

⑤ 黄昆章、吴金平：《加拿大华侨华人史》，广东高等教育出版社 2001 年版，第 243 页。

⑥ 南亚裔人口数量为 1567400，是加拿大最大的少数族裔群体。Statistics Canada：2011 National Household Survey：Immigration, place of birth, citizenship, ethnic origin, visible minorities, language and religion（http：//www. statcan. gc. ca/daily – quotidien/130508/dq130508b – eng. htm）。

⑦ Statistics Canada：Population by year, by province and territory（http：//www. statcan. gc. ca/tables – tableaux/sum – som/l01/cst01/demo02a – eng. htm）。

是仅次于英语、法语的第三大语言。[①] 这一趋势还在继续发展。根据加拿大统计局 2010 年 3 月公布的报告，预测到 2031 年，加拿大华人人口的数量将增加到 240 万至 300 万；多伦多的华人人口将从 2006 年的 51 万增加到 110 万。加拿大《环球邮报》（*Globe and Mail*）甚至认为"少数族裔"这一称呼将会随着移民数量的增长而重新改写："少数"将变成"多数"。[②] 在 G8 国家之中，加拿大的海外出生的人口比例是最高的，占 20.6%。[③] 华人社群已经成为加拿大最重要的少数族裔之一。

第二节　当代加拿大华侨华人的现状与特点

一　当代加拿大华侨华人的现状与特点

华人是在一个很长的历史时期中不断进入加拿大的，这种长期的历史进程在华人社群中产生了代际。第一代移民是指在加拿大之外出生的移民；第二代移民是指在加拿大境内出生，并且父母中至少有一人是在加拿大之外出生的移民；第三代移民是指在加拿大境内出生，同时双亲也都是在加拿大境内出生的移民。加拿大华人社群是一个主要由第一代移民构成的社群：2006 年的加拿大人口普查显示，华人中有 14.3% 是第二代移民，2.3% 是第三代或者更多代移民，剩下的 83.4% 都是第一代移民。第一代移民大部分是在 20 世纪 90 年代之后移民加拿大的，也被称为"新移民"。[④] 这些华人移民来到加拿大之后，绝大部分人选择

---

① Kenny Zhang, *Flows of People and the Canada – China Relationship*, Canadian International Council, China Papers, No. 10, May 2010, p. 6.

② 《加拿大少数族裔 20 年后将变"多数"，华人或达 300 万》，中国新闻网（http：// www. chinanews. com/hr/hr – hryj/news/2010/03 – 11/2163062. shtml），2010 年 3 月 11 日。

③ Statistics Canada：2011 National Household Survey：Immigration, place of birth, citizenship, ethnic origin, visible minorities, language and religion（http：//www. statcan. gc. ca/daily – quotidien/130508/dq130508b – eng. htm）.

④ Kenny Zhang, *Flows of People and the Canada – China Relationship*, Canadian International Council, China Papers, No. 10, May 2010, p. 17.

了入籍成为加拿大公民，还有一些选择成为加拿大的永久居民。根据加拿大统计局2006年的数据，77%的华人已经成为加拿大公民，还有5%的华人拥有加拿大与另一国家的双重国籍，只有18%的华人移民还未成为加拿大公民。[①]

自20世纪70年代以来，加拿大新的华人社会逐渐形成。与传统的华人社区相比，新的华人社会具备移民来源地、经济社会背景以及定居和分布模式方面的一些新特点。

首先，与早期赴加拿大的华人移民相比，当代加拿大华人移民的来源地更为丰富多元。早期的华人人口祖籍结构非常单一，主要来自于中国广东的四邑地区。[②] 第二次世界大战之后，来自中国香港、台湾、大陆以及东南亚和其他世界各国的华人移民日益增长，逐渐地改变了加拿大华人人口的祖籍结构。2006年加拿大人口普查的数据显示，有将近半数（49%）的加拿大华人移民来自于中国大陆地区，23%来自于中国香港特别行政区，另外有大约19%来自于东南亚除菲律宾之外的其他国家，4%来自于菲律宾，还有3%来自于印度，剩下2%来自于世界其他国家或者地区。[③] 2001年到2011年十年间，在加拿大，出生于中国的移民人数增长了63.9%，由2001年的332825人增至2011年的545535人，中国成为加拿大第二大移民来源国。[④] 在语言上，华人新移民与过去相比使用的方言更多。除了粤语和四邑方言之外，普通话开始逐渐流行并且有超过粤语的趋势，此外还有闽南话、客家话、潮州话、四川话、上海话等。

---

① Kenny Zhang, *Flows of People and the Canada – China Relationship*, Canadian International Council, China Papers, No. 10, May 2010, p. 19.

② 黄昆章、吴金平：《加拿大华侨华人史》，广东高等教育出版社2001年版，第32页。

③ Kenny Zhang, *Flows of People and the Canada – China Relationship*, Canadian International Council, China Papers, No. 10, May 2010, p. 17.

④ 《中国向主要发达国家移民人数保持稳定》，人民网（http://world. people. com. cn/n/2015/0319/c1002 – 26719369. html），2015年3月19日。《10年逾32万：中国移民加拿大人数居首位》，网易（http://edu. 163. com/15/0506/10/AOU59JMJ00 294III. html），2015年5月16日。

　　其次，当代加拿大华人移民的社会经济背景各不相同。有一些移民就像老一代华人一样，教育和技术水平很低，来到加拿大身无分文，因此只能从事低薪的体力工作。另外一些人则受过良好的教育，携带着雄厚的资金或者家庭存款来到加拿大，他们的教育程度和技术水平均超过加拿大的平均水平。为适应加拿大的国家发展，加拿大的移民政策秉持功利主义原则对他们所需要的移民进行筛选。从 20 世纪 70 年代开始，华人主要通过家庭团聚移民、经济发展移民以及难民这三种主要的渠道移民加拿大。据统计，20 世纪 80 年代后期来自中国的经济类移民占到年华人移民总数的 1/4 到 1/3，90 年代达到 60% 以上，在 2000 年达到80%。[1] 由于经济类移民拥有雄厚的资金、丰富的工作经验和技术等优势。到加拿大之后就能够独立生活，无须政府救济支援，有利于国家的经济建设和发展，因此，在 1995 年之后成为加拿大政府重点接收的移民类型。[2] 2010 年，大约有 2/3 的来自中国大陆的移民是经济类移民，其中包括技术类工人、专业人士、投资者以及企业家。相比较来说，只有很少的部分是通过人道主义的渠道进入加拿大的。这和 30 年之前相比有很大的不同，那个时候最大的移民群体是亲属团聚，其次就是人道主义类别，而经济移民仅占 7%。[3]

　　加拿大对移民中人力资源以及资本的重视使得大量具有较高教育水平、学有专长或者拥有财富的华人移民加拿大，促进了加拿大华人社群素质的提升。19 世纪中期至 20 世纪 70 年代，前往加拿大的华人移民大多数是来自广东珠江三角洲各县的体力劳动者，他们家境贫困，普遍缺乏教育，无法融入加拿大的社会文化之中，处在社会的底层。从 20 世纪 70 年代开始进入加拿大的华人新移民很多拥有高等学历。从 20 世纪 90 年代开始，加拿大移民中受过大学教育的移民比例开始大幅度上升。

---

　　[1]　Peter S. Li, *Immigrans from China o Canada*: *Issues of Supply and Demand of Human Capital*, Canadian International Council, China Papers, No. 2, 2010, p. 3.

　　[2]　黄昆章、吴金平：《加拿大华侨华人史》，广东高等教育出版社 2001 年版，第 236 页。

　　[3]　Kenny Zhang, *Flows of People and the Canada – China Relationship*, Canadian International Council, China Papers, No. 10, May 2010, p. 18.

以中国大陆的移民为例，据统计，1995 年到 1997 年，拥有大学学历的移民占移民总数从 27% 上升到 39%；在 1999 年、2000 年和 2001 年占将近 50%；从 2002 年到 2007 年，每年从中国大陆来到加拿大的移民中拥有学位者占到 40%；[①] 2006 年的普查显示，与全加同等年龄群体的 51% 的数据相比，55% 的超过 15 岁的华人人口拥有高等教育证书、学位证书和学历。[②]

新一代华人移民拥有的财富也多于老一代移民。早期这主要是指那些来自中国香港和中国台湾的商业界的移民。香港移民通过商业移民计划给加拿大带去了巨额的资金。20 世纪 80 年代前半期，中国香港对加拿大的投资每年约为 1.7 亿加元；从 1988 年到 1992 年，中国香港来到加拿大的投资移民约有 3.62 万人，共申报投资 1.81 亿加元，平均每个港人 50 万加元[③]。商业移民为加拿大的经济发展做出了积极的贡献。进入 21 世纪以来，加拿大投资移民中来自中国大陆的移民占很大的比重。[④]

这些拥有良好教育背景和充裕资金的华人移民在 20 世纪 90 年代之后源源不断地进入加拿大，改变了加拿大华人社群的结构，也改变了他们在加拿大的社会形象和社会地位。华人的平均教育水平高于加拿大的平均水平，他们在各行各业都有出色的表现，尤其在经济领域更是如此。2012 年，几位学者通过对 2002 年加拿大民族多样性调查数据的分析，发现在 25—64 岁的移民全职劳动力人口之中，华人移民在加拿大

---

① Peter S. Li, *Immigrans from China o Canada*：*Issues of Supply and Demand of Human Capital*, Canadian International Council, China Papers, No. 2, 2010.

② Peter S. Li, *Immigrans from China o Canada*：*Issues of Supply and Demand of Human Capital*, Canadian International Council, China Papers, No. 2, 2010, p. 3.

③ 黄鸿钊：《加拿大华人社会的变迁》，《史学月刊》1996 年第 6 期。

④ 2014 年 2 月，加拿大终止了投资移民项目。加拿大政府认为，在过去的十多年中，联邦投资移民项目成为外国人合法居留加拿大的捷径，但却严重低估了加拿大居留权和加拿大国籍的价值。同时，也没有证据证明，投资移民计划与加拿大或者加拿大的经济成长有持续的联系。而投资移民比其他经济类别的移民支付更少的税款。参见《加拿大计划取消投资移民项目，影响数万中国人》，2014 年 2 月 12 日，21 世纪网（http：//jingji. 21cbh. com/2014/2－12/zOMDA2NTNfMTA2MzAzOA. html）。

所有少数族裔移民中拥有最高的平均收入，为37560加元/年。① 经过半个世纪的发展，加拿大华人人口大增，从一个以劳工和小商人为主的社群逐渐演变为以中产阶级为主的社群。

此外，当代加拿大华人社群的居住模式也有了不同于以往的变化。曾经的华人偏好族裔聚居，大部分集中在各个城市的唐人街中。现在华人的居住模式既有集中在城市里的群体，又有集中在城郊的群体。与美国相比，加拿大华人人口的分布比较集中，绝大多数华人人口主要分布在不列颠哥伦比亚、安大略、阿尔伯塔和魁北克省。2006年加拿大人口普查数据显示，华人人口总数为1346510人，占加拿大人口总数31241030的4.31%。② 这130多万华人人口主要集中在加拿大的四个省（见表2-1）。近年来，魁北克和阿尔伯塔省的华人移民数量增长很快。加拿大华人集中聚居的模式是历史形成的。在上述华人最多的省份，华人主要集中在几个大都会地区：温哥华、多伦多、卡尔加里以及蒙特利尔，其人口分别占加拿大华人人口的1/5、1/10、1/20以及1/50。③ 这种区域化的集中定居模式令加拿大华人的社会生活呈现集中化的特征，在加拿大社会中形成了相对独立的华人社会。

表2-1　　　　　　　　2006年加拿大华人地理分布状况　　　　（单位：人，%）

省名	省总人口	华人总人口	华人人口占省总人口的百分比
不列颠哥伦比亚	4074385	432435	10.6
安大略	12028895	644460	5.4
阿尔伯塔	3256355	137600	4.2

① Muhammad Raza, Roderic Beaujot & Gebremariam Woldemicael, "Social Capital and Economic Integration of Visible Minority Immigrants in Canada", *International Migration and Integration*, Vol. 14, 2013, p. 270.

② Population by selected ethnic origins, by province and territory (2006 Census), Statistics Canada (http://www.statcan.gc.ca/tables - tableaux/sum - som/l01/cst01/demo26a - eng.htm).

③ Kenny Zhang, *Flows of People and the Canada - China Relationship*, Canadian International Council, China Papers, No. 10, May 2010, p. 20.

续表

省名	省总人口	华人总人口	华人人口占省总人口的百分比
魁北克	7435905	91900	1. 2
纽芬兰与拉布拉多	500610	1650	0. 33
其他各省		0	0

资料来源：加拿大 2006 年人口普查。Population by selected ethnic origins，by province and territory（2006 Census），Statistics Canada（http：//www. statcan. gc. ca/tables – tableaux/sum – som/l01/cst01/demo26a – eng. htm）.

如今，在加拿大的华人社群呈现出多样的社会与文化景象，一些有别于旧时唐人街的新华人加拿大人社区正在形成，加拿大华人社群的形象就如加拿大社会一样充满多样性。

二　国际移民潮对加拿大华人社会的影响

自 20 世纪 90 年代以来，国际移民潮的出现对加拿大华人社群产生了巨大的影响。从个人层面来看，由于国际移民潮所引起的华人族群内部的社会经济背景的多元化，当代加拿大华人的社会流动模式也呈现多样化的发展趋势。

一部分华人遵循传统的社会流动模式，从社会经济结构的底层开始干起，通过自身不懈的努力和奋斗，取得上向社会的流动机会，成功进入中产阶级。沿着这条道路前进的往往是那些受教育程度较低、劳动和专业技能水平较低或者对主流社会的劳动力市场不熟悉的移民。但是在经济全球化的时代，由于制造业的衰退和社会经济结构的重组，通过这条路径成功获取社会上向流动的可能性在不断降低。

另一种常见的社会流动模式是通过教育成就直接进入主流社会经济领域的白领阶层。过去由于加拿大的排华政策和整个社会歧视华人的氛围，华人移民及其子女即使受过高等教育也很难进入主流社会的中上层。随着加拿大主流社会的开放以及对种族歧视政策的废除，大量的华人移民和华人后代进入加拿大高等院校攻读并且获取各类学位以及专业文凭。凭借这样的教育背景，这些华人能够更加容易地进入加拿大主流的劳动力市场谋求工作，从而进入主流经济的专业白领阶层。然而这一群体在职场中往往会遇到"玻璃天花板"，阻碍和抑制他们继续努力向上的愿望和行动。

还有一种社会流动模式是自我创业以及发展族裔经济。自 20 世纪 70 年代以来，随着华人移民数量的激增以及大量人力资本和金融资本的涌入，华人经济在加拿大的发展进入了一个新的时期。自我创业的动因首先来自于华人新移民自身具备的人力和财力资本，以及全球华人商业社会网络的广泛分布。他们对于中国和亚洲市场的熟悉为他们的跨国商业活动提供了得天独厚的条件。当代的华人企业已经不再是传统意义上的小型家庭店，其行业也不再仅限于零售业、饮食业等，而是多种多样。其中包括劳动密集型的制造业、资本密集和知识密集型的高科技行业（如电脑、通信、金融、地产、律师、会计师、医疗卫生、保健等）。很多华人移民通过创业的方式获得成功。与此同时也应该看到，很多华人移民选择自我创业的模式是因为在加拿大他们英文或者法文不够熟练，又不熟悉加拿大主流社会和经济结构的运作方式，因此不得已选择创业。那些具有高等教育经历和专业技能的白领阶层的华人会有效地利用他们在主流经济中工作所积累的丰富经验，再结合他们在祖籍国的资源以及族裔网络与资本获得发展。

华人经济的发展，大大地推动了聚居区族裔经济的转型，也极大地推动了加拿大华人社区的发展与变迁。这一发展繁荣了社区经济，为移民创造了生活的便利，提供了相应的就业机会，同时开创了族裔社区内上向社会流动的途径。华人社区的社会机构和族裔组织也在此基础上得到了发展和巩固。

综上所述，进入 21 世纪，加拿大华人社会的人口和社区最突出的特点，就是在语言、文化、社会经济以及生活方式的多元化发展。加拿大华人社群在今后的几十年中将从一个以移民为主的社群逐渐转变为一个以土生华人为主的族裔社群。目前来看，与移民相关的问题依然占据着加拿大华人社群的核心议题，但是未来有关公民权利、少数族裔之间的社会政治合作等新问题将会逐渐凸显。加拿大华人的未来发展与今天加拿大华人社群内部的多元化发展密切相关，同时也与加拿大的族裔政策紧密相连；在国际移民潮的推动和影响之下，这一社群的未来发展还受到国际形势尤其是中国发展的深刻影响。

小　　结

华人移民加拿大历史悠久。加拿大的移民政策是其国家发展战略的反映，不同时期的移民政策对华人进入加拿大的数量有着巨大的影响。华人是加拿大最重要的少数族裔之一，华人移民发展到今天成为加拿大第二大亚裔族群经历了漫长的历史时期。从 18 世纪末期开始至今，加拿大对华的移民政策经历了自由移民时期、限制移民时期、禁止移民时期和政策放宽时期。长期以来，受制于自身情况与加拿大国情，华侨华人在加拿大社会地位低下。第二次世界大战之后，尤其是冷战之后，随着世界经济格局的迅速变化，尤其是中国国际地位的提升，加拿大华侨华人的社会经济地位发生了巨大的变化。这与大量的中国新移民的到来有关。拥有高学历、技术以及财富的华人移民，深刻地改变了加拿大华人社群的结构与面貌，华人社会中产阶级力量壮大，整体的社会地位和影响力提升。进入 21 世纪以来，在国际移民潮的影响之下，加拿大华人社群呈现多元化发展的特点。

第三章

加拿大华侨华人散居化发展的
影响因素

　　作为散居海外的少数族裔群体，华侨华人生活在与东道国和祖籍国
的相互关系中。如果说传统的华侨华人主要通过保留自身的文化与政治
认同（作为华侨）来体现这种关系，那么当代的华侨华人除了心理层
面之外还从行为和机制方面维系并强化这些复杂的多重联系。对于他们
来说，建立和保持这种联系的动机是在这种复杂的网络关系中获得自身
所需要的社会以及经济资本。这种由此及彼的联系受到多重社会政治经
济力量的影响，其中东道国的社会政治发展、祖籍国的社会政治发展，
以及东道国与祖籍国之间的关系成为影响华侨华人散居化发展最为直接
重要的外部因素。

第一节　加拿大多元文化主义国策
与少数族裔权利发展

　　东道国加拿大的社会政治环境深刻地影响着华人社群的发展。1971
年，加拿大联邦政府宣布实施蕴含着丰富的社会政治内涵的"多元文化
主义政策"，官方确定了加拿大这个移民社会多元群体之间的关系模式。
这一政策将多元文化纳入了加拿大的公民权利之中，并以法律的形式确

认了加拿大各个民族之间的平等关系，从而令每个加拿大公民都享有本民族文化传统的权利。多元文化主义的产生和演变反映了加拿大逐渐变化的种族民族构成，以及少数族裔不断发展的需求。在多元文化主义国策的推动下，加拿大的社会力量得到了较为充分的发展。在此基础上逐渐形成了加拿大对待移民群体相对宽容公平的社会氛围以及有利于移民社群参与影响社会治理与公共政策的体制机制。总体而言，自 20 世纪 70 年代以来加拿大社会政治在多元文化主义框架下的发展有利于华侨华人的生存与发展：华人的文化认同、公民权利以及社会政治参与都在这一政策的推动下得到了发展。

一　加拿大多元文化主义国策与少数族裔权利

自 20 世纪 70 年代以来，加拿大开始在国内推行"多元文化主义"国策。这一政策的推行有其深刻的国内社会政治背景，深刻地影响了加拿大的国家政策与社会发展。在这一政策推进的过程中形成的更为宽容的社会态度与开放的政治体制为加拿大华侨华人的双重认同及其政治行动主义提供了社会政治环境与机制基础。多元文化主义国策经过多年的发展，已经成为一个含义极为丰富的概念。在加拿大，它不仅意味着一种官方推行的政策，同时还是一种社会现实和文化观念。对于加拿大主流社会来讲，它意味着更为宽容和平等的社会结构；对于为数众多的少数族裔以及移民群体来说，意味着对自身认同的保留与强调。这种社会文化在政策的推动下进一步产生了国家与社会多元化的管理机制；这种机制从整体上而言对于少数族裔群体相对宽容，有利于少数族裔表达诉求、争取权益、扩大社群影响、提高社会地位。①

20 世纪 70 年代至今，多元文化主义政策已经在加拿大推行了 40 多年，深刻地改变了曾经以英—法文化为核心的社会、政治生态，促进了

---

① Michael Dewing, *Canadian Multiculturalism*, Social Affairs Division, Parliamentary Information and Research Service, September 2009.

少数族裔的社会和政治融合；这成为影响加拿大华人社群参与加拿大国家与社会管理的重要国内因素之一。

多元文化主义首先是加拿大的国家现实。加拿大是一个移民国家，加拿大社会在自由党政府1971年宣布实行多元文化主义政策之前就已经呈现多元化的特征。从17世纪开始，一直有来自世界各地的移民源源不断地进入加拿大的国土，形成了独特的社会结构和文化风貌。

早期的加拿大人口主要是由英裔（60%）——包括英格兰、苏格兰、威尔士和爱尔兰裔——和法裔（30%）"两大建国民族"组成，加拿大主流社会长期以来建立在基督教精神之上，并独尊英、法两种语言。[①] 但是由于加拿大的人口出生率很低，其人口增长和劳动力主要依靠国际移民。进入21世纪以来，加拿大已经呈现出很明显的人口多样性特征。2006年的人口普查显示，加拿大有19.8%的人口是在海外出生的——这是75年以来的最高比率。据统计，从2001年到2006年，加拿大人口增长率是5.2%，其中国际移民对这一比率的贡献为2/3[②]。目前，加拿大有200多个民族，除了加拿大裔、英裔、法裔之外，比较大的民族还有德裔、意大利裔、南亚裔、华裔、乌克兰裔等。[③]

在英法双语的框架之下，来自世界各地的民族都保留着自身的语言。根据2006年的普查数据，加拿大57.8%的人口的母语为英语；其次是法语，为22.1%；除此之外，还有20.1%的人口的母语不是英语、法语和原住民语言中的任何一种，被称为"allophone category"。语言只是来自世界各地的移民保持自身认同的特征之一，除此之外，还有各种各样的生活习俗与文化传统，这形成了加拿大社会的独特风貌。这些不

---

① ［加］沃尔特·怀特、罗纳德·瓦根伯格、拉尔夫·纳尔逊：《加拿大政府与政治》，刘经美、张正国译，北京大学出版社2006年版，第13页。

② Peter S. Li, *Immigrants from China o Canada*：*Issues of Supply and Demand of Human Capital*, Canadian International Council, China Papers, No. 2, 2010.

③ Michael Dewing, *Canadian Multiculturalism*, Social Affairs Division, Parliamentary Information and Research Service, September 2009.

断增加的文化与民族的多元性成了当代加拿大社会的"铆接现实"①。

　　引入多元文化主义政策的初衷是为了解决加拿大社会中英法两大族裔之间的不平衡发展及其矛盾的状况。虽然被并称为两大建国民族,法裔在加拿大整体的经济和社会地位都不及英裔。在 20 世纪 60 年代之前,无论是从语言、就业还是待遇等方面,法裔相对英裔都处于弱势的地位。20 世纪 60 年代开始,聚集在魁北克省的法裔加拿大民族主义者开始强调族群的利益,社会公正和文化认同议题开始凸显。②

　　居住在魁北克的法裔中产阶级在 1960 年到 1966 年展开的被称作"平静革命"的改革最终草草收场。以"平静革命"改革的灵魂人物瑞内·莱维斯克为代表的法裔新中产阶级激进派认为改革的失败是由于温和派的妥协,为了维护法裔的利益,应当诉诸政治途径,通过主权的诉求来获得必要的资源与权力。1968 年,追求政治分离的魁北克人党成立,加拿大魁北克的分裂主义进程由此展开。法裔的分离运动进一步引发了加拿大原住民对自治的诉求,加拿大联邦面临巨大的分裂的压力。③

　　1968 年,自由党皮埃尔·特鲁多当选为联邦总理。作为一个联邦主义者,特鲁多坚定地维护联邦的统一,力图克服魁北克的分离主义。特鲁多政府最终制定了一个将法裔加拿大人整合入国家的方法:超越英裔的加拿大认同,将法裔及其他少数族裔融入一个更大范围的加拿大认同之中,这就是"多元文化主义"。④

　　1971 年 10 月特鲁多政府宣布推出加拿大多元文化主义政策,在世界上首开官方正式实行多元文化政策之先河。在此之后,加拿大政府通

　　① V. Seymour Wilson, "The Tapestry Vision of Canadian Multiculturalism", *Canadian Journal of Political Science / Revue canadienne de science politique*, Vol. 26, No. 4, 1993, p. 646.

　　② 王建波:《魁北克问题与加拿大的多元文化主义政策》,《中南大学学报》(社会科学版) 2012 年第 6 期。

　　③ 王建波:《魁北克问题与加拿大的多元文化主义政策》,《中南大学学报》(社会科学版) 2012 年第 6 期。

　　④ 王建波:《魁北克问题与加拿大的多元文化主义政策》,《中南大学学报》(社会科学版) 2012 年第 6 期。

过一系列的立法，最终确保了多元文化主义机制在加拿大的运行。1988年，加拿大议会通过了多元文化主义法案，成为世界上第一个通过多元文化主义法的国家。这一法案明确了多元文化主义是加拿大社会的基本特征，是联邦政府决策进程中的一部分。明确了要在加拿大保持以及加强多元文化主义，凸显文化意识、形成对文化保持敏感的联邦机制。①

早期的多元文化主义政策主要关注少数族裔的文化保护以及文化间的交流，但是很多活动项目由于流于形式而受到了来自加拿大社会的批评。进入 20 世纪 90 年代，加拿大移民社会进一步地发展以及人们对种族以及文化认同的再认识，令加拿大政府意识到多元文化主义不应当局限在民族文化领域，而应当成为国家对其多元的社会文化与民族多样性发展所采取的系统的、综合的反应，因此加拿大政府开始逐渐扩展多元文化主义政策的实施领域。

1997 年，加拿大政府宣布了多元文化主义实施的三个主要目标：社会公正（建立一个公平且平等的社会）、公民参与（保证所有的加拿大人参与到对社区与国家的影响之中）以及认同（促进形成一个认同、尊重以及反映文化多元性的社会，让来自不同背景的人拥有对加拿大的归属感）。② 多元文化主义政策的关注点从早期的少数族裔的文化权利，逐渐转向平等、社会参与以及国家统一等议题。

在政府的大力推动之下，加拿大一些官方、半官方以及社会的组织应运而生。这些组织对族裔信息进行收集研究、为公众提供培训，传播族裔信息，促进公众对于消除种族主义重要性的认识等，在各个层面上促进着多元文化主义的发展。此外，各类旨在促进多元文化主义深度发展的项目和活动也在频繁展开。2002 年，加拿大政府宣布每年的 6 月27 日为加拿大的多元文化日。

---

① Sarah V. Wayland, "Immigration, Multiculturalism and National Identity in Canada", *International Journal on Group Rights*, Vol. 5, No. 1, 1997, pp. 33 – 58.

② Michael Dewing, *Canadian Multiculturalism*, Social Affairs Division, Parliamentary Information and Research Service, September 2009, p. 11.

随着多元文化主义官方地位的确立与进一步推进，多元文化主义已经成为"加拿大认同"中重要的一部分，同时也是加拿大的社会政治运行机制，其中包括复杂的社会多元化的相关政策，以及在教育、语言、经济、社会、政治等领域的复杂体系与机制。这种体系的形成与机制的运行给加拿大少数族裔追求平等公正的社会地位提供了机会。

40多年来对多元文化主义观念的推行以及相关机制的完善，带来的是加拿大以白人文化为主导的社会对多元化的逐渐承认与接纳。尽管由于政府的大力推动，加拿大社会对于多元文化主义政策从原则上来说也是支持的，但是加拿大社会接纳这一政策观念的过程充满了质疑与争议。1991年，加拿大未来公民论坛发布的一篇报告中指出：虽然加拿大公众对于社会中日益增加的民族多元性持积极的态度，但是很多人反对官方的多元文化主义。冷战结束之后的整个20世纪90年代，对多元文化主义观念及其政策的主要质疑来自于它是否能够促进新移民建立"加拿大认同"，融入加拿大社会。在一些反对者的眼中，多元文化主义强调了文化相对主义，侵蚀了加拿大的认同、价值以及文化；同时也阻碍了新移民尽快融入加拿大社会的进程。比如尼尔在其著作《贩卖幻想：加拿大多元文化主义的迷局》（1994）中，认为政府推进的多元文化主义政策之中隐含着分裂隐忧。在他看来，政府这种鼓励种族区别的做法会导致移民对加拿大主流文化产生"分离心态"，这种心态令加拿大的族群之间误解加深，并且会为了获取权力与资源相互竞争。① 尼尔的观念在当时很有代表性。在一些加拿大公民眼中，多元文化主义政策的推行是以加拿大的统一为代价的。这一政策带来了太多的多样性，在强调"区别"的主流思维之下，加拿大作为一个统一体的价值与认同遭到分裂；在适应其他文化的过程中，加拿大传统的文化与象征遭到了丢弃。此外，理查德·格温在《没有边界的民族主义》中以及加拿大

---

① Michael Dewing, *Canadian Multiculturalism*, Social Affairs Division, Parliamentary Information and Research Service, September 2009, p. 14.

历史学家杰克·格拉纳斯丁在《谁杀死了加拿大历史?》中，都批判了多元文化主义政策。格温认为，20 世纪 90 年代初加拿大的"就业恐慌"中产生的对多元文化主义的抵制，实际上是加拿大一种社会情绪的反映，因为很多人害怕自己成为"自己国土上的陌生人"。格拉纳斯丁认为，在加拿大年轻一代与学校之中，多元文化主义与政治正确导致了"加拿大历史的死亡"。他认为多元文化主义政策在加拿大的移民，甚至加拿大本土出生的人中间散播了这样一种观念：加拿大尤其是英语加拿大，没有文化以及自身的认同。[①] 对于这一政策负面影响的担忧也出现在对外政策领域。很多人认为，这一政策在实质上鼓励了加拿大的一些移民社团以及宗教团体发展有害于加拿大国家利益的跨国联系。格拉纳斯丁将其称为"不健康的跨国主义"[②]。这一联系是由于拥有"双重政治忠诚"移民社群与其祖籍国（不良的）政治议题接触，因而将"旧世界""输入"了加拿大。

多元文化主义政策是否会引发上述负面的结果？加拿大哲学家威尔·金利卡在其著作《寻找我们的道路：加拿大族裔文化关系的再思考》中给出了答案。[③] 通过使用移民的入籍率、种族文化社群的政治参与水平、新加拿大人使用官方语言的比率以及族际通婚的比率等数据，金利卡认为加拿大多元文化主义政策的运行是有效的，没有证据能够证明它引发了种族的分离以及降低了移民的融入程度。[④] 金利卡发现，自1971 年以来，移民的入籍率有所增长，尤其是那些来自于非传统移民

---

① Michael Dewing, *Canadian Multiculturalism*, Social Affairs Division, Parliamentary Information and Research Service, September 2009, p. 15.

② Vic Satzewich, "Multiculturalism, Transnationalism, and the Hijacking of Canadian Froeign Policy: Pseudo – Problem?" *International Journal*, Vol. 63, No. 1, Diasporas: What is Now Means to be Canadian, 2007/2008, pp. 43 – 62.

③ Jeffrey G. Reitz, *Canada: New Initiatives and Approaches to Immigration and Nation – Building*, Paper Presented at Conference on Immigration Policy in an Era of Globalization, SMU Tower Center for Political Studies and the Federal Reserve Bank of Dallas, May 18—20, 2011.

④ Shibao Guo, *An Interpretive Study of a Voluntary Organization Serving Chinese Immigrations in Vancouver, Canada*, PhD Thesis, University of British Columbia, July 2002, pp. 12 – 13.

来源国的移民更是如此。其次，移民非常愿意认同加拿大，并且积极参与国家的政治生活。这从加拿大议会的少数族裔议员数量的增长可以看出：在1971年之前，加拿大议会中的少数族裔议员十分稀少，但是到了20世纪90年代末期，加拿大议会中少数族裔的议员几乎代表了他们在加拿大人口的比例；这些议员主要是在加拿大传统的国家政党的框架之下产生的，而不是来源于某个单独族裔的政治团体。金利卡还发现，即使是那些来自于"非民主"体制国家的移民，也会迅速地接受以及吸收自由民主的价值观以及加拿大宪法的原则。此外他还发现，自20世纪70年代以来，对于英语以及法语作为第二语言的课程需求大大上升。最后，金利卡指出，自1971年以来，加拿大的族际通婚率一直在上升。这表明加拿大人对于多元化的接受程度越来越高，他们更愿意将移民社群的成员视为劳动者、邻居或者朋友。[1]

进入21世纪以来，加拿大已经逐渐学会了如何与"多元文化主义"共处。与其他发达国家相比，加拿大的公众舆论向来支持移民。德国马歇尔基金会在2010年的报告中称其为"加拿大例外主义"。[2] 今天在加拿大人眼中，移民更多地被视作一种机遇而非问题。加拿大盖洛普民意测验发现，从1975年到2005年，加拿大大部分的受访者对移民与多元文化主义一直持支持态度，这一支持的态度在进入21世纪之后还有所上升。2003年10月，加拿大研究与信息中心发布了一项调研的结果显示，54%的加拿大受访者宣称多元文化主义令他们为加拿大感到自豪。这一数据在18岁到30岁的年龄段的受访者之中达到66%。[3] 即使在2001年9月，美国遭受恐怖主义袭击之后，加拿大对多元文化主义的支持也并没有显示出减弱的趋势。2005年，加拿大研究与信息中心

①　Shibao Guo, *An Interpretive Study of a Voluntary Organization Serving Chinese Immigrations in Vancouver, Canada*, PhD Thesis, University of British Columbia, July 2002, pp. 12 – 13.

②　Shibao Guo, *An Interpretive Study of a Voluntary Organization Serving Chinese Immigrations in Vancouver, Canada*, PhD Thesis, University of British Columbia, July 2002.

③　Shibao Guo, *An Interpretive Study of a Voluntary Organization Serving Chinese Immigrations in Vancouver, Canada*, PhD Thesis, University of British Columbia, July 2002.

通过调研发现：2/3 的加拿大人将多元文化主义视为抵制极端主义的基础，而非产生极端主义的途径。① 与很多抵制移民的国家不同，多元文化主义已经成为加拿大民族自豪感的一部分。②

2012 年，马修·怀特与艾琳通过研究一些跨国以及单一国家的调研数据，认为多元文化主义并没有成为移民参与社会以及政府的障碍，在很多情况下，它促进了这种参与。在他们看来，那些认为多元文化主义破坏了移民的社会政治一体化的观点是没有依据的。③

对于加拿大的移民和少数族裔社群来说，多元文化主义无疑是一种更为宽容的民主社会政治机制，这种政策在理论上意味着移民无须从"保留自身的文化认同与传承"与"参与加拿大社会与国家"之间选择其一，而是可以二者兼备。在加拿大多元文化主义的推动之下，加拿大的政治体制和国内社会都在向着更为开放和宽容的方向发展，成为加拿大移民社群平等参与社会和国家治理的政策与机制基础。

二　加拿大华侨华人权利的保护与发展

加拿大在 20 世纪 70 年代放弃了种族同化政策，转而推行"多元文化主义"政策。④ 由于这一政策的目的是要破除种族歧视的态度以及文化猜忌，形成一个以对各民族实行公平待遇为根据的社会基础，因此在加拿大逐渐创造出了一种反对歧视、获取认可的社会政治氛围。20 世纪 70 年代后多元文化主义思想被运用到公民身份领域。这方面的相关

---

① Michael Dewing, *Canadian Multiculturalism*, Social Affairs Division, Parliamentary Information and Research Service, September 2009, p. 15.

② Jeffrey G. Reitz, Canada: New Initiatives and Approaches to Immigration and Nation - Building, Paper Presented at Conference on Immigration Policy in an Era o Globaization, SMU Tower Centre for Political Studies and the Federal Reserve Bank of Dallas, May 18—20, 2011.

③ Matthew Wright, Irene Bloemraad, "Is There a Trade - off between Multiculturalism and Socio - Political Integration? Policy Regimes and Immigrant Incorporation in Comparative Perspective", *Perspectives on Politics*, Vol. 10, No. 1, 2012, pp. 77 - 95.

④ Jeffrey C. Alexander, "Theorizing the 'Modes of Incorporation': Assimilation, Hyphenation, and Multiculturalism as Varieties of Civil Participation", *Sociological Theory*, Vol. 19, No. 3, 2001, p. 245.

理论以加拿大女王大学教授威尔·金利卡的多元文化主义公民身份理论最为突出。金利卡批评自由主义对视族群身份为个人私事的"善意忽略"只是形式上满足了人人平等的要求，实际上并不能避免弱势族群权利受损。多民族国家将普遍公民权利不分群体地授予所有公民，这看起来对所有民族来说都是中立的，但实际上，在一些基本的方面却会系统地使多数民族变为特权民族。比如，在公民多数票决制的原则下，多数民族可以依靠人口多数优势在官方语言、区域划界、假日安排以及地方分权等方面占有支配权，从而危及弱势族群的利益。在金利卡看来，多族群国家有必要赋予以下三类少数族群不同的群体公民权利：原住民、准国家地位的民族以及少数族裔。其中少数族裔应当拥有的权利有：在宪法和普通法律层面承认他们的文化多样性，取消对少数族裔移民传统文化的限制，允许双重国籍，为少数族裔文化活动提供资金支持，资助双语教学或母语教学等。总体而言，金利卡主张的多元文化主义的公民身份包括自治权、多族裔权利（国家为特殊的族群或者宗教群体文化提供财政支持与法律保护，包括资助风俗习惯、语言文字、艺术、节日活动等）以及特别代表权（包括某些族群在行政、议会、司法等国家公共机构中享有特定比重的席位）。[①]

在多元文化主义的语境之中的公民身份突破了自由主义和共和主义公民身份中唯有个体公民至上的传统，将族群群体也视为公民身份的主体，在政治、经济、文化等更广阔的领域承认了少数族群超越个体公民权利的群体公民地位。对于华人社群来说，多元文化主义政策的推行从法律上确立和保证了他们的文化权利、提升了他们的政治权利。多元主义的公民身份没有刻意地解构少数民族的族群身份，而是以较为开放的态度对之予以包容。这种包容性为华人社群的生存和发展赢得了自由的空间，部分地减少了他们被同化的压力。对于加拿大的移民和少数族裔

---

　　① 贺建涛：《二战后加拿大少数族群公民身份的建构与调适》，博士学位论文，南开大学，2012年，第28—29页。

社群来说，多元文化主义无疑是一种更为宽容的民主社会政治机制，这种政策在理论上意味着移民无须从"保留自身的文化认同与传承"与"参与加拿大社会与国家"之间选择其一，而是可以二者兼备。华人不再被视为"异族"，其独特的生存状态与生活方式也得到了国家的承认。这一发展大大地推动了加拿大包括华人在内的各少数族裔对其自身族裔文化传统的张扬，以及保护自身族裔特征的诉求。在多元文化主义的推动下，加拿大华人的文化认同得到了强调，因而走上了与东南亚华人不同的认同之路。

第二节　中国崛起背景下的加拿大华侨华人

当代加拿大的国内政治发展与社会环境为华人社群争取平等的公民权利和保留自身的族裔文化认同提供了适当的制度环境与社会氛围。自20世纪90年代以来，中国经济快速发展，并伴随着全球化的进程辐射到世界各国，对海外的华人社群产生了重要的影响。中国在不断融入世界体系的过程之中，海外华人社群在其国际战略推进过程中的重要性日益凸显；中国的巨大体量与活力，配合相应的侨务政策与相关机制，对海外华人群体形成了巨大的吸引力，成为他们跨国实践活动的强大"拉力"。中加两国自建交以来一直保持的相对良好的外交关系也为加拿大华侨华人的跨国流动提供了相对安全稳定的政治环境。

一　中国发展对海外华侨华人的积极影响

中国经济的快速发展与崛起是自20世纪90年代以来最重要的国际现象之一。从20世纪80年代，中国开始融入国际体系，并且在全球化发展的推动之下加速了这一进程。按照中国国家统计局的数字，1978—2008年，中国的经济年均增长率9.8%，高于同期世界经济年平均增长3%左右的增长速度6.8个百分点，是同期世界经济年均增长率的3倍多。在人类历史上，只有 7 个国家（地区）曾经以 7% 以上的年均增长率持续超过 30 年，中国是其中之一。[①] 如果说曾经的"亚洲四小龙"引领了东亚的腾飞，那么中国的发展则激起了亚洲乃至世界的新兴市场的崛起。中国在 30 多年的时间里，形成了一套具有自身优势的生产体系，在 21 世纪初成了"世界工厂"。2010 年，中国超过日本，成为仅次于美国的世界第二大经济体。

中国正在成为国际舞台上的重要行为者，在国际机构中处理问题时，变得更为自信、老练、机敏和具有建设性。冷战结束以来，世界格局正在发生转变，而中国正在这一世界秩序的重构过程中扮演着越发重要的角色。中国政府以及民众所产生的巨大的影响力，已经随着全球化的发展超越了国界，传达到世界各地。

海外华侨华人在中国改革开放、国家经济发展的 40 多年中扮演了重要的角色。从 1979 年到 1997 年，流入中国的外资超过 2/3 来自于海外华侨华人，这十多年中，60% 的外国直接投资由华人引进，他们在华的公司占在华外国企业的 70%。[②]《中国侨资企业发展年度报告 2010—2011》中称，中国侨资近七年来强力回升，在外商对华直接投资中的绝对数额和比重都明显增加，2010—2011 年达到峰值，占当年中国新增外资的 65%。[③] 还有很多学者发现了华人跨国商业社会网络对双边贸易关系的促进。[④] 比如在东南亚华人人口较多的国家，华人网络对推动双边贸易贡献了 60% 的份额。[⑤] 近年来，包括新移民在内的华侨华人成为

---

① 郭万超：《探寻当代最优发展模式——中国经济大变革》，经济日报出版社 2012 年版，第 5 页。

② 刘宏：《跨界亚洲的理念与实践——中国模式、华人网络、国际关系》，南京大学出版社 2013 年版，第 3 页。

③ 《〈中国侨资企业年度发展报告 2010—2011〉公布》，2012 年 8 月 23 日，中华人民共和国中央人民政府网站（http://www. gov. cn/gzdt/2012 – 08/23/content_ 2209414. htm）。

④ James E. Rauch and Vitor Trindade, "Ethnic Chinese Networks in International Trade", *The Review of Economics and Statistics*, Vol. 84, No. 1, 2002.

⑤ 刘宏：《跨界亚洲的理念与实践——中国模式、华人网络、国际关系》，南京大学出版社 2013 年版，第 3 页。

中国高端专业技术人才的主要来源，他们在中国建立创新型国家以及走向世界的国际发展战略中扮演着举足轻重的角色。进入 21 世纪之后，华侨华人对中国地方社会（尤其是华南地区）的经济发展的影响依然显著。

对此中国政府有着十分清醒的认识，海外华侨华人从来都是中国国际利益的组成部分以及对外政策的重要考虑。邓小平早在 1993 年就曾经指出："中国与世界各国不同，有着自己独特的机遇。比如我们有几千万爱国同胞在海外，他们对祖国做出了很多贡献。"① 目前，全球大约有 5000 万华侨华人②，他们虽然很多已经成为东道国的公民，但是依然保持着不同程度的中华文化情结以及与中国的联系。改革开放之后出国的新移民群体大约有 600 多万，绝大部分接受过良好的教育，是学有所成的专业人士，很多也保留了中国国籍。③ 老一代华侨华人在中国改革开放的前期拥有中国亟须的资金技术；新移民群体与中国国内人民拥有大致相同的文化与政治认同，并且具备中国加入全球化进程所需的管理技能与国际经验。海外华侨华人在中国转型期社会、经济与政治建设中发挥了积极的作用。

进入 21 世纪，海外华侨华人逐渐被纳入中国国家建设与国际发展的宏大战略之中，他们被视为中国的软实力资源，在传播中华文化、连接中国与全球经济、创新中国传统文化等方面独具优势。

进入 21 世纪，中国政府和人民面临建设现代化的国家、维护世界和平发展的历史任务。中国政府试图将海外华侨华人群体统御在这一战略目标之中。基于此，中国外交部门也开始重视华侨华人在中国公共外交中的重要作用。在 2005 年的全国侨务工作会议上，中国国家主席胡

---

① 刘宏：《跨界亚洲的理念与实践——中国模式、华人网络、国际关系》，南京大学出版社 2013 年版，第 4 页。

② 丘进主编：《华侨华人研究报告（2012 年）》，社会科学文献出版社 2012 年版，第 2 页。

③ 刘宏：《跨界亚洲的理念与实践——中国模式、华人网络、国际关系》，南京大学出版社 2013 年版，第 4 页。

锦涛从经济、政治和文化三个方面提出了侨务工作的大有作为：在凝聚侨心、发挥侨力、为实现全面建设小康社会的宏伟目标做贡献方面大有作为；在反对和遏制"台独"分裂势力，推动祖国和平统一进程方面大有作为；在开展民间外交，传播中华优秀文化，扩大中国与世界各国人民友好交往方面大有作为。习近平主席则从实现中国梦的高度强调了海外华侨华人的重要作用。2014 年 6 月 6 日，习近平主席在会见第七届世界华侨华人社团联谊大会代表时指出：中国梦是国家梦、民族梦，也是每个中华儿女的梦。广大海外侨胞有着赤忱的爱国情怀、雄厚的经济实力、丰富的智力资源、广泛的商业人脉，是实现中国梦的重要力量。只要海内外中华儿女紧密团结起来，有力出力，有智出智，团结一心奋斗，就一定能够汇聚起实现梦想的强大力量。

世界秩序正在发生深刻的变化，作为世界第二大经济体，中国已经成为全球新秩序中关键性的建构者之一。在这种新的发展形势之下，中国政府对其海外散居者群体的认识与定位也发生了变化与相应的调整。中国政府日益认识到华侨华人之于中国发展的重要性。这种认识的变化引发了相关政策的调整，成为海外华侨华人关注中国、参与中国国家发展建设的重要"拉力"。

中国政府的侨务政策影响了海外华侨华人的跨国流动，同时也反映了海外华侨华人的跨国实践。在新的历史时期，中国实施了更为积极的侨务及其相关政策，与加拿大华侨华人的跨国实践活动互动前行。

对于中国政府来说，保护华侨是中国国家利益的重要内容之一；侨务政策是中国外交政策的重要支柱。[①] 冷战结束以来，海外华人群体的整体状况有了很大的变化，跨国新移民成为新时期中国侨务政策的着眼点；海外华侨华人被纳入国家发展、民族复兴的议程之中，被视为是促进中国与其他国家经济往来、文化沟通以及意识传播的重要行为者。

自 20 世纪 90 年代以来，海外华侨华人的重要性日益凸显。随着中

---

① 程希：《五十年代中国侨务与外交关系浅议》，《八桂侨刊》2004 年第 3 期。

国在冷战后的进一步发展，海外华侨华人与中国的互动进入了一个新的历史阶段。刘宏认为，近20多年来出现的中国新移民是全球化步伐加快的副产品，这一群体对当代中国产生了意义深远的影响。中国的发展已经成为全球化的一部分，并成为推动全球化进程的一个主要驱动力。加深向社会主义市场经济的转化成为当代中国社会变迁的核心特征；中国采取了多种政策以将处于上升中的中产阶层与私营企业主整合到国家与社会的关系中来。海外华人新移民——尤其是跨国华人——这个群体正是中国成长起来的中产阶层的重要部分，因此成为中国政府在国家战略中重点考量的对象之一。[①]

中国在这一阶段的侨务政策体现了上述的重点。中国政府密切联系海外侨民，将国家的发展议程传递给海外华裔社群，希望能够获得海外华侨华人（尤其是新移民群体）在国家经济建设和社会文化发展方面的助力。

从1978年开始，海外华侨华人逐渐恢复了与中国的正常联系。意识到海外华侨华人在中国改革开放中的重要战略地位，中国政府开始恢复各级侨务机构，并将侨务工作放在国家经济发展日程的重要位置之上。1980年，中国政府设立经济特区，将其作为引进国外资本、先进技术设备以及培育自主创新技术的基地。最初设立的四个经济特区选在海外华侨华人的祖籍大省：广东和福建，旨在吸引经济实力雄厚的海外华侨华人回乡投资。据统计，从1979年到1987年，这四个经济特区的境外资本投资约90%都来自海外华侨华人。[②] 最初的投资大多数集中在劳动力密集的制造业，从2000年开始，海外华人投资者与企业家的投资逐渐转向信息技术与生物工程等高科技产业，包括电子、机械制造业、生物技术产业以及稀有金属冶炼业等，投资者与企业家大多数来自

---

① 刘宏：《跨界亚洲的理念与实践——中国模式、华人网络、国际关系》，南京大学出版社2013年版，第179页。

② 周敏、刘宏：《海外华人跨国主义实践的模式及差异——基于美国与新加坡的比较分析》，《华侨华人历史研究》2013年第1期。

北美。与此同时，沿海以及内陆的省、市级政府也陆续开放了更多的贸易区、经济与技术开发区以及高技术产业园区，吸引外资，发展高科技企业。进入 21 世纪以来，中国国内建立大量针对归国企业家的工业孵化园，配备有优先的项目、政策，提供资本、税收减免以及快速的政府服务。中国政府还为海外华人企业家提供方式多样的金融支持：免费的启动资金、租金补贴、贷款担保以及直接投资。例如，成立于 1999 年的中关村科技园区，在多伦多、硅谷、阿姆斯特丹以及东京都建有办公室，组织海外华人参观以及最终在科技园区开展高科技商业。园区每年都会举行大型的项目推介会、月度会议等将投资者和归国企业家聚在一起；此外还向归国公司提供各种类型的金融支持。[①]

与此同时，利用海外华人作为战略资源已经成为中国外交中的重要部分。各级政府都会定期派商业代表团前往海外，邀请海外华人企业家访问中国。中国的外交人员经常支持或者参与移民社团的活动以促进企业家项目。前往中国的旅行往往会得到报销，当地的接待也通常是免费的。[②]

除了促进华侨华人与中国的商业贸易活动之外，中国政府还致力于吸引海外华人中的知识技术精英，希望他们为中国的发展建设提供智力支持。1993 年，中国将"回国服务"的口号改为"为国服务"，从而使地理意义上的回国不再成为海外移民参与中国经济、社会发展的前提，取而代之的是以中华文化作为更加宽泛的纽带联结海外移民。这项政策由于秉持了国家身份与固定领土相分离的方针，因此扩大了中国的新移民的范围与空间，随之扩展的还有民族主义理念与实践的复兴。[③]

中国政府希望能够发挥留学生以及学者在教育、科学、高新技术产

①　周敏、刘宏：《海外华人跨国主义实践的模式及差异——基于美国与新加坡的比较分析》，《华侨华人历史研究》2013 年第 1 期。

②　Wenhong Chen and Barry Wellman, *Doing Business at Home and Away—Policy Implications of Chinese-Canadian Entrepreneurship*, Asia Pacific Foundation of Canada, April 2007, p. 16.

③　刘宏：《跨界亚洲的理念与实践——中国模式、华人网络、国际关系》，南京大学出版社 2013 年版，第 180 页。

业、金融、保险业、贸易与管理上的领头羊作用，成为国家经济与社会发展的重要力量。从 20 世纪 90 年代中期开始，中国开始逐步设立一系列项目，以期能够利用永久定居国外或者回国的在科学与工程领域的高技术移民。[①] 20 世纪 90 年代，中国人事部门总共投入了约 2 亿元人民币赞助回国学者。[②] 进入 21 世纪以来，中国政府以及相关机构提出了"哑铃模式"，指出海外华侨华人在东道国和中国的机构同时提供服务、展开实践也是"为国服务"。中国也因此颁布了更为灵活的相关侨务政策，以便于海外华人专业技术人员的自由流动。2001 年 8 月，人事部、教育部等 5 个部委联合颁布了一项新政，推动国外的中国留学生、学者通过多种方式为国家服务。其中包括为海外高素质人才提供 1—5 年期的签证等。在 1996 年至 2005 年，国家赞助的留学生与学者的回国率达 97%。[③] 此外，一些旨在吸引海外中国留学人员的政策与计划也相继出台，如《高层次留学人才集聚计划》《留学人才创业计划》《智力报国计划》《留学人员回国创业启动支持计划》《海外赤子为国服务行动计划》等。2008 年，中国政府出台"千人计划"，计划在未来的 5—10 年为国家引进 2000 名左右的高层次人才，提供一系列优惠政策。

进入 21 世纪，随着中国大陆新移民的不断增加，中国政府意识到：新移民的绝大部分是中国大陆的移民，他们在政治上支持中国政府，怀有爱国之心，赞成国家统一和民族复兴，因此可以成为中国促进民族统一的海外阵线的争取对象。通过派遣各种官方机构的代表与海外华侨华人尤其是新移民进行联络，新移民成为政策的主要聚焦点。在 2001 年，中国前副总理钱其琛指出，海外华人是推进"中华民族伟大复兴与祖国

---

①　周敏、刘宏：《海外华人跨国主义实践的模式及差异——基于美国与新加坡的比较分析》，《华侨华人历史研究》2013 年第 1 期。

②　刘宏：《跨界亚洲的理念与实践——中国模式、华人网络、国际关系》，南京大学出版社 2013 年版，第 181 页。

③　刘宏：《跨界亚洲的理念与实践——中国模式、华人网络、国际关系》，南京大学出版社 2013 年版，第 181 页。《我国已公派留学生 2 万多人，回归率达 97% 以上》，2006 年 5 月 29 日，人民网（http：//edu. people. com. cn/GB/8216/32943/32945/4413856. html）。

统一的一股重要力量",他们在反独促统活动中扮演着重要的角色。①
在2001年,国侨办高层官员访问了20多个国家,广泛会见了当地华
人。② 2006年9月于巴黎召开的欧洲华侨华人社团联合会第14届年会,
中心议题是在"一国两制方针下的国家统一",国侨办前副主任许又声
发言,说中国一直是海外华侨华人和新移民的故乡,并鼓励他们加强团
结。③ 除了加强在海外华人社会中的工作,中国还进一步推进了华侨参
与中国国内政治的机制。

整体而言,中国政府正在试图为海外华侨华人创造一个更为开放且
宽容的环境,以期能够将海外华侨华人作为一个整体纳入中国21世纪
的国家发展与开放战略之中。中国政府最新的侨务—外交政策强调支持
和帮助已在当地获得永久居留身份的移民融入当地,同时鼓励他们通过
各种方式为国服务。④ 新的侨务政策顺应了移民跨国发展的潮流和趋
势,在鼓励海外移民报效祖国的同时,也为他们提供了全球范围内流动
的弹性空间。"跨国主义"成为新的实践与视角,这一视角有助于揭示
拥有国际认可的具备技能的新移民精英群体的复杂性与多维性。⑤

中国政府不仅仅关注从海外华人那里获得经济资本、人力资本以及
社会资本来推动国家的经济发展,还注重加强与移民组织网络的关系、
培育技术与文化交换,以及将海外华人社会作为提高与改善中国国家形
象并展示中国"和平崛起"的重要力量。中国政府积极参与跨国场域
之中,资助和促进从国外资本以及经济合作、科研、技术、学者的交换
到培养并建立应对重大自然灾害的慈善组织到促进汉语以及中华文化推

---

① 《全国侨办主任会议举行,钱其琛高度评价侨胞作用》,2002年1月16日,中国新闻
网(http://news. sohu. com/23/83/news147678323. shtml)。

② 《中国侨务新观察:密切往来联络,沟通乡谊亲情》,2002年1月28日,中国网(ht-
tp://www. china. com. cn/chinese/TCC/101970. htm)。

③ 许又声:《华侨华人社团发展面临着新的机遇和挑战》,2006年9月23日,华夏经纬
网(http://www. huaxia. com/xw/zh/2006/00513850. html)。

④ 张赛群:《中国侨务政策研究》,知识产权出版社2010年版。

⑤ 刘宏:《跨界亚洲的理念与实践——中国模式、华人网络、国际关系》,南京大学出
版社2013年版,第177页。

广的一系列领域与活动。

随着中国改革开放的不断深化，中国政府越来越意识到新移民在中国经济发展和社会转型、推动国家统一的过程中的重要作用。对于中国政府来说，保护华侨是中国国家利益的重要内容之一；侨务政策是中国外交政策的重要支柱。[1]

冷战后海外华侨华人与中国的互动也进入了一个新的历史阶段。郑永年指出："中国实际上已经成为全球化的一部分，并成为推动全球化进程的一个主要驱动力。"[2] 加深向社会主义市场经济转化成为当代中国社会变迁的核心特征；中国采取了多种政策将处于上升中的中产阶层与私营企业主整合到国家与社会的关系中来。[3] 实际上，最近 20 年发生的一切已经使黑格尔关于中国是"一个缺乏社会的国家"这一理论失效了。[4] 海外华人新移民——尤其是跨国华人——这个群体正是中国成长起来的中产阶层的主要部分，因此成为中国政府在国家战略中重点考量的对象。华侨华人的整体状况有了很大的变化，跨国新移民成为新时期中国侨务政策的着眼点；海外华人被纳入国家发展、民族复兴的议程之中，被视为促进中国与其他国家经济往来、文化沟通以及意识传播的重要行为者。

中国在这一阶段的侨务政策体现与适应了上述具有跨国主义色彩的新发展趋势。在新的历史时期，中国采取了更为积极的侨务政策，这些政策与海外华侨华人的跨国实践互动前行。中国政府向海外华侨华人积

---

① 程希：《五十年代中国侨务与外交关系浅议》，《八桂侨刊》2004 年第 3 期。

② Zheng Yongnian, *Globalizationand State Transformation in China*, Cambridge：Cambrdge University Press，2004，p. 22. 转引自刘宏《跨界亚洲的理念与实践——中国模式、华人网络、国际关系》，南京大学出版社 2013 年版，第 179 页。

③ Dorothy Solinger, "State and Society in Urban China in the Wake of the 16th Party Congress", *China Quarterly*, No. 176, 2003, pp. 943 - 959. 转引自刘宏《跨界亚洲的理念与实践——中国模式、华人网络、国际关系》，南京大学出版社 2013 年版，第 179 页。

④ Timothy Brook and Michael Frolic, "The Ambiguous Challenges of Civil Society" in idem, eds.，Civil Society in China, Armonk：M. E. Shape, 1997, pp. 3 - 16. 转引自刘宏《跨界亚洲的理念与实践——中国模式、华人网络、国际关系》，南京大学出版社 2013 年版，第 179 页。

极传递国家议程，试图促进海外华侨华人在国家经济建设和政治文化发展方面的助力。这些政策的制定与实施超越了传统的国家边界的观念，体现出更为灵活的跨国主义色彩。中国政府在吸引移民精英回国并向海外推广其政治、经济与文化议程方面所做出的努力，在地理与文化上缩短了中国（祖籍国）与外国（东道国）之间的距离。① 海外华侨华人也有意识地利用这种新政策提供的有利条件，在东道国和祖籍国之间展开两栖生活，在两种身份之间保持平衡，逐步走向"散居化"。

同所有的海外华侨华人一样，加拿大华侨华人也面临这一充满机遇与吸引力的时代。中加关系在这种相互依存的跨国互动中呈现出复杂且深入的面貌，华侨华人在其中扮演了积极主动的角色。加拿大华人中产阶级很大一部分已经入籍加拿大，获得了新的政治认同。尽管如此，中国的经济发展和国力上升依然成为众多华人中产阶级实现自身利益的重要机遇，其中包括华商和华人专业技术人员等。对于这一群体来说，通过跨国的商业、技术以及学术等行为，能够积累实现自身利益的经济与社会文化资本，从而有助于更好地融入加拿大的主流社会之中。因此，出于积累自身资本的需求与实现自身价值的利益，当代加拿大华侨华人保持了高度的跨国性：既积极融入加拿大社会，又体现着民族主义情怀。他们密切关注中加关系以及祖籍国（中国）的发展变化，穿梭往来于中加之间，构建出独特的行为、关系与机制，将中加两国（甚至多国）的社会、文化和经济通过流动的人群连接起来。自 20 世纪 90 年代以来，加拿大华侨华人的生活日渐"散居化"，呈现出价值理念的多元包容和彼此兼顾的情感趋向。加拿大华人新移民在跨国网络空间中实现了群体社会资本收益的最大化，其跨国实践活动也因此变得更为深入。

二　加拿大对华政策与中加关系发展

自 1970 年建交以来，中加关系获得了长足的发展。虽然其间经历

---

① 刘宏：《跨界亚洲的理念与实践——中国模式、华人网络、国际关系》，南京大学出版社 2013 年版，第 180—182 页。

种种挑战和变数，两国关系总体保持稳定，各个领域交流合作日盛。中国自 20 世纪 70 年代末开始施行改革开放的国家战略，国家的内政外交进入了漫长的转换期，并且在进入 21 世纪之后迎来了国家的快速发展。加拿大的对华政策在这一时期，试图在调整适应"中国崛起"这一大的国际背景与维护国家利益之间权衡利弊，呈现出较为复杂的面貌。总体看来，中加之间不断深入的经贸和社会文化往来是主流，进一步促进了两国之间包括华人移民在内的大规模人员往来。

中加建交之后的最初十多年中，两国的双边关系维持在有限的领域之中。除了以小麦为主的贸易往来之外，其他双边关系都因为种种原因受到限制。两国之间人口流动很小，当时加拿大对整个中国的移民项目只是由一个兼职的职员在处理。在整个 20 世纪 70 年代，在中国的加拿大人仅限于少量的外交人员，极少数的交换学生，一些在华的工作人员如翻译、教师等，完全没有商业人士。

中国的改革开放推动了两国关系的进一步发展。1979 年，加拿大出台了相关政策，旨在扩展新情况下与中国的经济关系。1983 年中加两国签署了一项发展合作协议，加拿大国际发展署通过协助中加之间的人员交流以及教育项目帮助中国建立国际联系和学习先进的国际专业知识。[①] 除了中央级别的合作，两国省级与社会之间的合作也有了突飞猛进的发展。

中加关系在经历了 1989 年到 1991 年的短暂低潮之后重新回暖。冷战结束之后，中国抓住国际环境中的有利因素，深化改革扩大开放，经历了亚洲金融危机的考验，取得了新的发展。加拿大观察到了这一点，并且意识到两国关系的稳定发展有助于维护亚太地区乃至世界的和平、稳定与发展。1992 年 4 月，加拿大工业科技部和国际贸易部部长迈克·威尔逊率领贸易代表团前往中国。1993 年 3 月，加拿大枢密院主

---

① Charles Burton, "Canada's China Policy under he Harper Government", *Canadian Foreign Policy Journal*, Vol. 21, No. 1, 2015, p. 37.

席兼宪政事务部部长克拉克访华。同年5月，中国国务院副总理朱镕基访加，实现了两国高层对话。中加关系全面恢复正常，并且从此进入了稳定快速发展的时期。

自20世纪90年代以来，加拿大的历届政府均将对华政策与关系置于重要位置，积极开展与中国的各项合作。20世纪90年代初的自由党政府保罗·马丁曾经在国际关系方面的政策声明中指出：中国将成为21世纪最重要的经济体，而且将会处在加拿大和世界经济至关重要的地区和全球供应链的中心位置。[①] 这一声明承诺，到2010年，要将中加之间的双边经济交往规模再扩大一倍。加拿大政府显然已经意识到，与中国和其他亚洲国家之间良好、深入的关系是实现其责任议程、新的多边主义、加入远东价值链等全球战略与目标的前提。1994年，加拿大政府确立了对华关系的四大支柱：经济伙伴关系；可持续发展；人权、良好治理和法治；和平与安全。

加拿大自由党政府总理让·克雷蒂安执政期间，更致力于推进这一对华政策理念。他率领"加拿大队"在1996年、1998年和2001年三次前往中国。最后一次的规模是历史上最大的一次，有8名省长、3名区长和600多名企业家组成。他们与中国签署了能源、环保、司法、西部开发、中国加入世贸以及教育等多方面的协议、商业合同以及意向书。2003年10月，克雷蒂安总理再次访华。在其任期内，克雷蒂安6次访华，与中国建立了良好的关系。

随着中国的进一步发展，加拿大对华外交战略中的商贸关系的重要性日益凸显。2005年，加拿大总理保罗·马丁抵达北京，跟随他的依然是号称"加拿大队"的庞大商业代表团——来自277家企业的360余名加拿大企业代表。在访问期间，中加两国发表了《二十一世纪能源合作声明》，确认石油天然气、核能、能效和清洁能源（包括可再生能

---

① ［加］保罗·埃文斯：《加拿大对全球化中国的回应》，胡虹霞、崔存明摘译，《国外理论动态》2008年第10期。

源）为双方合作的优先领域。保罗·马丁在访问期间说："现在美国并不是唯一的超级大国，中国已经进入了舞台。"[①] 2005 年 9 月 8 日，时任中国国家主席胡锦涛应加拿大总督伍冰枝的邀请，在中加建交 35 周年之际对加拿大进行访问，并将中加关系提升至战略伙伴关系。在加拿大看来，与中国签署这一伙伴关系，将会转变传统的"西方加拿大"、制衡美国以及改变加拿大政治经济。[②] 加拿大政府积极接触中国的政策极大地促进了两国关系的良好发展。

总的来说，冷战后一直到 21 世纪初期，加拿大都在积极主动地与中国接触，他们意识到中国之于加拿大国家利益的重要性，其战略重心主要集中在大力促进中加之间的经济关系之上，其他的对华战略重点建立在稳定的经贸关系之上。在加拿大的这一对华政策理念之下，中加两国的关系进入全面深入发展的时期，尤其是双方的经贸关系增长十分迅速。两国在政治、经贸、科技、文教、卫生、环保等各个领域开展全方位、多领域的合作，并且建立了双方长期稳定的合作机制，加强了双方在重大国际和地区问题上的磋商和协调。这一段中加两国外交发展的黄金期也伴随着中国公民（主要是中国大陆）移民加拿大的高潮。除了移民之外，旅游者、探亲者、短期商务活动者、短期工作人员和学生前往加拿大的非移民人数也大大增长。

2006 年加拿大保守党击败了连续执政 12 年的自由党政府上台执政，史蒂芬·哈珀成为保守党政府的总理。这一次政党轮替给加拿大政治、同时也给中加关系带来了很多变化。哈珀政府决定要采取一个与之前"完全不同"的对华战略与政策。他们摒弃了之前政府的对华政策思路，认为他们的对华政策仅仅体现了狭隘的商业利益，因此，在保守党执政初期，其对华政策突出意识形态色彩，在很多敏感议题上刺激中国政府：如 2007 年 10 月，达赖访加，受到哈珀的接见。此外，其他一

---

① 潘兴明：《20 世纪的加中关系》，学林出版社 2007 年版，第 284 页。

② Kim Richard Nossal and Leah Sarson，"About Face：Explaining Changes in Canada's China Policy，2006 – 2012"，*Canadian Foreign Policy Journal*，Vol. 20，No. 2，2014，p. 148.

些涉及人权的案例也被大肆宣扬。①

由于保守党政府的种种作为，到 2009 年中加两国关系陷入僵局。加拿大的中国问题专家意识到，当整个世界都在忙于接近中国的时候，加拿大却在向相反的方向前进。② 加拿大很多资深对华关系人士都认为，保守党政府的对华政策缺乏远见，甚至是自毁前程。然而，就在中加政府间的关系处于低谷的三年中，两国的经济关系却在持续地发展。截至 2009 年，中国已经成为加拿大第三大出口国以及第二大进口国。因此在政府层面，虽然政治关系紧张，经济事务的对话依然持续进行。

这种不平衡的状态并没有持续太久，从 2008 年开始，保守党政府开始调整其对华政策。2008 年年初，保守党政府发出了改变对华政策的信号，哈珀对中国的措辞发生了微妙而意味深长的转变，他在演讲中异乎寻常地宣称加拿大支持"一个中国政策"，打破了自哈珀同意会晤达赖后出现的中加外交关系上的僵局。2009 年 9 月，达赖再次前往加拿大，这一次并未见到哈珀。2009 年 4 月，加拿大又在中国新增了 6 个贸易办事处，强调保守党政府坚持经济联系的意愿。③ 哈珀 2009 年 12 月访华，保守党政府希望与中国签署出境旅游目的地协议以及牛肉与猪肉的出口权。2009 年 12 月 3 日，两国签署了联合声明，声明认识到对人权的"不同的看法"，承诺展开更多的对话与交流；此外还有 FIPA 的协商，6 方会谈之下的合作，UN 与 APEC、G20 以及包括全球健康与气候变化方面的议题。跟随加拿大议员出访的《环球邮报》的政治事务专栏作家约翰·伊比森，将这次访问称为"临界点"，是加拿大"对亚洲重要性的幡然悔悟"，保守党政府将转向"与中国的一个新

---

① Kim Richard Nossal and Leah Sarson, "About Face: Explaining Changes in Canada's China Policy, 2006 - 2012", *Canadian Foreign Policy Journal*, Vol. 20, No. 2, 2014, p. 148.

② Wenran Jiang, "Seeking a Strategic Vision for Canada - China Relations", *International Journal*, Vol. 64, No. 4, 2009, p. 905.

③ Kim Richard Nossal and Leah Sarson, "About Face: Explaining Changes in Canada's China Policy, 2006 - 2012", *Canadian Foreign Policy Journal*, Vol. 20, No. 2, 2014, p. 149.

的关系"①。

2010年6月，中国国家主席胡锦涛在G20会议之前对加拿大进行了正式访问，中国终于批准了加拿大的出境旅游目的地以及牛肉进口。哈珀终于重新关注了双边的商务议题，并且首次提到"增长的战略伙伴关系"。

2010年10月13日，在庆祝中加两国建交40周年之际，哈珀明确表示"全球的经济中心与重心已经开始向太平洋地区转移"，并且将中加关系渲染成为所谓的"黄金时期"。到2010年，保守党的政策已经转变得同保罗·马丁时代非常接近了。2011年5月的大选，保守党再次当选，组成了多数政府。2011年6月29日，在其对中国政策的第一篇讲话中，加拿大外交事务部部长约翰·贝尔德强调"在我们的政府与经济中，中国具有明确的优先地位"，他说，加拿大政府承诺将会与中国保持持续的高层接触，两国关系处于高位。自2006年以来，有40位部长访华，议题涉及法制、司法合作、商务、航空运输、旅游、教育、人员往来以及商业关系等。约翰·贝尔德在2011年7月访华，将中国称为加拿大的"朋友"和"重要的伙伴"②。

自20世纪90年代以来，中加关系出现了一些波动，存在着一些需要解决或者管理的双边议题。但是，无论是自由党政府还是保守党政府，加拿大最终都意识到了中国发展的不可逆转的趋势与亚太地区日益增长的重要性。因此与中国的合作，尤其是经贸方面的合作，在很长的一段时期内依然是加拿大对华政策的主流。

中国经济的快速发展与崛起是自20世纪90年代以来最重要的国际

① Paul Evans, "Engagement with Conservative Characteristics: Policy and Public Attitudes, 2006 – 2011", Canadian International Council, *Issues in Canada – China Relations*, Pitman B. Potter and Thomas Adams ed. , 2011, p. 23.

② Campbell Clark, "Calling China an 'important ally,' Baird turns cold shoulder to fugitive", July 18th, 2011, *The Globe and Mail* (http://www. theglobeandmail. com/news/politics/ottawa – notebook/calling – china – an – important – ally – baird – turns – cold – shoulder – to – fugitive/article616561/).

现象之一。中国在 30 多年的时间里，形成了一套具有自身优势的生产体系，在 21 世纪初成了"世界工厂"。2010 年，中国超过日本，成为仅次于美国的世界第二大经济体。冷战结束以来，世界格局发生转变，中国在这一世界秩序的重构过程中扮演着越发重要的角色。

和世界上其他国家一样，加拿大明确地意识到中国的快速发展及其带来的新局面。加拿大亚太基金会长期关注加拿大对华的民意，对于中国不断增长的影响，亚太基金会在 2008 年、2010 年以及 2011 年的调查显示 66%、60% 以及 67% 的加拿大人认为未来十年中国的力量将会超越美国。[①] 加拿大国际委员会在《开放的加拿大》的报告中指出：美国已经进入了一个相对经济衰落的时期，在这样一个阶段中，美国将会逐渐地与其他大国分享国际舞台，尤其是中国。

尽管与美国毗邻，拥有众多的外交共识，加拿大与美国看待中国的崛起却是两种不同的心态：美国更多的是担心失去自身的竞争优势与世界霸权地位；而加拿大则害怕失去在中国市场中的竞争优势。加拿大国内的政治家以及时事评论员最为关心的中国议题是其巨大的贸易吞吐量。加拿大、美国之间长期保持着紧密的双边贸易关系，从 1980 年到 2000 年，加拿大、美国之间的一体化进程不断加速，两国之间的双边贸易在 2000 年时达到了顶峰，彼时加拿大占据了美国进口市场的 19%，而美国则主导了加拿大 74% 的进口贸易。从 2000 年开始，加拿大与美国同中国的贸易量都开始迅速增长，与此同时，加美之间的贸易额则相对下降。2011 年，美国制造业进口市场中，中国占比 19%，加拿大占比下降至 13%；加拿大进口市场的 11% 为中国所占据，美国的份额降至 51%。在此之后，中国发展成为美国最重要的进口国，也成了加拿大第二大进口国。与此同时，中国巨大的需求与进口量也令美、加的公

---

① Paul Evans, "Engagement with Conservative Characteristics: Policy and Public Attitudes, 2006 - 2011", Canadian International Council, *Issues in Canada - China Relations*, Pitman B. Potter and Thomas Adams ed., 2011, pp. 24 - 26.

司受惠，从双边贸易中获得了巨大的利润。① 2014 年，中加贸易额达552.2 亿美元，同比增长 1.4%。其中向中国出口 300.1 亿美元，进口252.1 亿美元。目前，中国是加拿大第二大贸易伙伴、进口来源地及出口市场，加拿大是中国第十四大贸易伙伴、第十三大出口市场和第十四大进口来源地。②

　　除了贸易，中加之间的投资规模也在迅速地增长。从 1998 年到2007 年，两国之间的投资规模扩大了 300%。同期，中国向加拿大的投资增长了大约 170%。③ 2007 年之后，中国的投资开始大量地进入加拿大的能源公司。2014 年，中国海洋石油总公司宣布接手加拿大尼克森能源公司④，标志着中国已经成为加拿大经济中最大的外资来源国。截至 2014 年年底，中国对加拿大协议投资额 599.6 亿美元，加拿大已成为中国境外投资第二大目的国。即使在 2009 年全球投资不景气的情况下，中国对加拿大的直接投资为 89 亿美元，占加拿大当年海外投资的69%。⑤ 大规模的投资为中加两国未来的贸易打下了基础。

　　整个加拿大，从联邦政府到各级省政府，都在积极致力于与中国建立各种层级的商贸联系。例如，魁北克省在北京设立了办事处，不列颠哥伦比亚省在北京、上海和广州设立了办事处，阿尔伯塔省在大中华区有四个办事处：北京、上海、香港和台北。2009 年，安大略省向中国

---

① Michael Hart, "Dragon Fears: China's Impact on Canada – US Trade Relations", *International Journal*, 2011 Spring, p. 287.

② 《中国同加拿大的关系》，中华人民共和国外交部网站（http://www.fmprc.gov.cn/web/gjhdq_ 676201/gj_ 676203/bmz_ 679954/1206_ 680426/sbgx_ 680430/）。

③ Michael Hart, "Dragon Fears: China's Impact on Canada – US Trade Relations", *International Journal*, 2011 Spring, p. 306.

④ 《中海油子公司尼克森 CEO 将离职》，2014 年 4 月 25 日，新浪财经（http://finance.sina.com.cn/stock/hkstock/ggscyd/20140425/103218921685.shtml）。Andrew Mayeda and Theophilos Argitis, "CNOOC – Nexen bid tests Harper's China policy", 8 August, 2012, *The Financial Post*. （http://business.financialpost.com/2012/08/08/cnooc – nexen – bid – testsharpers – china – policy）.

⑤ Michael Hart, "Dragon Fears: China's Impact on Canada – US Trade Relations", *International Journal*, 2011 Spring, p. 306.

出口了价值 16.4 亿加元的货物，比 2004 年增加了 200%。加拿大各省省长定期率领规模庞大的贸易代表团前往中国，积极促进他们与中国合作伙伴之间的关系。[①]

自 20 世纪 90 年代以来，加拿大对外政策目标总体体现在三个方面：促进经济的繁荣与就业；在稳定的全球架构中保护国家安全；向海外推广加拿大的价值观和文化。[②] 对于加拿大来说，中国代表了正在兴起的亚太地区，这一地区经济繁荣，人力资源丰富，是加拿大对外战略的重点考量地区。加拿大的对华政策目标也统御在这一总体的目标框架之下。尽管不同政党的执政时期对华政策的侧重有区别，但是基本上都是围绕上述三个目标领域展开的。

三 加拿大华侨华人的散居化发展：跨国认同与跨国实践

20 世纪 90 年代之后中国的迅速发展及其融入世界体系的进程，对生活在中国和加拿大之间的华侨华人产生了深刻的影响。中国与加拿大社会政治的发展及其相关政策对华人社群产生了直接的影响，日益密切的中加关系为华侨华人的跨国实践提供了框架和平台，加拿大华侨华人社群逐渐产生了散居化的发展趋势，跨国实践日益活跃，跨国认同日趋凸显。

进入 21 世纪以来，中加关系进一步发展。伴随着两国之间密集的商贸往来，两国之间的人员往来也逐渐频繁密集。2010 年 6 月 24 日，国家主席胡锦涛在渥太华出席加拿大总理哈珀举行的欢迎宴会时讲道，中加两国近年来每年往来人员总数超过 70 万人次，平均每天都有超过 2000 人往返于太平洋两岸。在这些人口的跨国流动中，规模最庞大的群体是移民。20 世纪八九十年代开始，大量的华人新移民进入加拿大，

---

① Kim Richard Nossal and Leah Sarson, "About Face: Explaining Changes in Canada's China Policy, 2006 – 2012", *Canadian Foreign Policy Journal*, Vol. 20, No. 2, 2014, p. 154.

② Charles Burton, "Canada's China Policy under the Harper Government", *Canadian Foreign Policy Journal*, Vol. 21, No. 1, 2015, p. 53.

加拿大华裔人口迅速增长。他们主要来自中国香港、中国台湾，此外还有来自东南亚一些国家和地区的华人移民。从 1986 年开始，来自中国香港的移民数量开始逐年增长，在 1994 年达到 44000 人，在 1994 年之后香港移民的数量开始出现下降的趋势，在 2000 年之后，每年大约有不到 2000 人从中国香港来到加拿大。① 他们普遍受过良好的教育，其中很多还拥有可观的财富。中国大陆向加拿大移民是从改革开放之后才大规模开始的。来自中国的大陆移民不断增加，其中主要是拥有人力资本、金融资本以及工作经验的经济类移民。从 1994 年到 2001 年，加拿大历年接纳的移民总数变化不大，基本保持在每年 20 万人左右，但是其中华人移民的人数几乎增加了 3 倍。进入 21 世纪的头十年，加拿大接纳了来自全球的约 250 万名移民，其中有 337317 名中国移民，占移民总数的 14%。从总体上看，从 1998 年到 2009 年，中国一直是加拿大第一大移民来源国，其中以经济类移民（技术工人以及投资者）为主。② 2012 年，全部前往加拿大的移民中有 13% 来自中国。③

除了移民之外，旅游者、探亲者、短期商务活动者、短期工作人员和学生这些前往加拿大的非移民人数也大大增长。前往加拿大留学的中国学生从 20 世纪 90 年代中期大约每年几百人到进入 21 世纪以来每年将近 1 万人。④ 自 2000 年开始，中国已经成为加拿大国际留学生的第二大来源国，目前在加拿大的中国留学生的总数位居第一。⑤

---

① Peter S. Li, *Immigrants from China to Canada：Issues of Supply and Demand of Human Capital*, Canadian International Council, China Papers, No. 2, January 2010, p. 2.

② Kenny Zhang, *Multi - stream Flows Reshape Chinese Communities in Canada：A Human Capital Perspective*, Asia Pacific Foundation of Canada, Presentation to The 5th WCILCOS International Conference of Institutes and Libraries for Chinese Overseas Studies - Chinese through the Americas, UBC, Vancouver, May 16—19, 2012, p. 3.

③ Kim Richard Nossal and Leah Sarson, "About Face：Explaining Changes in Canada's China Policy, 2006 - 2012", *Canadian Foreign Policy Journal*, Vol. 20, No. 2, 2014, p. 156.

④ Kenny Zhang, *Flows of People and the Canada - China Relationship*, Canadian International Council, China Papers, No. 10, May 2010, p. 4.

⑤ Kenny Zhang, *Flows of People and the Canada - China Relationship*, Canadian International Council, China Papers, No. 10, May 2010, p. 32.

伴随着中国在加拿大投资规模的扩大，华人短期工作者的人数也有所增加。在 21 世纪的头十年中，来自中国的短期工作者人数从 1338 人上升到 12063 人，占在加拿大工作的短期工作者人数的第 8 位，总数的 4%。① 此外，从 2000 年到 2011 年，到加拿大旅游的中国游客的数量以每年 12.2% 的速度增长，从 78000 人到 248000 人。2010 年 6 月，在获得中国出境游目的地身份之后，前往加拿大的中国游客数量又进一步增加：2011 年与 2009 年同期相比游客增加了 50%。目前中国是加拿大第四大游客来源国。② 此外，来自中国的旅行者在所有的国际旅行者之中，是平均每人每次旅途消费最高的旅行者。③

在这些群体中，有相当一部分最终选择了移民加拿大。加拿大现行的移民政策鼓励那些会说双语、拥有高级技能的移民进入加拿大，以替代其不断老龄化的劳动人口。为了吸引这类移民，加拿大向越来越多的短期工作者敞开了大门。2008 年 9 月，加拿大开始引入经验类移民，目的是吸引以及保留加拿大需要的技术人才。项目实施的头两年共有 6462 名移民入选，占到同期经济类相关移民的 1.9%。这一项目为那些之前是暂时工作者的人打开了转换为永久居民的道路。从 2001 年到 2010 年，加拿大大约接受了 11 万来自中国的留学生，其中大约 12% 的留学生通过经济类移民的渠道转变为永久公民。④ 此外还有来自中国的短期工作者也通过各种方式转变成为加拿大的永久居民。从 2001 年到 2010 年进入加拿大的 17000 名中国短期工作者中，大约有 13000 名主要

① Kenny Zhang, *Flows of People and the Canada – China Relationship*, Canadian International Council, China Papers, No. 10, May 2010, p. 4.

② Kenny Zhang, *Flows of People and the Canada – China Relationship*, Canadian International Council, China Papers, No. 10, May 2010, p. 6.

③ Kenny Zhang, *Flows of People and the Canada – China Relationship*, Canadian International Council, China Papers, No. 10, May 2010, p. 32.

④ Kenny Zhang, *Flows of People and the Canada – China Relationship*, Canadian International Council, China Papers, No. 10, May 2010, p. 8.

通过经济类移民的渠道成了永久居民。[①]

目前，加拿大有 3500 多万人口[②]，其中有 132.47 万名华人，占加拿大少数族裔总人口的 21.1%[③]。大部分的华人新移民是通过经济类移民——包括技术类移民、专业人士、投资者以及企业家——进入加拿大的。这种情况与 30 多年前华人主要以家庭团聚类移入加拿大的情况相比有很大的不同。[④]

近年来，华人移民出现了"回流"现象。很多华人移民回到中国开展商业性或者专业性的活动，还有一些移民甚至会选择返回故乡。根据加拿大亚太基金会 2008 年的调查，大约有 280 万加拿大人在海外生活与工作[⑤]。这其中有相当一部分是加拿大华人，他们在加拿大获取身份之后因为种种原因回到了中国，进行工作或者生活。其中包括加拿大跨国企业的业主或者员工、华人加拿大归国者（包括第一代以及第二代移民）、雅思教师学生及其他等。这一跨国群体经常往来于两国之间。导致这种跨国生活的原因很多：有的因为抚养下一代，有的是因为学习，还有的是因为跨国经营企业等。

在经济全球化以及中加两国关系深入发展的推动下，加拿大华侨华人在两国之间的跨国流动性大大增强。加拿大开放的移民政策、良好的生活环境吸引了大批来自中国的移民；同时，中国经济的快速发展又吸引了加拿大的华侨华人参与跨国商贸、科技的交流之中。冷战结束，全球化的发展为世界华人的跨国流动提供了前所未有的便利条件，今天中

---

① Kenny Zhang, *Flows of People and the Canada – China Relationship*, Canadian International Council, China Papers, No. 10, May 2010, p. 9.

② 加拿大统计局，2014 年 7 月 12 日（http://www.statcan.gc.ca/start – debut – eng.html）。

③ 2011 National Household Survey：Immigration, place of birth, citizenship, ethnic origin, visible minorities, language and religion（http://www.statcan.gc.ca/daily – quotidien/130508/dq130508b – eng.htm）。

④ Kenny Zhang, *Flows of People and the Canada – China Relationship*, Canadian International Council, China Papers, No. 10, May 2010, p. 11.

⑤ Don DeVoretz, *Canada's Secret Province：2. 8 Million Canadians Abroad*, Asia Pacific Foundation of Canada, Project Paper Series #09 – 5, October 29, 2009.

加之间的人口流动的规模、模式以及人口的组成都已经高度的多元化。由于加拿大和中国之间这种密集的人口往来，加拿大已经成为世界上最具有"亚洲链接"特征的国家，大量的华人人口聚集在多伦多或者温哥华。温哥华甚至被称作亚洲之外最"亚洲"的城市。在全球化发展的趋势和框架中，加拿大华侨华人的生活方式与思维开始呈现出日益跨国化的特征，跨国认同开始逐渐形成。

认同是一种社会建构。加拿大华侨华人认同的形成深受两国社会政治历史发展的影响。早期的加拿大华侨并无明确的国家概念，其认同主要是基于血缘地缘的宗乡文化之上的族群认同，表现为一些以杜绝外辱，联络乡情为目的的社团建立。随着中国国内开始出现改良、革命等政治势力，并在海外开展一些政治活动，加拿大的华侨开始出现以民族主义为特征的国家认同。1896 年李鸿章高级别访加，其后 20 世纪初叶维新派康有为、梁启超，以及革命党人孙中山先后多次到访加拿大，进一步激发了华侨的爱国热情和民族主义。很多华侨逐渐意识到中国不仅仅只是一个地理名词，而应当是一个强大的现代民族国家，只有这样，她才能保护自己在海外的侨民自信自立，免受外辱。[1] 加拿大华侨的这种民族主义情绪以及认同在 20 世纪三四十年代日本入侵中国的时期达到了顶峰。[2]

第二次世界大战后，中国政府和加拿大政府先后颁布了新的国籍法，直接影响了加拿大华侨的政治认同。中国政府在 20 世纪 50 年代放弃了血统主义为原则的国籍法，不承认双重国籍；而加拿大政府在 20 世纪 70 年代制定的国籍法以出生地原则为基础，同时承认双重国籍。[3] 在双方国家政策的影响之下，第二次世界大战结束之后到 20 世纪 70 年

① 黄昆章、吴金平：《加拿大华侨华人史》，广东高等教育出版社 2001 年版，第 137—154 页。

② 黄昆章、吴金平：《加拿大华侨华人史》，广东高等教育出版社 2001 年版，第 218—225 页。

③ 黄昆章、吴金平：《加拿大华侨华人史》，广东高等教育出版社 2001 年版，第 239—240 页。

代这段时期，进入加拿大的华侨基本都已入籍，成为加拿大公民，而
20 世纪 70 年代之后进入加拿大的华人也有很多入籍成为加拿大人。自
此之后，华人的政治认同发生了很大的变化，主要转向对加拿大的国家
认同。政治上的认同感与归属对海外华人的影响巨大，他们开始停止将
自己视为旅居者，新的移民认同开始产生。尽管在政治上，华人对加拿
大保持忠诚，但是在文化上他们依然对传统的中华文化怀有深切的热爱
与固守。进入 20 世纪 90 年代之后，加拿大华人社群的这种认同伴随着
华人宗乡、文化类社团活动的国际化发展趋势与全球华人的社会文化网
络联系在一起，凸显出超越国界的跨国特征，令其能够在全球化的时代
固守中华传统的文化价值与认同。

　　20 世纪 90 年代，冷战的结束与全球化时代的到来催生了加拿大华
人认同的新发展。20 世纪八九十年代开始进入加拿大的华人新移民给
加拿大华人社群增添了新的认同。这些新移民在来到加拿大之前已经在
祖籍地完成了社会化的进程，他们因为其自身的教育和技术以及资金成
为加拿大移民，与出生地之间依然保留着密切的社会联系。加拿大的华
人新移民呈现鲜明的跨国性，他们频繁地往来于中加两国之间，形成了
以华商、知识技术精英等为主体的跨国华人群体。他们的跨国实践逐渐
导致了跨国认同的出现。这种新的认同融合了不同的文化与个人的经
验，展现出这一群体多元化的身份与立场。他们发挥了华人跨国社会网
络和社会资本的功效，推进和实现东道国与祖籍国之间的良性互动，其
"本土关怀"与"远程关怀"并行不悖，体现出公民性认同和族群性认
同的内在统一。① 与此同时，20 世纪 90 年代之后进入加拿大的大陆新
移民则怀有较强的民族主义情绪。这是中国在冷战之后快速发展与崛起
后在海外华人心理上的投射。加拿大华人重新掀起了中国热，来自大陆
的新移民更是不惮表达自己对中国的民族感情。更为复杂的多元化的身

---

① 吴前进：《冷战后华人移民的跨国民族主义——以美国华人社会为例》，《华侨华人历
史研究》2006 年第 1 期。

份认同正在逐渐形成。

这在某种程度上蕴含着民族主义特征的双重认同的产生与中国的快速发展密切相关。尽管加拿大华人中很大一部分已经入籍加拿大，获得了新的政治认同，但是中国的经济发展和国力上升依然成为众多华人中产阶级实现自身利益的重要机遇，其中包括华商和华人专业技术人员等。对于这一群体来说，通过跨国的商业、技术以及学术等行为，能够积累实现自身利益的经济与社会文化资本，从而有助于更好地融入加拿大（和中国）的主流社会之中。因此，出于积累自身资本的需求与实现自身价值的利益，当代加拿大华侨华人保持了高度的跨国性：他们既积极融入加拿大社会，又体现着民族主义情怀。他们密切关注中加关系以及祖籍国（中国）的发展变化，穿梭往来于中加之间，构建出独特的行为、关系与机制，将中加两国（甚至多国）的社会、文化和经济通过流动的人群连接起来。自 20 世纪 90 年代以来，加拿大华侨华人的生活日渐"散居化"，其行为方式日益呈现为价值理念的多元包容和情感趋向的彼此兼顾。在这一散居化发展的过程中，加拿大华人新移民在跨国网络空间中实现了群体社会资本收益的最大化，而华侨华人的跨国实践活动也因此变得更为深入。

小　结

作为华人移民的东道国加拿大，其社会政治情况与相关政策直接影响着当地华人社群的存在与发展。加拿大自 20 世纪 70 年代开始推行"多元文化主义"国策，在这一政策的推动之下，加拿大不再刻意地解构少数民族的族群身份，而是以较为开放的态度对之予以包容，因此形成了更为平等宽容的社会环境以及多元化的国家社会管理模式。对于加拿大的少数族裔和移民群体来说，这一政策及其运行机制成为他们同时兼顾保留自身文化认同与参与加拿大社会与国家的社会政治制度基础。

在这样的社会政治氛围之下，加拿大华人社群逐渐形成了区别于东南亚华人的认同和社会实践。

与此同时，中国的发展也对加拿大华人社群产生了深刻的影响。自20世纪90年代以来，随着全球化进程的加快，中国的发展辐射到海外社群，对其发展产生了重要的影响。中国在不断融入世界体系的过程中，日益重视海外华侨华人在推进其国际战略中的重要作用，推出更为灵活的政策与机制为海外华侨华人创造一个开放且宽容的环境，以期能够将海外华侨华人作为一个整体纳入中国21世纪的国家发展与开放战略之中。这形成了一股强大的"拉力"，在思想和实践层面推动着加拿大华侨华人趋向中国。华人移民尤其是新移民的认同更加倾向于双重认同，其"本土关怀"与"远程关怀"并行不悖，体现出其公民性认同和族群性认同的内在统一。

自1970年建交以来，中加关系日益密切地发展为加拿大华侨华人的跨国认同与实践提供了稳定安全且更为灵活的空间与平台。在两国日益发展的经贸、文化以及社会关系中，产生了大量的跨国流动人口。组成这一群体主流的华人移民，在相互依存不断加深的两国关系中，其思维模式与生活方式产生了散居化的发展趋势。进入21世纪，伴随着中国、加拿大的发展，以及两国关系的进一步发展，我们目睹了华侨华人与加拿大、中国之间更为复杂灵活的互动。

第四章

加拿大华侨华人的跨国经济活动、政治参与和文化交流

第二次世界大战结束之后，加拿大华人解决了在加拿大的政治认同问题；自20世纪70年代始，他们的文化认同也开始获得新的生命力；冷战结束以来，加拿大华人社群发展日益散居化，其生活方式呈现出复杂多重、彼此兼顾的特点。加拿大华侨华人在加拿大和中国（甚至第三国）之间穿梭往复，通过经济的、社会的、文化的交流互动将其固有的血缘、地缘和业缘关系嵌入全球化时代的动态网络之中，把加拿大和中国以及世界其他地区的资源联结在一起，实现了东道国和祖籍国之间的经济推动、政治参与、文化交流和价值共享。

第一节　加拿大华侨华人的跨国经济活动

海外华人具有悠久的跨国商业历史，他们走到哪里，便将这种商业联系与活动带到哪里。对于加拿大华侨华人来说，跨国的经济行为是其跨国实践活动中最为重要的组成部分。加拿大华侨华人的跨国经济行为是业已形成的全球华人商业社会网络的一部分，他们在这一网络中交换信息与资源、塑造商业形象、促进国家间的经贸关系、推动相关的政策实施。在这持续不断的跨国经济活动之中紧密连接着中国和加拿大的国

家与社会。

一　加拿大华侨华人的跨国投资

历史上的华人在加拿大主要从事小规模的商业活动，比如零售店、杂货店、洗衣店和餐馆等。从 1885 年到 1923 年加拿大联邦政府以及各省政府通过了无数限制华人公民权利以及约束他们在劳动力市场中的机会的法令，很多华人被迫进入低端族裔商业领域开辟生存途径。直到第二次世界大战之前，加拿大华人的族裔商业模式就是餐饮业和个人服务业。据统计，在 20 世纪二三十年代，加拿大的洗衣和餐饮行业的从业人员中将近 50% 是华人；同一时期，华人在专业服务领域的从业人数仅占全加该领域从业人数的不到 0.5%。[①] 缺乏亲属的华人基于宗乡的基础聚集在一起，汇聚资本、节省劳力。

华人商业这种本土、低端的特点在第二次世界大战结束之后有了很大的改变。第二次世界大战结束之后尤其是加拿大在 1967 年颁布移民新规之后，随着越来越多的拥有专业与技术能力华人移民的到来，华人商业开始进一步扩展。在 1978 年和 1985 年，加拿大两度修改移民法，引入了商业移民项目，进一步推动了华人移民的风潮。20 世纪 80 年代中后期，商业移民的比例显著上升，其占加拿大移民总数的比例从 1985 年的 7.7% 上升到了 1989 年的 9%。从 1985 年到 1991 年，加拿大总共接纳了 16984 名企业家移民、3093 名投资移民以及 4427 名自雇移民。[②] 20 世纪 80 年代中后期加拿大的商业移民很大一部分来自中国香港以及中国台湾，而且增长速度很快，到 1990 年，来自中国香港和中国台湾的华人商业移民约占所有商业移民的 50%。[③] 迅速增长的移民人

---

① Peter S. Li, "Chinese Investment and Business in Canada: Ethnic Entrepreneurship Reconsidered", *Pacific Affairs*, Vol. 66, No. 2, 1993, p. 225.

② Peter S. Li, "Chinese Investment and Business in Canada: Ethnic Entrepreneurship Reconsidered", *Pacific Affairs*, Vol. 66, No. 2, 1993, p. 231.

③ Peter S. Li, "Chinese Investment and Business in Canada: Ethnic Entrepreneurship Reconsidered", *Pacific Affairs*, Vol. 66, No. 2, 1993, p. 232.

口为本族裔的企业提供了市场、劳动力以及资本。

随着大量华人中产阶级移民加拿大，华人商业模式也在发生变化。根据1981—1986年的数据显示，零售业以及餐饮业依然在为加拿大华人持续地提供就业机会，大约有25%的加拿大华人从事服务业。与此同时，加拿大华人在专业与技术领域的就业也出现了明显的提升。比如在1981年，有19%的加拿大华人拥有专业与技术职位，在1986年是18%，这两个比例均高于当时其他加拿大人在专业与技术领域工作的比例。[1] 华人自20世纪80年代以来在金融、不动产、商业管理、教育以及健康方面的专业服务有了很大的发展。

从1986年到2004年，来自中国大陆、香港、台湾的华人商业移民占到在此期间进入加拿大的85000名商业移民的一半以上。[2] 在温哥华、多伦多等大都会地区迅速增加的华人人口扩展了族裔消费市场，为华人专业服务提供了需求。研究显示，在加拿大一些主要的大都会地区，华裔民族经济呈现出分布广泛和多样化的特征。由于加拿大华裔人口绝大部分是在加拿大之外出生的，他们的需求催生出从其祖籍国进口"正宗的"商品和服务，比如通信、旅游机构、转移侨汇的金融服务以及法律、公证和翻译服务。[3] 此外，加拿大华人社群内部的复杂与多元性，令华人企业家能够开拓出与不同地区的联系，尤其是中国大陆、香港与台湾之间的相互联系。这些需求催生出的商业领域吸引了华人商业移民的大规模投资，这些资本进入加拿大，加速了资本密集型华人族裔企业的发展。

1985年，加拿大的商业移民政策扩展到了企业家、投资者以及独立就业者群体。想要通过投资移民的申请人必须拥有良好的商业信用记

① Peter S. Li, "Chinese Investment and Business in Canada: Ethnic Entrepreneurship Reconsidered", *Pacific Affairs*, Vol. 66, No. 2, 1993, p. 226.

② Wenhong Chen and Barry Wellman, *Doing Business at Home and Away – Policy Implications of Chinese – Canadian Entrepreneurship*, Asian Pacific Foundation of Canada, April 2007, p. 14.

③ Peter S. Li, "Chinese Investment and Business in Canada: Ethnic Entrepreneurship Reconsidered", *Pacific Affairs*, Vol. 66, No. 2, 1993, p. 239.

录，价值至少 50 万加元的资产，其中至少一半需要投资在加拿大。这些变化促进了移民的资产加速流入加拿大。自 1985 年起，中国香港成为加拿大企业家以及投资者移民的主要来源地。① 20 世纪 80 年代中期开始到末期，来自中国香港的直接投资呈现非常快速的增长，从年均 1.7 亿加元增长到 13 亿加元，占来自太平洋沿岸地区全部投资的 15%。从 1983 年到 1990 年，来自于中国香港的直接投资增加了 9 倍。②

随着大量港资的进入，加拿大华人商业的利益控制机制变得更为复杂。很多华人商业中混杂着来自于本地华人投资和海外华人投资。来自中国香港的投资主要集中的领域是商业不动产，尤其在温哥华地区。有数据显示，来自亚洲的投资者（包括香港人在内）控制了温哥华西尾 25% 的商业不动产。③ 随着越来越多的中国香港移民以及投资来到不列颠哥伦比亚省，这里也成为吸引亚洲其他国家和地区比如日本、中国台湾投资的焦点地区。很多总部在亚洲的大公司纷纷在加拿大设立分公司。1991 年，31 家来自中国大陆的公司在不列颠哥伦比亚落户，其中包括中国国际航空公司，其中 17 家涉足进出口业务，5 家涉足交通与旅游服务。香港的大公司也纷纷在加拿大设立分公司，比如加拿大香港银行、加拿大怡和洋行等。④

商业移民项目给加拿大的经济发展带来了巨大的利益。据统计，从 1987 年到 1990 年，11000 位企业家移民给加拿大带来了总计约为 143 亿财富，他们的投资带来了大约 4.8 万个工作岗位。同期，1933 名投资移民带来了大约 32 亿元的财富，其中 7.53 亿元直接投入各类加拿大

① Peter S. Li, "Chinese Investment and Business in Canada: Ethnic Entrepreneurship Reconsidered", *Pacific Affairs*, Vol. 66, No. 2, 1993, p. 231.

② Peter S. Li, "Chinese Investment and Business in Canada: Ethnic Entrepreneurship Reconsidered", *Pacific Affairs*, Vol. 66, No. 2, 1993, p. 226.

③ Peter S. Li, "Chinese Investment and Business in Canada: Ethnic Entrepreneurship Reconsidered", *Pacific Affairs*, Vol. 66, No. 2, 1993, p. 229.

④ Peter S. Li, "Chinese Investment and Business in Canada: Ethnic Entrepreneurship Reconsidered", *Pacific Affairs*, Vol. 66, No. 2, 1993, pp. 229 - 230.

投资基金之中。① 这些投资大部分集中在不列颠哥伦比亚省。

　　华人商业移民以及华人投资令加拿大华裔社群的经济生活展现出跨国主义的特点。"族裔商业"与"海外投资"之间的界限十分模糊，因为很多公司的投资者同时居住在加拿大（东道国）和祖籍国，很多总部在亚洲的公司都在加拿大设立了分公司。此外，商业移民资本有时候还会和海外资本联合投资加拿大的大型项目。不列颠哥伦比亚省列治文市的亚洲城就是通过这种方式获得投资的。在不列颠哥伦比亚省，这种移民商业投资与海外投资结合的方式在 20 世纪八九十年代十分普遍。根据加拿大学者李胜生的研究，从 1980 年到 1990 年，小型的家庭零售业已经逐渐地被华人的联合投资所取代，尤其在食物零售业。与此同时，在加拿大的商业以及住宅建设领域也出现了高度集中的华人投资。②

　　20 世纪八九十年代加拿大华人商业的快速发展与密集投资是亚洲加速推进全球化发展的结果。20 世纪 60—80 年代，那些移居加拿大的华人商业移民，很多已经在包括中国香港在内的亚洲市场的繁荣中获得了大笔的财富。从 20 世纪 70 年代末开始，中国大陆的经济改革为很多香港的企业提供了大量的机会。换言之，20 世纪八九十年代华人投资在加拿大的高速发展是之前 20 多年中国香港与中国大陆经济发展和资本积累的结果。

　　华人资本在进入 20 世纪 90 年代之后快速增加，并在全球迅速流动。除了流向华人所居住的东道国之外，还大量地流入祖籍国中国。海外华资对中国改革开放做出了巨大贡献。1978 年中国改革开放以来，外资是推动中国经济发展的最重要的因素之一，尤其是来自中国港、澳、台以及东南亚各国的华人资本对中国大陆的直接投资。据统计，改

---

　　① Peter S. Li, "Chinese Investment and Business in Canada: Ethnic Entrepreneurship Reconsidered", *Pacific Affairs*, Vol. 66, No. 2, 1993, p. 253.

　　② Peter S. Li, "Chinese Investment and Business in Canada: Ethnic Entrepreneurship Reconsidered", *Pacific Affairs*, Vol. 66, No. 2, 1993, pp. 235 – 238.

革开放的前十年，海外华人资本以及中国香港、中国澳门和中国台湾的
资本占到中国引进外资的约 2/3，侨资构成了中国大陆引进外资的主力
军。① 华人投资过程中带来的新的非公有制经济的形式，以及先进的管
理经验和技术，都为中国进一步深化改革提供了动力和可供借鉴的
经验。

　　由于大量海外华侨华人对中国的投资是建立在基于血缘、亲缘、
地缘等关系网络的社会资本之上的，因此，华侨华人在扩大了对中国
投资的同时，也大大地促进了其东道国与中国之间的商贸关系。华人
跨国经济社会网络能够促进国家间的双边贸易：他们通过正式或者非
正式的联系，促进信息的交流与共享；此外，通过良好的自身信誉或
者圈内朋友的引见达成交易，促进了贸易与投资的发展，并最终促进
了国家的经济发展。② 根据高婷的研究，在同样的华人经济社会网络机
制的作用下，东道国 1% 的华人人口的增加能够增加中国累积 FDI 量
3.7% 的增长。③ 2007 年，中国大约 60% 的海外直接投资来自于其海外
的华侨华人。④

　　侨汇是华人传统的跨国经济行为之一。侨汇曾经主要来源于东南亚
地区，20 世纪 90 年代之后，随着中国新移民大量前往美国、加拿大、
澳大利亚、西欧等国家和地区，侨汇的主要来源地逐渐转为欧美地区。
侨汇的数量也有很大的增加，尤其是进入 2000 年以后，仅半年时间侨
汇就超过了 20 亿美元，2003 年仅前半年就超过了 55 亿美元。与 1970
年之前每年 1—2 亿美元的侨汇额相比有了巨大的增长。2010 年世界银

① 张广利：《引进外资中海外华人社会资本的功效研究》，博士学位论文，复旦大学，
2004 年，第 1 页。

② David Greenaway, Priydarshini. A. Mahabir, Chris Milner, *Does the Presence of Ethnic Chinese in Trading Partner Countries Influence Bilateral Trade Flows with China?* Leverhulme Centre for Research in Globalization and Economic Policy (GEP), University of Nottingham, September 2007.

③ Ting Gao, "Ethnic Chinese Networks and International Investment: Evidence from inward FDI in China", *Journal of Asian Economics*, Vol. 14, 2003, p. 623.

④ Marketa Geislerova, "The Role of Diasporas in Foreign Policy: The Case of Canada", *Central European Journal of International and Security Studies*, Vol. 1, No. 2, 2007, p. 98.

行 *Migration and Remittance Factbook* 显示，中国当年接收侨汇 510 亿美元，在全世界接受侨汇的国家中排名第 2，仅次于印度。

山岸猛发现，中国改革开放以来，依赖海外侨汇的侨户越来越少，然而侨汇的数量却有增无减。这主要是由于海外向国内亲属汇款的目的在逐渐趋向多元化，其中有一部分参与了中国国内的资本市场；大量外资以"侨资"的名义流入中国资本市场。侨汇在全球化的华人跨国商业社会网络之中产生了新的变化，它不再是单纯地从海外汇到侨乡资助家乡、延续宗族的主要经济手段之一，而是以"侨资"的名义参与中国的资本市场，从而成了华人资本跨国流动的载体和渠道之一。随着资本国际化的发展趋势，侨汇发展进入了新的阶段，在更为复杂和深入的层面上影响着中国的发展。[①]

由于新移民的不断涌入以及中加之间华人投资的快速流动，中加之间的贸易额从 20 世纪 90 年代中期开始快速增长：从 1995—2005 年，两国的贸易额从 80 亿加元增加至 300 亿加元；从 2003 年开始，中国成为加拿大第二大贸易国。加拿大在中国的投资，十年内增加了 15 倍，到 2002 年达到了 6.67 亿加元；而中国在加拿大的投资，也从 1991 年的 5400 万加元，升至 2004 年的 2.2 亿加元。[②]

进入 21 世纪以来，加拿大华人投资全球化的发展趋势进一步加强。加拿大华侨华人的这种跨国经济行为是华侨华人多重需求的结果，同时也是华人资本国际化流动的结果。这些华人资本高度流动，在全球范围内分散投资，平衡收益和风险，这种发展趋势令 21 世纪加拿大华人的商业跨国性凸显。

二　加拿大华人跨国企业家

华侨华人日益频繁的跨国商业及投资行为造就了跨国企业家这一群

[①] ［日］山岸猛：《新阶段的侨汇与新移民》（下），《南洋资料译丛》2008 年第 2 期。

[②] 《加拿大中国移民促中加经贸发展》，2007 年 5 月 17 日，中国经济网（http：//www. ce. cn/cysc/main/jtfzspsy/shwll/200705/17/t20070517_ 11390695. shtml）。

体。跨国企业代表了一种新的经济形式，它既非企业家祖籍国的经济，也并不完全从属于东道国的经济，而是一种具有跨国主义特征的经济活动方式。跨国企业活动进程必须同时具备三个相关联的要素：第一，在不同国家对资源的控制；第二，在不同国家的战略性管理能力；第三，创造并把握在不同国家机会的能力。① 跨国移民企业家指的是那些"自雇的移民，其商业活动需要频繁地旅行于国外；其成功取决于在另一个国家（尤其是祖籍国）的接触和联系"。② 这一群体不同于早期的劳工移民，也与传统的以东道国当地市场为对象的少数族裔企业家不同。他们是全球化时代产生的社会群体，具备"跨国企业家精神"。经营跨国企业是一种学习的过程，跨国企业家在跨国运营过程中获得经验与成长，他们勇于冒险，成为在外国建立、整合和维系企业的社会人。③

对于跨国移民企业家群体来说，仅仅关注他们在祖籍国或者东道国的经济活动无法展现他们实践的全貌。从某种程度来说，当代新移民的跨国企业家本身就是一种跨国建构的产物。跨国移民企业家不仅仅自身具有跨国教育和经历、具备跨国商业和文化领域的知识，其建立的企业的资金来源、原料产地、劳动分工、市场安排也具备鲜明的跨国特征；此外，在企业治理方面体现出包括高层管理人员在内的家族主义，其跨国色彩亦十分浓厚。这些跨国企业家在与不同的国家和商业网络频繁互动中建构出具有跨国主义特征的行为与思维方式。

华商历来是中加两国之间非常活跃的跨国群体。进入 21 世纪以来，中国与加拿大之间的贸易量不断扩大，经济技术合作日益深入，华商资本以及商业网络在其中起到了重要的促进作用。他们活跃在加

---

① Henry Yeung Wai – chung, *Chinese Capitalism in the Global Era*：*Towards Hybrid Capitalism*，London：Routledge，2004，p. 118.

② Alejandro Portes，William Haller，Luis Guarnizo，"Transnational Entrepreneurs：An Alternative Form of Immigrant Economic Adaption"，*American Sociological Review*，Vol. 67，2002，pp. 278 – 298.

③ Henry Yeung Wai – chung, *Chinese Capitalism in the Global Era*：*Towards Hybrid Capitalism*，London：Routledge，2004，p. 119.

拿大和中国两国的商业领域之中，利用迅速发展的通信和交通技术，在中加两国（甚至第三国）之间编制了一张巨大繁复的商业社会网络，汇聚了强大的经济社会资本，促进了两国经济互惠互利，形成了良性互动的共生关系。比如，香港的华人移民企业家动员他们在香港的企业在不列颠哥伦比亚开展生意①；还有一些移民会回到祖籍国，带去新的商业联系。②

随着中国大陆新移民的不断到来，加拿大华侨华人的跨国经济活动日益活跃深入。相对于老一代移民而言，新移民中的跨国商业群体具备了双文化和双语的能力，他们的生活与事业的主导方式是一种持续不间断的跨国活动。在这些活动的基础之上产生的跨国知识令这一群体产生了"既在此处、又在彼处"的心态，对他们的商业活动产生直接且重要的影响。这种跨国性特征因此成为跨国企业家及其企业的比较优势：跨国企业家具有的基于跨国教育与经验的信心，来自跨文化背景的管理人员以及跨国市场经营和劳动分工成为其显著的特征。这些跨国企业家以及创业者通过自下而上、由内及外的方式从结构上将海外华人社会与祖籍国中国连接起来，并从中获取经济与社会效益。

加拿大亚太基金会在 2008 年的一份报告中指出，拥有国外教育背景的中国跨国企业家是华人社群中非常独特的一个群体。与传统的贸易中间商或者归国的移民相比而言，他们拥有更多专业知识及其相关的国际经验，同时也拥有在注重根植于加拿大的同时将加拿大融入跨国商业活动之中的强烈企图。③ 林晓华等的研究发现，受过高等教育的华人跨

---

① Lloyd L. Wong and Michele Ng, "Chinese Immigrant Entrepreneurs in Vancouver: A Case Study of Ethnic Business Development", *Canadian Ethnic Studies/Études Ethniques au Canada*, Vol. 30, No. 1, 1998, pp. 64 – 85.

② Sami Mahroum, "Highly Skilled Globetrotters: Mapping the International Migration of Human Capital", *R&D Management*, Vol. 30, No. 1, 2000, pp. 23 – 31.

③ Xiaohua Lin, Jian Guan, and Mary Jo Nicholson, *Transnational Entrepreneurs as Agents of International Innovation Linkages*, Asia Pacific Foundation of Canada, Research Report, December 19, 2008.

国企业家在联结加拿大和中国的创新活动中起到了不可替代的作用。[1]
这些华人跨国企业家以加拿大为基地，通过在加拿大和中国的商业活
动，建立以及维持着创新的联系；这些创新进一步降低了在两国开展商
业活动的成本，促进了两国的经济发展。[2] 此外一些华人跨国企业家还
会选择再次回到中国，他们被一些研究者称之为"回流跨国企业家"。
近年来，这一群体的数量和影响在不断地增长，在中国境内形成了一个
独特的加拿大华人社群。王辉耀、崔大伟以及林晓华联合展开的一项针
对华人回流企业家的研究显示，这一群体由于拥有国外一流大学的学历
以及跨国公司的工作经验，在技术引进、管理经验、金融运作等方面对
中国企业和投资"走出去"起到极为关键的推动作用。[3]

如果我们将视野再放大一些，就会发现中国的快速发展极大地提升
了这一跨国新移民精英群体的活跃程度。华人的跨国企业家精神的彰显
是在与两个（甚至多个）国家和社会网络的多层面互动过程中实现的。
国家通过自上而下的垂直权威体系与平行的跨国华人网络建立共生关
系，并通过在政策等方面的倾斜和扶持，为跨国企业家的成长提供了不
可或缺的条件；而后者的壮大又反过来加强了国家在公共领域的主导作
用，使之能够在其进入国际经济领域的过程中获得一个崭新的平台。

进入 21 世纪以来，这些华人跨国企业家的跨国联系比以往任何历
史时期都显得更为密集和强烈。他们频繁往来于温哥华，中国北京、香
港、台北等这样一些网络节点城市，从全球活跃的经济以及稳定的政治
中获益。对于这个群体来说，"生活在祖国之外"的模式取代了早期思

---

[1] Xiaohua Lin, Jian Guan and Mary Jo Nicholson, *Transnational Entrepreneurs as Agents of International Innovation Linkages*, International Research Institute, Ted Rogers School of Management, Ryerson University, December 2008.

[2] Kenny Zhang, *Multi - stream Flows Reshape Chinese Communities in Canada: A Human Capital Perspective*, Asia Pacific Foundation of Canada, Presentation to The 5th WCILCOS International-al Conference of Institutes and Libraries for Chinese Overseas Studies – Chinese through the Americas, UBC, Vancouver, May 16 – 19, 2012, p. 15.

[3] Huiyao Wang, David Zweig & Xiaohua Lin, "Returnee Entrepreneurs: Impact on China's Globalization Process", *Journal of Contemporary China*, Vol. 20, No. 70, 2011, pp. 413 – 431.

乡的情怀，建构出新的独特的生活与交往方式。

三　华人跨国商业社会网络

华侨华人长期的跨国商业社会行为在东道国和祖籍国之间形成了错综复杂的商业社会网络。华人向来被认为是比较依赖于民族资源的社群，各种形式的社会与商业网络是华人经济活动的重要组成部分，在华人移民社群中扮演着不可或缺的角色。① 人际关系是华人社群中非常重要的一种资源。通过共同的文化、语言以及社会网络，全球华侨华人在世界经济中构建起联系紧密的社会网络。华人的经济社会网络存在已久，它是基于华人的"亲缘、地缘、神缘、业缘、物缘"为内涵的五种社会文化关系之上发展形成的经济社会关系网络。② "五缘"是中国人社会结构和人际网络的一种客观存在，并潜移默化为大国小家统一融合的黏合剂。这种关系随着历史的发展相应的进化，最终形成联结海外华人的经济社会纽带和网络。③

在东道国，随着技术移民、专业人士以及商务人士的不断到来，民族资源的重要性日益凸显。对于华人企业家而言，民族网络在其商业的运行中起到了积极的推动作用——无论是对于商业的初建还是合作性的活动都是这样，关键是这种模式打破了在东道国由于种族歧视而带来的限制。华人移民会根据自身不同的特点，选择进入不同的社会网络来获取资源：有些人会直接进入家族企业的网络当中；④ 对于那些进行专业

---

① Muhammad Raza-Roderic Beaujot &Gebremariam Woldemicael, "Social Capital and Economic Integration of Visible Minority Immigrants in Canada", *International Migration & Integration*, Vol. 14, No. 2, 2013, p. 266.

② 张颖：《华人社团与华人华侨文化认同探析》，《中华文化》2012 年第 3 期。

③ 贺灿飞、王俊松：《社会文化联系与香港对外贸易》，《经济地理》2008 年第 1 期。

④ Ping-Chun Hsiung, *Living Rooms as Factories: Class, Gender, and the Satellite Factory System in Taiwan*, Philadelphia: Temple University Press, 1996. Gary Hamilton ed., *Business Groups and Economic Development in East Asia*, Hong Kong: Centre of Asian Studies, University of Hong Kong, 1991.

产品的销售与服务的人来说，从同业网络中会得到更有用的帮助。[①]

近年来，很多研究者意识到社会网络因素在华侨华人成功的商业活动中的重要作用。早期的华侨华人研究关注企业家群体本身，将他们刻画成勇敢的、野心勃勃的自我实现的个体；但是近期对这一群体的研究开始侧重他们与社群之间的关系。[②] 移民企业家会充分地利用民族社群的内部网络以及他们与祖籍国之间的联系开展他们的商业活动。这一网络主要是由家族关系、同学关系、民族联系以及跨国关系构成的。[③] 这个网络会向企业家提供来自本民族或者家族的诸如劳动力、资金、信贷等商业资源，[④] 承担着诸如信息交流、纠纷协调、资金融通、人员推荐等多种经济社会功能。[⑤] 华人商业社会网络的运行以人际关系为基础，强调诚信和信誉，[⑥] 会惩罚那些破坏这种规则的个体或者团体，将他们排除在社群的商业活动之外。随着全球化的深入发展，华人商业社会网络和民族经济逐渐突破了原有的族裔范围，华人社群的商业社会网络呈现出跨国性的发展。迅速发展的通信技术以及商务旅行促进了跨国网络的发展。资本和人口在网络中快速流动，商业人士从中迅速辨认和捕捉商业机会。劳赫与特林达德认为，华裔的民族网络"可能是世界上最大

① Martin N. Marger, Constance A. Hoffman, "Ethnic Enterprise in Ontario: Immigrant Participation in the Small Business Sector", *International Migration Review*, Vo. 26, No. 3, 1992. Paul Westhead, "Survival and Employment Growth Contrasts Between Types of Owner – Managed High – Technology Firms" *Entrepreneurship: Theory & Practice*, Vol. 20, No. 1, 1995.

② Howard Aldrich and Martin Ruef, *Organizations Evolving*, London: Thousand Oaks, California: Sage, 2006.

③ Barry Wellman, Wenhong Chen and, Weizhen Dong, "Networking Guanxi" in Thomas Gold, Douglas Guthrie and David Wank eds., *Social Networks in China: Institutions, Culture and the Changing Nature of Guanxi*, Cambridge, UK; New York: Cambridge University Press, 2002, pp. 221 – 41. Siu – lun Wong and Janet W. Salaff, "Network Capital: Emigration from Hong Kong", *British Journal of Sociology*, Vol. 49, No. 3, 1998.

④ David Ley, "Explaining Variations in Business Performance Among Immigrant Entrepreneurs in Canada", *Journal of Ethnic and Migration Studies*, Vol. 32, No. 5, 2006, p. 744.

⑤ 贺灿飞、王俊松：《社会文化联系与香港对外贸易》，《经济地理》2008 年第 1 期。

⑥ Gordon Redding, "Overseas Chinese Networks: Understanding the Enigma", *Long Range Planning*, Vol. 28, No. 1, 1995.

的、最国际化的一系列相互关联的商务与社会网络"。①

　　加拿大华侨华人的经济社会网络关系是全球华人网络的一部分。历史上的华侨华人，为了能够在加拿大严重的歧视与排斥的社会环境中生存发展下去，亲戚、族人、同乡之间相互联系帮扶，形成错综复杂却又紧密相连的华人社会网络。老一代华侨华人在中加两国之间的商业活动也在很大程度上依赖这一历史形成的网络。第二次世界大战结束以来，华侨华人在全球的商业活动逐渐活跃。在加拿大，20 世纪 80 年代中期开始的商业移民项目吸引了大量的中国香港、中国台湾以及中国大陆的商业人士，联结这些商业移民的资本网络进一步扩展和强化了业已存在的华人商业社会网络，同时也活跃了加拿大华侨华人的国内、国际商业活动。跨国商业社会网络的形成和存在已经成为中加两国经济社会关系相互依存的重要特征之一。

　　巴里·威尔曼和陈文宏研究了加拿大华侨华人企业家及其所属的跨国商业社会网络。通过调查研究发现：平均每个华侨华人企业家的社会网络中有 34 个联系人，其中 20 个居住在加拿大，另外 14 个居住在包括中国在内的世界其他国家和地区。在加拿大华侨华人企业家这个群体之中，跨国企业家（35%）的比例要高于国内企业家（26%），② 他们与中国的联系也比加拿大国内的华侨华人企业家更为密切。这些跨国企业家可能居住在加拿大，也可能居住在中国。很多跨国企业家从事中加之间的商品、服务、技术、知识以及文化贸易，他们所涉及的跨国商业的类型包括国际贸易、金融、通信、旅游、教育、媒体以及移民服务。

　　跨国华侨华人企业家的跨国商业社会活动进一步密切了两国关系，促进了两国之间的贸易。很多研究者发现华人的跨国经济社会网络有利于两国之间的双边贸易。海外华侨华人通过其在海外建立的各种正式的

---

　　① 　James E. Rauch and Vitor Trindade, "Ethnic Chinese Networks in International Trade", *The Review of Economics and Statistics*, Vol. 84, No. 1, 2002, p. 116.

　　② 　Wenhong Chen and Barry Wellman, *Doing Business at Home and Away——Policy Implications of Chinese - Canadian Entrepreneurship*, Asia Pacific Foundation of Canada, April 2007, p. 18.

以及非正式的组织，实现了信息的交流与共享；他们之间通过良好的自身信誉或者圈内朋友的引见达成交易，极大地促进了所在地区对外贸易的发展。① 加拿大亚太基金会在 2007 年发布的一份关于加拿大华人企业家的报告指出，超过七成的华人加拿大跨国企业曾经协助过加拿大商界在其祖籍国（主要指中国）开拓商机，或是协助祖籍国的企业到加拿大开展生意，为加拿大的经贸发展做出了很大的贡献。② 这份报告还做了一个统计：加拿大平均每增加 1000 名来自中国的移民，中加之间的贸易额就会上升 7 亿加元。该报告形容亚裔加拿大人是加拿大扩展海外贸易的"并不秘密的秘密武器"。③

　　除了个人的跨国联系，海外华侨华人更多的是通过组织的方式与祖籍国建立持续稳定的沟通与联系。高婷注意到，很多海外华人的社团想要建立他们的成员与祖籍国之间的联系；一些社团为此组织了代表团，与祖籍国展开贸易以及商业对话。④ 近年来，华人政商精英以及跨国企业家主要通过加入各种商业和专业性的华人社团及协会，参与中加之间商业贸易关系的组织、沟通和协商之中。根据加拿大亚太基金会 2004 年的一项调查，加拿大华侨华人跨国企业家中有 45% 都是商业协会的成员；在加拿大的 85 个华人商业协会中，超过半数的协会宣称他们的大部分会员从事跨国商业活动。⑤ 巴里·威尔曼和陈文宏的研究指出，加拿大的民族商业和专业协会在促进跨国的技术、专业以及知识的交流

① David Greenaway, Priydarshini A. Mahabir, Chris Milner, *Does the Presence of Ethnic Chinese in Trading Partner Countries Influence Bilateral Trade Flows with China*? Leverhulme Centre for Research in Globalization and Economic Policy (GEP), University of Nottingham, September 2007.

② 这份报告名为《跨国移民企业研究》(*Transnational Immigration Entrepreneurship Study*)，由加拿大社会科学与人文科学研究会 (Social Sciences and Humanities Research Council of Canada) 资助，加拿大亚太基金会进行研究。

③ 《促中加贸易：每千名中国移民为加国带 7 亿贸易额》，2007 年 5 月 18 日，广东侨网 (http://www.gdoverseaschn.com.cn/qw2index/2006xwzx/2006xwzxgl/200705180008.htm)。

④ Ting Gao, "Ethnic Chinese Networks and International Investment：Evidence from Inward FDI in China", *Journal of Asian Economics*, Vol. 14, 2003.

⑤ Asia Pacific Foundation of Canada, *The Role of Asian Ethnic Business Associations in Canada*, Canada Asia Commentary, No. 35, 2004.

方面起到了积极的作用。很多协会的目的就是"帮助移民将他们在太平洋两岸的优势结合起来"。① 这些协会能够将加拿大官方、中国官方以及华人企业和社团协会的资源力量整合在一起，提供沟通交流的平台，在促进了加拿大华人企业发展的同时，也让加拿大官方和社会对于中国的发展情况与战略有了深入的了解。

进入 21 世纪，中国政府从全球战略布局的视野出发，将其数量巨大的海外华侨华人纳入其国家发展和国际战略之中。越来越多的华侨华人社团积极寻求参与中国政府对其海外族裔的动员或者相关战略方案之中，其跨国活动日益活跃。近年来，加拿大重要的华人综合性社团以及新出现的专业类社团都会积极寻求与加拿大政府和中国政府的联络与合作。他们将自身视为中加双边关系中的社会经济力量，向中国政府介绍推广自己。一些社团积极参加中国政府举办的各类面向海外华人的论坛等活动，这类活动非常重要，因为中国主办方往往会邀请加拿大华人政治、商业以及社会精英，各方会在一起讨论促进两国关系的各类议题。华人社团参与其中，以这些活动为平台，联系结识华人精英人士、相关的决策者以及其他的中国工商业机构。

除了与中国政府的联络对接之外，加拿大华人商业与专业社团还与中国的非政府组织、社会团体等社会力量展开互动、建立联系。这些跨国活动的主要目的是探讨一些具体的合作沟通方式以促进中加关系的发展。每年都有大量的加拿大华人社团前往中国展开各种类型的社会活动，推进中加两国之间的商业技术交流。与传统的华侨华人社团不同的是，这些社团日益突破地缘、血缘的限制，具有鲜明的专业背景特征，其成员大部分都是受过高等教育的专业人士；社团的活动范围突破老一代华侨华人的传统领域，涉及多元化的行业；此外社团管理符合时代潮流，具备时代精神，更受年轻华人的欢迎。很多此类社团是由来自中国

---

① Wenhong Chen and Barry Wellman, *Doing Business at Home and Away—Policy Implications of Chinese-Canadian Entrepreneurship*, Asia Pacific Foundation of Canada, April 2007, p. 17.

大陆的新移民创办的，如加拿大华人专业人士协会（The Chinese Professionals Association of Canada），中加科学与技术协会（Canada – China Society of Science and Technology），加拿大华人生物医学与制药协会（Canadian Chinese Biomedical and Pharmaceutical Association），蒙特利尔清华校友会（Montreal Tsinghua Alumni Association），加拿大华人 IT 专业人士协会（Canadian Association of Chinese IT Professionals），加拿大华人建筑行业协会（Canada China Building Industry Society），加拿大华人教授协会（Association of Chinese Canadian Professors）等。这些社团具有全球视野，热衷于同中国进行多种形式的互动，积极参与各种跨国会议及活动，推动专业交流。很多社团通过跨国的科学与技术合作、人才交流以及归国创业等方式活跃在中加之间。[①]

例如，加拿大华人专业人士协会，它成立于 1992 年，最初由 5 位来自中国大陆，并在加拿大学有所成的专业人士发起创建。它是加拿大同类行业协会中最大的一个，拥有超过 1.6 万名会员（其中大部分集中在安大略省）。该协会创立以来，主要的目的是促进加拿大华人专业人士之间的交流合作，此外也积极地参与促进中加的知识与经济交流活动中。该协会拥有一个国际交流与合作中心，每年都会派出若干加拿大的商业代表团去中国参观工业园区以及科技园，参加加拿大的高科技出口与贸易展，此外还会与加拿大以及中国的中央或者地方政府展开联系。该协会与加拿大的各个大学保持着良好的关系，经常为中国政府以及企业界量身定做各种领域的专业培训。与此同时，中国各级地方政府也在该协会设立海外人才联络站，招贤纳才，组织专家来中国考察、应聘。截至目前，中国已经有广东省、济南市、宁波市、丹阳市、镇江市、舟山市等 7 个省市在加拿大中国专业人士协会设立了海外

---

① 加拿大中国专业人士协会（http://ymcanada.com/business – website/www. chineseprofessionals. ca）。

联络站。① 除了专业领域的相互交流之外，加拿大华人的专业人士组织还会参与支持商业活动与交流、慈善等社会活动。

此外还有中加贸易理事会，该机构为加拿大在中国的公司以及中国在加拿大的公司提供双向的服务，它的目的是促进和加强中加之间的投资。该协会拥有 300 多个加方和中方的会员。其成员遍及温哥华、多伦多、北京和上海。中加贸易理事会与中加两国政府保持着良好的关系，经常邀请两国政要出席该协会组织的一些旨在促进两国商贸关系的活动。

在过去的 30 多年间海外华侨华人社团出现了全球化发展的趋势。自 20 世纪 90 年代以来，世界各地的华侨华人社团大约召开了 100 多个规模庞大的国际会议。在此基础之上建立了一些长期性的国际协会和组织。这些机制建立的目的是促进海外华侨华人内部及其与祖籍国之间的商业与社会文化联系。这些华人社团在组织、领导、赞助社团的全球化发展中起到了重要的作用。在很多时候，这些非政府行为体自身所具备的高效、专业、良好的信誉等，令他们成为"理性的软实力"，在某种程度上能够获得很高的信任度。② 一些社团在联系东道国社会与祖籍国社会方面作用积极，很多活动受到来自于政府的大力协助与推动。③ 比如，1997 年在温哥华举办第四届世界华商大会，时任加拿大总理克雷蒂安以及若干内阁部长参加了此次会议，并发表了《加拿大与华商》的演讲。④ 当第六届世界华商大会在中国召开的时候，中国前总理朱镕基到会并发表演讲。2013 年 6 月，加拿大中国国际总商会组织了加拿

---

① 加拿大中国专业人士协会（http：//ymcanada. com/business－website/www. chinesepro-
fessionals. ca）。

② 郑华：《新公共外交内涵对中国公共外交的启示》，《世界政治与经济》2011 年第
4 期。

③ Hong Liu, "Globalization, Institutionalization and the Social Foundation of Chinese Business Networks", in Henry Wai－chung Yeung and Kris Olds, eds., *Globalization of Chinese Business Firms*. New York：St. Martin's Press, 2000.

④ Hong Liu, "Old Linkages, New Networks：The Globalization of Overseas Chinese Voluntary Associations and Its Implications", *The China Quarterly*, No. 155, 1998, p. 587.

大华商代表团参加了 9 月在中国举办的第 12 届世界华商大会。这是加拿大代表团第三次参加华商大会。通过这一全球性的平台，加拿大的华商将自身融入全球商业贸易的流动之中。

　　跨国商业社会网络为加拿大的华商开辟了更好的社会流动路径，创造了更好的商业机会。华侨华人政商精英、商业与专业社团协会等非政府机构参与并主导的跨国活动呈现网络化发展的模式。在这一网络之中，多种行为体之间存在着资源的交换与利益的重叠，使得这种网络关系能够相互依存且维持稳定。在中加关系进一步发展、商贸往来进一步密切的背景之下，这种由加拿大的华侨华人企业家（包括跨国企业家）以及相关团体建立和编织的跨国商业社会网络已经成为一种跨国发展的经济战略，进一步加深了两国之间商贸关系的复杂性与相互依存度。加拿大华侨华人及其经济活动通过这一跨国商业社会网络，深度嵌入中加两国的国家与社会关系之中，成为两国全球化进程的一部分。

第二节　加拿大华侨华人的跨国政治参与

　　早期海外华侨在东道国的政治活动与祖籍国（中国）密切相关。因为那些在民族主义驱动之下的挽救国家民族危亡的跨国政治参与是他们在异乡抵御歧视、寄托乡愁的途径之一。第二次世界大战结束之后，由于同时受到东道国和祖籍国政治变化的影响，华侨转变为华人。在政治认同转变的背景之下，华人在东道国获得公民地位，中国成了海外华人"想象中的祖国"——一个令他们可以强调和延续自身文化根源的精神故乡。冷战结束以来，大量中国人移居海外，已经在中国完成社会化的这一新移民群体逐渐产生了独特的双重认同，这成为他们在积极参与东道国政治生活，同时又保持对中国议题敏感的心理基础。整体而言，海外华侨华人的政治参与由于与中国产生了联系而在本质上具有了跨国性的特征。对于当代华人移民来说，这一跨国性体现出鲜明的全球化时代特征：当代华人移民将中国视为抵御自身在东道国被边缘化、获取上向社会流动途径的重要资源，而日益强大的中国足以向她的海外族群提供这种资源和依靠。对于当代华侨华人来说，关注中国就是关注自身。

一　加拿大华侨华人的政治参与

纵观加拿大华侨华人的政治参与史，涉及祖籍国（中国）的议题总是与华侨华人的政治参与如影随形。早期的华侨既无可能也不热衷于参与加拿大国内政治，这和加拿大政府与社会彼时对华侨的歧视与限制有关。19世纪末期，加拿大排华情绪严重，除了颁布臭名昭著的《人头税法案》之外，剥夺华侨的选举权是很多排华势力不断推进的政治目标之一。本来在1875年之前，不列颠哥伦比亚省的法律规定在本殖民区住满三年或者一年并宣誓效忠和居留的外国人可以拥有英国臣民的全部权利，一部分华侨通过这一法令获得了英国臣民的地位，因此被列入不列颠哥伦比亚的选民名单中。但是在排华势力的推动下，1875年，该省通过了《选民资格和登记法》，剥夺了入籍华侨的选举权。[①]彼时的加拿大华侨，连基本的公民权利都无法保证，遑论政治参与。

由于长期客居他乡，加拿大华侨华人的政治参与之途充满艰辛坎坷。对于早期的加拿大华侨来说，在这样恶劣的社会政治条件之下，加拿大华侨用自己的方式默默抗争这一不公平的体制。他们无法通过常规的选举来表达自身的政治诉求，因此往往通过请愿、抵制和罢工罢市等非常规性的政治参与来表达自身追求平等公民待遇的意愿。充满歧视与敌意的社会环境进一步强化了华人的中国认同，尽管无法通过参与加拿大政治来追求平等的权利，华侨却通过成立各类社团组织来共同抵御外辱，在观念和行动上表现出强烈的祖籍国倾向。他们将自身视为"旅居

[①] 黄昆张、吴金平：《加拿大华侨华人史》，广东高等教育出版社2001年版，第77—79页。

过客"，希望自己叶落归根，心中念念不忘故乡。

加拿大华侨的这种中国认同是他们在 19 世纪末到 20 世纪 20 年代在加拿大遭受不公正待遇的一种应激反应：他们强烈地感受到作为一个弱国国民的悲哀，期待中国的振兴与强大可以改变他们在海外的命运。因此，从 20 世纪初期开始一直到第二次世界大战结束，加拿大华侨在爱国主义和民族主义情感的推动之下，积极关注甚至参与中国巨大的政治变迁之中，辛亥革命、抗日战争等这些重大的中国政治事件之中都能够看到他们活跃的身影。在这一历史进程中，加拿大各地的中华会馆、华人政党、洪门团体、慈善机构等都曾通过声援、捐款甚至亲自参与等方式积极参与中国的国内政治。可以说，这是加拿大华侨早期的跨国政治参与活动。

第二次世界大战结束之后，加拿大华侨华人生存的政治社会条件有了巨大的改变。1947 年，加拿大取消了排华法，允许中国移民入籍；与此同时，由于中国颁布了新的《国籍法》，不再允许海外华人保留双重国籍，因此绝大部分的加拿大华侨选择入籍成为加拿大公民，加拿大华人社群开始了从华侨社会向华人社会的转变。这一政治认同的转变对于华人来说意义重大，他们开始停止将自身视为"旅居者"，开始了在加拿大"落地生根"的生活，其政治参与也成为可能。20 世纪 70 年代，加拿大开始推行多元文化主义国策，推动了国内少数族裔和移民社群更为平等的公民权利的发展。

在这一阶段，加拿大华人参政的视线开始转向加拿大国内，主要是以争取华人在加拿大更为平等的公民权利为目的而展开各种类型的政治参与。华人社团表现积极，他们常常就某些涉及华人社群利益的问题向社会展开呼吁、向政府展开游说，以期推动相关政策的出台。从 20 世纪 50 年代开始，陆续有华人参选加拿大各级议员，同时担任政府各级部门的公职人员的数量也在增加。

这一阶段华人政治参与的著名案例就是华人社团推动的"人头税"议题，成为加拿大华人社会在维护争取自身权益方面取得的重大胜利。

1984 年，全加华人协进会联合其他华侨华人社团发起了要求加拿大政府就"人头税"问题向华人赔偿的运动。至 1990 年，他们已经与加拿大联邦政府进行了 4 次交涉，要求尽快答复并满足华侨华人的愿望。1990 年 10 月 21 日，有 50 多个团体组成了多伦多华侨华人"人头税"委员会，随后加拿大各地也纷纷成立类似的组织。在几次全加华侨华人的代表会议上，都将"人头税"问题作为重要的议题来讨论并形成决议，与政府交涉。1992 年 7 月 5 日，不列颠哥伦比亚省"人头税"后裔联盟发动 500 人在温哥华举行了游行示威。2000 年 12 月 18 日，全加华人协进会代表"人头税"纳税人及其家属，正式起诉加拿大政府司法部，但是败诉。2005 年 11 月 24 日，自由党政府保罗·马丁派多元文化国务部部长陈卓愉与全加华人联合会签署"人头税"解决协议，其中包括增加拨款 250 万加元资助加拿大华人移民史教育项目，取代正式的道歉和赔偿。全加华人协进会坚持平反与道歉，同时要求直接向个人赔偿。最终华人社团和华人各界历经 20 多年的活动与游说，在 2006 年得到了满意的回答。加拿大保守党总理史蒂芬·哈珀在 6 月 22 日代表加拿大政府用广东话向来自全加各地的一百多名"人头税"缴纳人、遗孀及后裔代表道歉，并承诺对仍在世的"人头税"苦主及遗孀进行补偿。①

在加拿大现行的社会政治体制之下，除了积极维护自身公民权利之外，投票选举是非常重要的主流政治参与方式，也是加拿大社会各方力量表达诉求的常规政治方式之一。就正式的政治参与来说，华人作为一个社群积极组织参与加拿大政治选举是从 20 世纪八九十年代开始才进入较快的发展阶段。华人投票率一直不高，但是在某些特定议题上展开政治动员，也能够影响决策。比如 20 世纪 90 年代中期，在魁北克独立

---

① Peter S. Li, "Reconciling with History: the Chinese – Canadian Head Tax Redress", *Journal of Chinese Overseas*, Vol. 4, No. 1, 2008.《多伦多把每年 6 月 22 日定为华裔加人人头税平反日》，2006 年 6 月 29 日，中国新闻网（http://www.chinanews.com/huaren/mzhrxw/news/2006/06 – 29/750798.shtml）。

问题上，华人意识到，由于魁北克排斥亚裔情绪强烈，如果该省独立，华人将难以立足，于是华人反对独立。在全加华人联合会等华人社团的组织和号召下，1995 年 10 月 30 日举行的全民公决中，华人踊跃投反对票，该省华埠天主教堂地区的华人 100% 投了票，其中 99% 反对独立。多伦多市华人也组成支持加拿大统一行动委员会，全加华人联合会号召华人对魁省独立投反对票。结果全国反对魁省独立派赢得胜利。①

自 20 世纪 90 年代以来，随着大量拥有知识、技术和财富的华人新移民的到来，加拿大华人社会转变为以中产阶层为主的社会，华人参政意识日浓。这一阶段，涌现出越来越多的华人政治精英，专门的华人政治社团（包括政党）开始出现，加拿大华人在各种方面以各种途径展开了族裔政治参与。

近年来，加拿大政坛涌现出越来越多的华人政治精英，他们成为华人社群在加拿大政治体制中的代言人。这些政治精英往往是曾经的商界精英或者学界精英，他们成功跻身于核心决策圈内，大大加强了华人社群的政治话语权，对提升华人在加拿大的社会形象、争取族裔合法权益有着不可替代的重要作用。自 1957 年第一位华人郑天华当选为加拿大国会议员至今，② 已有 140 多位加拿大华人精英当选或被委任为各级政府公职人员，有的还曾多次当选或被委任。③ 1990 年之后，加拿大华人精英开始更多地出现在加拿大的高层政治舞台上。根据万晓宏的统计，从 1957 年至 2011 年，通过选举成功担任联邦国会众议员的华人精英人士有 32 人。④ 在 2015 年的联邦大选中有 28 位华人候选人，创历史新高，最后有 6 人胜出进入国会，其中谭耕成为首位进入国会的来自中国

① 黄昆章、吴金平：《加拿大华侨华人史》，广东高等教育出版社 2001 年版，第 282—283 页。

② 李未醉：《加拿大华人参政之我见》，《八桂侨刊》2007 年第 1 期。

③ 万晓宏：《当代加拿大华人精英参政模型分析》，《华侨华人历史研究》2012 年第 3 期。

④ 万晓宏：《当代加拿大华人精英参政模型分析》，《华侨华人历史研究》2012 年第 3 期。Jerome H. Black, "The 2006 and 2008 Canadian Federal Elections and Minority", *Canadian Ethnic Studies*, Vol. 41, No. 1 - 2, 2009, p. 79.

大陆的华人移民议员。① 除联邦层面外，从 1971 年至 2012 年，总共有 15 位华人精英人士通过选举担任加拿大各省议员。其中包括土生华人，也包括来自中国大陆、香港的新移民。②

　　与通过选举进入加拿大主流政治体制的华人相比，通过委任方式担任加拿大联邦政府公职的华人还不是很多。1993 年，国会众议员陈卓愉被委任为加拿大外交与国际贸易部亚太事务部部长，并于 1997 年获得连任，是第一位联邦内阁华人部长；1999 年，伍冰枝被委任为加拿大第 26 届总督，是历史上首位华人总督；2004 年，国会众议员陈卓愉又被委任为加拿大多元文化部部长；2006 年，国会众议员庄文浩先后被委任为哈珀内阁枢密院主席和加拿大首位华人正部长——联邦政府事务兼体育部长；2008 年，国会众议员黄陈小萍被委任为多元文化国会秘书，2011 年连任后被委任为老年事务国务部部长；2011 年当选国会众议员的梁中心被委任为多元文化国会秘书，接替黄陈小萍。自 2004 年以来，每届联邦内阁至少有一位华人部长，现已成为惯例。③ 近年来，通过委任方式担任各省市政府公职的华人精英人数在逐渐增加，这是加拿大华人社会政治地位提升的重要标志。

　　除了政治精英之外，加拿大的各类华人社团也积极参与社会政治事务，维护权益、促进华人社群发展。随着华人在加拿大社会地位的逐步提高，参政逐渐成为加拿大很多华人社团的重要工作之一。很多华人社团的例行会议常常是就事关华人重大问题进行讨论，之后往往形成书面材料递交政府，内容涉及华人在加拿大的方方面面。此外，就某些华人社会普遍关注的议题，社团往往会组织华人通过非选举的方式向政府和

---

　　① 他们分别是黄陈小萍（Alice Wong）、关慧贞（Jenny Kwan）、庄文浩（Michael Chong）、陈家诺（Arnold Chan）、陈圣源（Shaun Chen）与谭耕（Geng Tan）。《加拿大联邦大选近 30 名华人角逐议员 6 人胜选》，2015 年 10 月 21 日，腾讯网（http://info. 3g. qq. com/g/s？aid = news_ ss&id = news_ 20151021018080）。

　　② 万晓宏：《当代加拿大华人精英参政模型分析》，《华侨华人历史研究》2012 年第 3 期。

　　③ 万晓宏：《当代加拿大华人精英参政模型分析》，《华侨华人历史研究》2012 年第 3 期。

社会表达诉求。很多社团是非政治性的，他们往往是因为暂时性的政治议题展开行动或者联合，因而其社会政治影响力是不确定的。自 20 世纪 90 年代以来，华人新移民成立了很多非政治性的、有影响力的华人社团，在维护华人利益方面都有比较强的共识，这成为它们在很多政治性议题上合作的基础。

华人参政运动走向真正意义上的政治行动是在居住国组建全国性的华人政治团体。加拿大历史上曾经有一些华侨政党和政治组织，如康有为在维多利亚建立的"保救大清光绪皇帝会"、同盟会、国民党、致公党、宪政党等，但是这些政党主要涉及当时中国的国内政治，而不是以参与加拿大政治为目标。[①] 自 20 世纪 90 年代以来，加拿大华人政治性社团开始迅速发展。多伦多华人进步保守党、多伦多自由党、安大略自由党卫星联盟、安大略华人参政助选委员会、华人团结参政运动、加拿大华人参政同盟、多城洪门民治党、全加华人协进会、加拿大自由党协会、加拿大华人保守党协会等，这些社团专门从事参政活动，在加拿大华人的参政过程中发挥着领导作用。

2007 年 6 月 8 日，一个由加拿大华人筹组及主导的政党"民族联盟党"正式宣告成立。该党于 2007 年年初开始筹建，于 4 月下旬依照加拿大党团登记法在不列颠哥伦比亚省获得合法地位。建立初期，"民族联盟党"登记党员数量仅 20 人。党员数量相较于不列颠哥伦比亚省近 40 万华侨华人和全加拿大百万华侨华人，几乎处于忽略不计的范畴，但因为是加拿大第一个华人组建的党团，还是引起了轰动。[②] 该党的宗旨是各民族团结平等。该党创办人兼党首陈卫平表示，希望通过该政党的政治力量来维护加拿大华人的权益，提高华人的海外声望和政治地位。该党的目标直接针对 2008 年不列颠哥伦比亚省的省选和市选。

---

① 黄昆章、吴金平：《加拿大华侨华人史》，广东高等教育出版社 2001 年版，第 137—150 页。

② 和静钧：《用政治自由享受政治民主——加拿大华人组党启示录》，《南风窗》2007 年 8 月（下）。

2008 年省选之时，该党的党员数量达到 200 多人，发展迅速。

加拿大华人社团的参政组织和动员是推进华人社会政治地位与影响力的主要方式。以社团的形式参与政治有很多好处，比如社团有更强的目的性、组织性和凝聚力，更能向政府反映华人的呼声，维护增进华人权益。在加拿大的政治体制中，族裔组织的影响力在某种程度上体现了族裔社群的组织能力，能够更有效地推动族裔成员的政治参与。从加拿大国内政治社会体制的角度来看，族裔组织能够充当政府与族裔社群及其成员之间的中介：对于个体而言，族裔组织能够代表个体向政府表达诉求、实施监督；对于政府而言，能够通过族裔组织就政策议题了解公众意见、展开咨询。① 在加拿大华人参与社会政治事务的发展进程中，华人社团组织将发挥愈发重要的作用。

加拿大华人参与主流政治是他们融入本土社会、获得认同与发展的重要途径，这一实践本身并不具备跨国主义的特征。经过几个世纪的不懈努力，华人在加拿大的政治生活中终于占有一席之地。跻身加拿大政治精英之列、融入主流社会政治体制是华人能够展开其他政治参与活动、实施影响力的重要基础。

二　加拿大华侨华人关注中国议题

冷战结束以来，大量中国人移居海外。已经在中国完成社会化的这一代新移民逐渐产生了独特的双重认同，这成为他们积极参与东道国政治生活，同时保持对中国议题敏感的文化心理基础。整体而言，海外华侨华人的政治参与由于与中国产生了联系而在本质上具有了跨国性的特征。

进入 21 世纪以来，加拿大华人参政有了进一步的发展。在华人社群所关注的各类社会政治议题中，与中国相关的议题往往受到更多的关注。这在加拿大华人的各类政治参与中有很明显的体现。从普遍意义上来说，作为投票人的华人关心加拿大政府的所作所为，同时也关心加拿

---

① 罗俊翀：《美籍华人与美中关系》，博士学位论文，暨南大学，2008 年，第 57 页。

大和中国之间的关系。根据 2008 年温哥华的一份华文报纸在联邦选举前所做的一项民意调查显示，42%的华人受访者将"加拿大与中国的关系"作为他们选择党派的最重要议题。[①] 在加拿大的大选中，民众对某一议题的主流看法会凸显出来，成为大选的核心议题。自 20 世纪 90 年代以来，中加关系进入快速发展期，尽管期间不乏复杂阻碍，但是中国之于加拿大的重要性却在不断上升。因此，如何看待对华关系，会展开何种对华政策往往成为选举期间一些参选精英必须向其选民表达说明的重要议题。

近年来，随着加拿大华人社群中中国大陆新移民数量的大规模上升和他们对祖籍国（中国）的高度关注，华人社群所表现出的支持中加友好关系的态度对加拿大各个政党及其参选政治精英产生了影响。例如，在 2008 年加拿大联邦大选中，对华政策成为各党竞选要义。加拿大联邦保守党自 2006 年 1 月上台后，在发展对华关系上着墨不多，尤其在处理北京奥运会和西藏问题上引起广泛争议，无法体现出中加两国政府在 2003 年确立的战略伙伴关系。因此当时媒体预测，在即将举行的大选中，华人选民有可能通过选票表达对保守党对华政策的不满。面对舆论压力，被指两年多来"冷淡"中加关系的加拿大总理哈珀在大选一开始就到访一家华人家庭，力求在中加关系议题上得分。他在接受华文媒体采访时首次表达访华意愿，并强调一旦连任将致力于改善中加关系。在联邦大选最终投票日前一周，加拿大各大政党纷纷大打"中国牌"，中加关系成为该届大选各党领袖的"必答题"。联邦自由党党领狄安强调自由党与中国长期的友好关系，做出承诺，如果当选加拿大总理，他将在半年内访问中国。反对党党领林顿在接受此间媒体采访时也表示，如果自己当选总理，将尽早访问北京。他还向华人选民做出保证，将推动移民法修正，建立更方便的签证制度。加拿大知名时事评论

---

① "Canada – China Relation Dominates Chinese Voters' Mind: Poll", *Chinese in Vancouver*, September 22, 2008. 转引自 Kenny Zhang, *Flows of People and the Canada – China Relationship*, Canadian International Council, China Papers, No. 10, May 2010, p. 20.

员丁果对此现象评论道："中国是加拿大任何执政党都不能忽视的。无论大选结果如何，中加关系将会发生很大变化。"①

　　加拿大政治精英对华人社区这种关注中国议题的政治倾向了然于心。近年来，政治精英开始利用加拿大大选，突出"中国议题"，塑造民众对中国的关注和友善的态度，以及亲近中国的政策立场与舆论导向，以期获取更多的选票资源。在 2011 年加拿大大选中，多伦多的华人团体举办辩论会，邀请加拿大四大政党（保守党、新民主党、自由党、魁北克集团）重要代表出席，阐述各党的竞选纲领，倾听华社诉求。其中中加关系、移民政策是重要议题。② 华人选民会根据这些竞选纲领来了解每个政党及其上台之后的对华政策，以此作为投票的依据之一。虽然华人社群内部由于来源、代际等因素情况复杂，但是支持对华积极友好政策的华人以及华人团体是主流力量。

　　参选的华人政治精英更是将中国议题融入他们的竞选纲领之中，试图将自身的族裔特征与国家利益统一在一起，以获得政治上的认同。多伦多惠柳第选区保守党国会议员候选人梁中心公开表示，加拿大国会并没有一份详尽的中国问题政策，这主要是政府决策者当中华人少，对中国没有了解所致。他认为在 21 世纪，中国是加拿大非常重要的出口市场，也是加拿大海外投资和海外移民、留学生的重要来源国，两国在经贸、社会、文化、政治等诸多领域都有广阔的合作空间。因此他参选的目的就是致力于担当华人社区与政府之间的桥梁，将加拿大华人的声音带入渥太华国会山庄，以及进一步增进中加两国的关系。③

---

　　① 《加中关系成加拿大大选中各党党领的"必答题"》，2008 年 10 月 9 日，中国新闻网（http：//news. 163. com/08/1009/09/4NQ7SCUL000120GU. html）。

　　② 《加大选华社积极参与表诉求，纷筹办竞选晚会辩论会》，2011 年 4 月 11 日，中国新闻网（http：//www. chinanews. com/hr/2011/04－11/2964362. shtml）。

　　③ 《梁中心三度征战国会，呼吁华人积极参政》，2011 年 4 月 15 日（http：//newstar. superlife. ca/2011/04/15/% E6% A2% 81% E4% B8% AD% E5% BF% 83% E4% B8% 89% E5% BA% A6% E5% BE% 81% E6% 88% 98% E5% 9B% BD% E4% BC% 9A－% E5% 91% BC% E5% 90% 81% E5% 8D% 8E% E4% BA% BA% E7% A7% AF% E6% 9E% 81% E5% 8F% 82% E6% 94% BF/）。

华人政治精英会通过正式或者非正式的渠道来表达他们对中国议题的重视。目前看来，无论是通过选举还是委任进入加拿大政界高层的华人政治精英，都将中国视为自身重要的政治资源，因此都对加拿大对华政策保持敏感，十分重视中加关系。尽管这些华人议员分别来自于加拿大不同的党派，但是绝大部分均能够适切反映华人社群的声音，推动中加关系向正面发展。随着中加两国关系的进一步深入发展，许多华人政治精英立足于自身政治职位，在加拿大各级政府部门以及国会中宣传两国友好合作的理念，推动对华交流与沟通的各项政策的建立与实施，在加拿大政治体制的核心层面影响着对华政策与中加关系。

加拿大前总理哈珀2013年任命的华人参议员胡子修，① 在得知自身即将被委任为参议员之后当即表示，履职之后希望能够促进加拿大农产品在中国的销售，以及加拿大在中国的食品企业的合作投资。② 2009年，加拿大华人国会议员邹至蕙针对中加达成的特许旅游目的地协议提出建议，认为加拿大应当改善现行的探亲签证申请制度来配合这一协议。③ 同年，加拿大国会议员黄陈小萍在列治文策划了如何增进中加关系的圆桌会议，特别邀请了加拿大移民部部长康尼参加，听取华人小区建言。④ 除了联邦华人政治精英，加拿大地方政府中的一些华人政治精英也在省、市级层面积极致力于推动地方政府与中国的联系交往。2010年，安大略省内阁改组，华人省议员陈国治出任安大略省旅游文化厅厅长。⑤ 在中加两国2010年6月签署《关于便利中国旅游团队赴加拿大旅游的谅解备忘录》（简称ADS）之后，陈国治为促进安大略省旅游，不

---

① 胡子修是继1998年任命的利德惠之后的加拿大第二位华人联邦参议员。

② 《加拿大华人参议员胡子修盼更多农产品销往中国》，2014年1月30日，中华人民共和国商务部网站（http://www.mofcom.gov.cn/article/i/jyjl/l/201401/20140100478192.shtml）。

③ 《配合加中旅游协议，加华人议员促改探亲签证制度》，2009年12月6日，中广网（http://www.cnr.cn/gundong/200912/t20091206_505717929.html）。

④ 《加拿大移民部长：华人是加中关系最重要的桥梁》，2009年11月1日，中国新闻网（http://news.ifeng.com/world/200911/1101_16_1413834.shtml）。

⑤ 《加拿大安省内阁改组，陈国治调任旅游及文化厅长》，2010年1月20日，中国新闻网（http://www.chinanews.com/hr/hr-mzhrxw/news/2010/01-20/2081380.shtml）。

断奔走于中加两国之间。在这位华人议员与文化厅厅长的努力之下，在2010年10月，加拿大安大略省省长道尔顿·麦坚迪率领安大略省政府经贸代表团访华，与中国河南省、山东省和江苏省签署一系列旅游备忘录。①

华人政治精英不仅仅关注涉及中加关系的议题，还会关注一些国际上的涉华议题。2007年，日本首相安倍晋三公开否认第二次世界大战的慰安妇史实，引起全球正义之士同声谴责。加拿大华人国会议员邹至蕙在"三八妇女节"宣布将会向国会提出动议，要求哈珀政府谴责日本首相安倍晋三对慰安妇问题的不实之词，并做出道歉。加拿大不列颠哥伦比亚省华人社团"抗日战争史实维护会"会长列国远支持邹至蕙，呼吁不列颠哥伦比亚省华人团结站出来抗议，向所属选区的国会议员反映事件，要求议员们向总理哈珀表达华人的意见。从2007年3至11月，加拿大的华人社团通过种种政治性活动——如华人社团联合签名、亚裔社团在媒体刊登广告、在日本驻加拿大使馆前静坐等方式——敦促加拿大国会通过慰安妇议案。最终，2007年11月28日，加拿大议会一致通过了"291动议"（Motion 291），敦促日本向第二次世界大战期间的外国"慰安妇"给予"正式与真诚"的道歉。②"291动议"的通过是加拿大华人政治精英与团体联合起来对加拿大对外政策施加影响的结果。③

随着加拿大华人政治精英人数的不断增加和华人社群参政热情的提升，将会有更多来自华人社区的声音进入加拿大的政治核心与决策层面，对其政策产生影响。在加拿大现行政治体制之下，华人政治精英往往能够代表华人社群，将其对华政策的态度与诉求传达到政府的核心部门之中，因此对加拿大对华政策决策产生一定的影响。随着20世纪90

---

① 《加拿大安大略省与中国多个省份签署旅游协议》，2010年11月1日，新华网（http://news.xinhuanet.com/travel/2010 – 11/01/c_ 12725164.htm）。

② "Canada MPs Demand Japan Apologize to WWII 'Comfort Women'", November 28, 2007, *AFP*（http://afp.google.com/article/ALeqM5g2W6b2AKn18yWn – ZEnS9YdknaDBg）.

③ "Motion 291 'Comfort Women'", November 28, 2007, Canada ALPHA（http://www.chineseinvancouver.ca/2007/11/motion – 291 – comfort – women/）.

年代以来加拿大大陆新移民数量的不断增加，华人社群对中国议题愈加
关注，华人政治精英目前的对华态度也在很大程度上反映了加拿大华人
社区的这种发展趋势，并且采取越来越多的积极行动以推进加拿大对华
政策与中加关系的良性发展。

　　除了华人社会关注、精英推动之外，华侨华人对加拿大对华政策的
影响还反映在华人社团采取积极的政治行动主义，营造形成议题的决策
环境与氛围，制造与推动涉华社会政治议题的形成。自 20 世纪 90 年代
以来，随着加拿大移民数量的进一步增加以及社会结构的变化，加拿大
对外政策的决策机制更为注重引入社会力量，政府会通过诸如伞形组织
这样的相关机制向社会团体展开政策咨询与对话。如今加拿大的对外政
策决策进程更为分散，这样的机制更为丰富，令包括华人在内的少数族
裔有机会向联邦政府的对外政策输入影响。

　　伞形组织机制是一种在政府指导下的对外政策决策影响机制。在这
一机制中，加拿大政府选择主动去掌控它与社会力量之间的关系。因
此，联邦政府会选择那些在加拿大对外关系中拥有利益的重要的社会组
织，着力打造它们与联邦政府之间的良好关系。伞形组织一般包括了大
部分在特定领域内比较活跃的利益集团。这些组织拥有各种各样的资
源，能够通过与政府的特定行政部门之间保持持续的、合法的联系，在
对外政策进程中发挥"外部官僚机构"的作用。[1] 尽管这些组织在特定
政策结果上的影响力不同，但是普遍来说，它们都从与政府机构的这种
联系中获得了很多益处。这些伞形组织能够"保持对机密信息源的独有
的接近权；同时保有将这一信息传递给决策者的独有的提供者的地
位"[2]。因此，这些信息的传递和交换成为这些组织影响政策决策的独

---

[1]　John Kirton and Blair Dimock, "Domestic Access to Government in Canadian Foreign Policy Process 1968—1982", *International Journal*, Vol. 39, No. 1, Domestic Sources of Canada's Foreign Policy, 1983/1984, Winter, p. 91.

[2]　John Kirton and Blair Dimock, "Domestic Access to Government in Canadian Foreign Policy Process 1968—1982", *International Journal*, Vol. 39, No. 1, Domestic Sources of Canada's Foreign Policy, 1983/1984, Winter, p. 91.

特方式。

加拿大有近 400 个华人社团，① 并非每个社团都能够成为伞形组织。只有那些在华人社群具有较为广泛的影响力和代表性的大型社团才能够成为伞形组织。与普通的华人社团相比，这些组织往往秉持更为积极的政治行动主义原则，在影响加拿大对华政策与中加关系方面扮演独特的角色。比如 1980 年建立的全加华人协进会（Chinese Canadian National Council），② 是第一个能够在加拿大国家层面上代表加拿大华人的全国性组织。③ 它主要关注华人社群如何全面融入加拿大社会之中；与此同时寻求与促进均衡和全面的中加关系。④ 全加华人协进会是一个由专职人员组成的社团，在伞形组织机制的框架之下，这一华人社团与加拿大政府展开接触与互动：双方听取相互意见，互派代表参与对方会议与活动。该社团曾经主要关注加拿大国内政治，近些年来也开始涉及加拿大对外政策与国际关系领域。比如他们经常与加拿大外交与国际贸易部在国际发展的议题与案例上展开对话。在对华关系方面，他们会定期发起圆桌会议，为政府提供关于中加关系的建议。除了中加关系议题，对于与华人相关的议题该组织也会给予关注。比如，在印尼总统苏哈托政权的最后几年中，印度尼西亚的人权议题受到了广泛的关注，该组织曾经积极地游说政府关注印尼针对华人的种族暴力的特殊议题，并提交请愿书。⑤

---

① 万晓宏：《当代加拿大华人参政分析》，《世界民族》2011 年第 4 期。

② 全加华人协进会曾经叫作"平权会"（Chinese Canadian National Council for Equality）。

③ 最初在加拿大政府面前代表华人的协会是贸易协会以及中华慈善协会（Chinese Benevolent Associations），曾经前往渥太华就"人头税"问题以及其他歧视性立法展开过游说。随着 1908 年中国领事馆的成立，CBA 与领事馆合作，但是彼时并无全国性的 CBA 去整合地方的 CBA，即使是在抗议排华法案的时候，加拿大的华人也并没有形成一个全国性的组织。详见 Linda Serna Blanshay, *The Nationalisation of Ethnicity: A Study of the Proliferation of National Monoethnocultural Umbrella Organizations in Canada*, Ph. D. Dissertation, University of Glasgow, January 2001, p. 295.

④ Chinese Canadian National Council（http: //www. ccnc. ca/about. php）.

⑤ Michael Szonyi, *Asian - Canadians And Canada's International Relations*, Foreign Policy Dialogue Series, Asia Pacific Foundation of Canada, November 2003, p. 8.

　　此外，全加华人联合会也是非常重要的一个伞形组织。1992 年以平反"人头税"全加华人代表大会为契机成立的全加华人联合会，最初由 280 多个华人社团组成，是华人移民加拿大 100 多年以来首个全国性的华人组织。其宗旨是促进华人团结合作、集合华人的资源和力量，维护华人在加拿大应有的权益；倡导华人在文化、教育、社会、经济和政治方面的活动；加强其他族裔社区对华人文化及传统的了解和认识；对加拿大的团结、繁荣以及多元文化的社会做出贡献；对华人融入主流社会，推动华人参选参政，发挥华人对社会发展的贡献方面，发挥作用、做出贡献。随着自 20 世纪 90 年代以来中加两国之间的密切交往，全加华人联合会也开始将注意力更多地转向中加关系。2012 年，全加华人联合会在多伦多召开全国代表大会，庆祝该组织成立 20 周年。在这次会议上，该组织决定战略性地转变工作重心：今后该组织的任务将是重点促进中加关系发展及两国文化交流，促进华人社区与当地各族裔民众和睦相处，鼓励华人积极参与当地政治、经济、文化及社区事务，更充分地行使加拿大华人的平等权利。[①] 全加华联总会将一些华人社区的议题提升到更高的层面去解决，比如汶川赈灾、争取中医中药以及针灸在安大略省的立法等；此外还带头发动了很多有利于华人合法利益和中加友谊的活动。作为重要的伞形组织，全加华联常常参加各种类型的圆桌会议，向政府传达华人社区的声音，提供对华政策的相关意见。比如 2012 年，全加华联的执行主席蔡宏安参加联邦新民主党在温哥华召开的移民圆桌会议，就加拿大的对华移民政策提出意见。

　　加拿大华人社群是一个极为复杂的社群，其中除了全加华人协进会这样的主流华人组织之外，还有一些华人的政治性社团在加拿大政府的对华政策与对华关系中施加负面影响。这些社团往往打着所谓"促进中国人权"的幌子，就中国的很多内政问题对加拿大政府施压，进行破坏

---

　　① 《全加华人联合会将着力推动加中关系发展》，2012 年 9 月 9 日，新华网（http://news. xinhuanet. com/overseas/2012 - 09/09/c_ 113009620. htm）。

中国国家统一、民族团结的活动。这些社团以及组织大多奉行政治上的"行动主义"，在某些议题上甚至比其他主流华人社团更为活跃，但是他们所提出的一些不利于中加关系的提议并没有被加拿大政府完全接受。实际上，这些社团由于缺乏正当性，加之自身水平有限，其影响力也非常有限。①

总体而言，在目前加拿大政府的"伞形机制"下，华人社群能够通过相关的渠道对加拿大政府的对华政策与关系产生多元化的影响。由于这些社团本身的状况以及与政府谈判的能力与水平良莠不齐，他们产生的影响并不均衡。目前看来，在中加关系中起到积极正面影响的华人团体依然是主流。这一情况也符合加拿大的对华利益。加拿大的外交政策必然同时反映出国内和国际的双重利益，最终的政策是双重利益权衡的结果。加拿大 GDP 的 45% 都依赖于国际贸易这一点就决定了加拿大在对外政策上倾向于实施与中国友好、对中国重视的策略。这也有利于那些积极推进中加友好的华人社团的发展。对于这些华人社团来说，关注中国与加拿大关系，就是关注他们自身。

三　加拿大华侨华人关注跨国政治议题

对于海外华侨华人来说，中国作为一个遥远的祖籍国总是与他们的社会政治参与如影随形。早期华人在爱国主义和民族主义驱动之下参与中国国内政治是他们在异乡抵御歧视的手段和途径。第二次世界大战结束之后，华侨成为华人，在政治认同变换的同时，中国成为海外华人"想象中的祖国"，使他们延续和强调自身文化根源的精神故乡；冷战结束以来，大量在中国完成社会化的华人移居海外，他们在全球化时代独特的双重认同成为促使他们展开跨国政治参与的心理基础，中国依然是他们关注的"彼处"。整体而言，海外华人的政治参与由于与中国产

生了联系而在本质上具有跨国性的特征。对于当代华人移民来说，这一跨国性体现出鲜明的全球化时代特征：当代华人移民将中国视为抵御自身在东道国边缘化、获取上向社会流动途径的重要资源，而日益强大的中国足以向其海外族群提供这种资源和依靠。对于当代华侨华人来说，关注中国就是关注自身。

尽管如此，关注中国议题并不必然意味着实践了跨国政治参与。根据对跨国政治参与的狭义界定，跨国政治应当是散居者在东道国就与祖籍国相关的政治议题所采取的政治行为。[①] 因此，严格意义上来说，在加拿大华侨华人关注参与的众多涉华议题中，"反独促统"是最重要的跨国政治议题之一。

由于历史和现实的原因，加拿大的华人社会构成十分的复杂。这一社群既有不同的移民时期带来的代际特征，也有包括中国大陆、港、澳、台不同地区移民带来的来源特征，更有中国现当代历史的发展带来的社会政治特征。20 世纪 40 年代末中国国内政权更替在加拿大华人社会中产生了某种程度上的政治分裂，加拿大华人社群中出现了支持国民党的群体和支持共产党的群体。在 20 世纪五六十年代到冷战结束之前，这两种势力之间针锋相对，关系十分紧张。除了这两种持鲜明政治态度的群体之外，加拿大还有相当数量的华人及其社团对此议题持中立或者漠不关心的态度。尽管支持中国大陆和中国台湾的派别人数不多，且实力对比并不均衡，但是他们的情绪却足够强烈，以至于经常引起冲突，影响华人社区的团结。[②] 20 世纪 70 年代加拿大与中国建交，成为台湾当局重大的政治挫败，但是这种历史形成的政治上的分裂却依然以某种形式延续下来，一些以极端的"台独"组织出现，另一些成为今天台湾与大陆移民之间的潜在红线。"台独"群体在加拿大苦心经营，在华

---

① Eva Ostergaard – Nielsen，"The Politics of Migrants' Transnational Political Practices"，*International Migration Review*，Vol. 37，2003.

② 李未醉：《加拿大华人社会内部的合作与冲突研究（1923—1999）》，世界知识出版社 2007 年版，第 238—246 页。

人社群中制造分裂。近年来，随着中国大陆的迅速发展和大陆新移民人数的增加、包括台湾社会政治的进一步发展，两岸关系的良性发展、中国国家的和平统一越发成为加拿大华人社群关注的重要跨国政治议题。围绕这一议题，加拿大华侨华人中的"反独促统"力量发挥自身优势积极行动，在加拿大社会宣传中国和平统一的战略意图，同时坚决抵制各种类型的分裂势力。

目前，加拿大华侨华人参与"反独促统"活动主要是通过中国和平统一促进会（简称统促会）这一组织平台展开的。统促会是1988年中国23个民主党派和有关民间团体发起的旨在推动海峡两岸关系发展、促进中国和平统一的社会组织。统促会多年来高举和平统一的旗帜，团结一切拥护中国和平统一的海内外同胞。1999年8月，欧洲华人张曼新先生发起成立欧洲统促会，在此之后统促会逐渐发展成一个跨国社会组织，"反独促统"逐渐成为一项跨国运动。迄今为止，全球五大洲已经有80多个国家和地区成立了180多个统促会。①

加拿大的温哥华、渥太华②、多伦多和蒙特利尔一直以来都有各类"反独促统"性质的社团以及协会组织。2000年全球华侨华人"反独促统"大会在美国华盛顿举行之后，加拿大各个地区的华人统促会纷纷行动起来，于2001年10月13日在多伦多成立了加拿大华侨华人促进中国统一联盟，将加拿大各类"反独促统"的社会组织联合在了一起。该联盟呼吁海外华侨华人团结起来，反对"台独"势力，促进中国和平统一。该联盟的成立反映了加拿大华侨华人以实际行动投入全球华侨华人"反独促统"行列的意愿。该联盟的成立进一步增强和扩大了加拿大华侨华人"反独促统"工作的效率及影响力。③2006年6月18日，

---

① 潮龙起、魏华云：《跨国的政治参与：华侨华人的反"独"促统工作探析：以海外中国和平统一促进会为中心》，《理论学刊》2010年第6期。

② 加拿大首都渥太华地区的华侨华人2000年7月3日宣布成立加京华人中国统一促进会。

③ 《加拿大华人促进中国统一联盟成立》，2001年10月16日，人民网（http://www.people.com.cn/GB/paper39/4456/502201.html）。

加拿大首都的中国和平统一促进会（简称和统会）在渥太华宣告成立。和统会由加拿大首都渥太华地区各界华侨华人代表自发组织成立，其宗旨是坚持统一，反对"台独"，坚持团结，反对分裂。由于该协会处于加拿大首都政治中心渥太华，因此发挥了更为强劲的政治影响力。① 进入 21 世纪以来，由于加拿大华侨华人通过统促会、和统会这样的跨国社会组织平台，将其政治行动纳入全球华侨华人"反独促统"运动之中，因而具有了明显的跨国主义色彩。加拿大华侨华人通过与加拿大国内、中国甚至世界其他国家和地区的"反独促统"组织的跨国沟通与联系，影响和改变着加拿大国内对于中国和平统一议题的观念与实践。

在加拿大国内，统促会、和统会的活动往往会邀请加拿大民间"反独促统"的积极行动人士、加拿大政府官员、中国驻加拿大的政府官员或者中国国内的相关个人以及社团参加其会议或活动，力求将"反独促统"的精神推广到方方面面，扩大影响力，获取更多支持。2010 年 1 月 9 日，全加华人促进中国和平统一委员会（卡尔加里区）举办新年联欢会，时任中国总领事吴新建以及侨务领事李峰应邀出席。在这次联欢会上，大家批评美国向台湾出售武器严重违反中美三个联合公报特别是"八一七"公报原则，粗暴干涉中国内政，损害中国国家安全和台海和平稳定，为中华民族的和平统一大业设置障碍。同时也感谢多年来卡尔加里和埃德蒙顿的广大侨胞和统促会组织积极促进两岸交流交往，坚决反对"台独"等分裂活动，为营造两岸关系和平发展的有利环境发挥了重要作用。② 在一些事关两岸议题的敏感时刻，加拿大华侨华人的"反独促统"组织以及社团往往会奉行积极的行动主义原则，全加联动，举全加之力开展抵制"台独"支持统一的声援活动。如 2004 年 5 月，针对陈水扁充满台独色彩的"5·20 讲话"，渥太华、蒙特利尔、

---

① 《加拿大首都地区中国和平统一促进会在渥太华宣告成立》，2006 年 6 月 18 日，中国外交部网站（http://www. fmprc. gov. cn/mfa ＿ chn/wjdt ＿ 611265/zwbd ＿ 611281/t433147. shtml）。

② 《驻卡尔加里吴新建总领事出席卡华人促统会新年联欢会》，2010 年 1 月 12 日，中国台湾网（http://www. taiwan. cn/zt/gjzt/fd/asia＿ 3/fdct/201001/t20100114＿ 1222337. htm）。

多伦多等地的华侨华人多日连续举行反对"台独"促进祖国统一的座谈会。

　　加拿大统促会还非常注重与当地的台胞建立联系，将"台湾人"与"台独分子"区分开来，通过文化等方面的联络加深华人社群内部的了解和理解。加拿大统促会成立以来，支持台湾同胞参加大陆侨社，大陆同胞参加台湾社团，并邀请国民党和民进党在海外的党员、加拿大的亲台议员参加统促会的座谈会，[①] 争取加拿大台湾人社区中乐见两岸良性互动的人士支持。此外近年来，加拿大促统会也加强了与中国大陆相关团体协会的接触。并将加拿大的"反独促统"活动与中国以及世界其他地区的相关组织与活动联系起来，推进中国的和平统一事业。2008 年 10 月 22 日，在会长马清石的带领下，加拿大中国统一促进会与中国和平统一促进会在北京举行了会谈。[②]

　　进入 21 世纪以来，全球的华侨华人统促组织逐渐形成了跨国性全球组织架构，是一个上下统属、相互协调的组织系统。加拿大各级统促会成为全球统促机构与行动的地方性组织存在，它们与全球层面的统促机构在组织上相互联系、在工作上相互配合。目前全球五大洲大约有80 多个国家和地区成立了 180 多个统促会，规模十分巨大。其中美洲是比较集中的地区。这里既是台湾当局所谓"建交国"比较集中的地区，也是反对"台独"国际化图谋的前沿阵地，"统""独"两种力量的竞争和较量异常激烈。加拿大统促协会与其他各级协会联动，充分发挥自身作用，成为全球"反独促统"阵线的重要成员。

　　这种规模化、网络化的发展，直接促成了"反独促统"活动的全球互动发展趋势。例如，2004 年 1 月，针对陈水扁借"公投"企图分裂中国的"台独"行径，美东华人联合总会主办"台湾问题座谈会"，

---

　　① 潮龙起、魏华云：《跨国的政治参与：华侨华人的反"独"促统工作探析——以海外中国和平统一促进会为中心》，《理论学刊》2010 年第 6 期。[加] 车英麟：《两岸和平发展引领海外反"独"促统运动登新高》，《统一论坛》2009 年第 5 期。

　　② 《中国统促会与加拿大统促会北京座谈》，2008 年 10 月 22 日，网易新闻（http：//news. 163. com/08/1022/23/4OT6K24C000120GU. html）。

突出了"制止台独是当前一项紧迫的任务"这一主题。随即，加拿大全加华人促进中国统一委员会举行"台海两岸关系研讨会"，谴责陈水扁的做法。其他一些国家——如俄罗斯、英国等——的促统组织也纷纷展开声援行动。这一庞大的全球体系，相互联系、精诚合作，具有强大的网络优势。① 加拿大的促统网络密切关注台海关系和"台独""藏独""疆独"等分裂势力的动向与发展，及时调整工作重点，力求"反独促统"活动更加有效和有针对性。

加拿大华人社群是一个极为复杂的华人社群，这其中既有支持对华友好的积极力量，也有支持限华的消极势力。这些消极势力与其他华侨华人所持的文化与政治认同都大相径庭：他们以遏制中国甚至分裂中国为政治目标，通过加拿大的一些政策与机制寻找自身在加拿大对华政策决策的立足点，以求持续不断在加拿大对华关系中产生影响。冷战结束以来，很多类似的组织也实现了全球化的发展，建立了跨国的政治网络。这些跨国政治组织及其网络给中加关系和中国和平统一进程带来挑战。

诸如所谓"加拿大—台湾议会友好团"（The Canada – Taiwan Parliamentary Friendship Group），就是台湾当局试图通过其海外移民向加拿大释放其政治影响力的跨国政治参与团体。此外还有诸如"加拿大台湾公共事务协会"（Formosan Association for Public Affairs Canada）这样的"台独"组织。这些"台独"组织通过促进加拿大与台湾之间的经济、文化尤其是政治交流，其目的是使加拿大的政治家与决策者明了所谓"台湾人民的愿望"。此外还通过给加拿大议会的议员写信以及通过媒体传播等方式来支持国际范围内的"台独"活动。尽管由于中加之间长期比较良好外交关系的影响，中国台湾与加拿大议会的关系网在很长一段时期内受到了严格的限制，但是从 1997 年到 2009 年中国台湾开始

---

① 卓高鸿：《海外华侨华人在"反独促统"活动中的优势和作用》，《中央社会主义学院学报》2012 年第 4 期。

试图加入世界卫生组织以来，这种关系网又重新开始活跃起来。据统计，从1998年到2001年，"加拿大—台湾议会友好团"组织了总共69名加拿大议员访问中国台湾，试图收集这些议员支持台湾加入世界卫生组织的签名。[①]

进入21世纪，加拿大华侨华人中的"藏独""疆独"势力开始活跃，对中加关系产生了负面的影响。从20世纪60年代开始活跃的所谓"西藏流亡政府"，通过不断在各国以及地区设立所谓"驻外机构"，以及不断衍生出的一系列非政府组织——如"西藏青年大会""西藏妇女会""自由西藏学生会""前政治犯协会""西藏全国民主党"等，此外还包括达赖集团的"后援团"——"国际西藏运动""自由西藏运动""西藏委员会""西藏之友"等组织，连同西方院校里支持达赖集团的一些学生组织，编制了一张具有一定动员能力和跨国活动能力的"藏独"网络。加拿大近年来逐渐成为"藏独"势力在北美的重要据点，也是国际"藏独"网络中的重要节点。2006年加拿大保守党政府执政之后，对华政策趋向保守，哈珀及其政府的部分官员、国会议员以及媒体出于遏制中国的目的，在所谓"民主、人权"的旗号下围绕"西藏问题""台湾问题"等大做文章。加拿大议会授予达赖所谓"荣誉公民"的称号，哈珀本人更是在2007年公开会见达赖，并拒绝出席北京奥运会。[②] 实际上，真正支持"藏独"的所谓"流亡藏人"数量很少，但是他们经常制造事端，严重挑战了中加两国之间的外交关系。

此外，加拿大还出现了中国维吾尔族人的分裂势力。加拿大的中国维吾尔族人数量很少，但是近年来，受到"藏独""疆独"等国际反华势力的影响，在加拿大的一些"疆独"分子也开始活跃起来。和"藏独"类似的是"疆独"势力也在日趋国际化。比如，在所谓"世界维

---

① Myles Hulme, *The Canada - Taiwan Parliamentary Friendship Group*, Canadian International Council, China Papers, No. 15, July 2010, p. 19.

② Paul Evans, "Engagement with Conservative Characteristics: Policy and Public Attitudes, 2006 - 2011," in Pitman B. Potter and Thomas Adams ed., *Issues in Canada - China Relations*, Canadian International Council, 2011, p. 21.

吾尔人大会"的推动下，分裂分子在加拿大积极活动，贩卖所谓"维吾尔议题"，向加拿大驻联合国的外交官展开游说，使其代表在联合国人权事务委员会的"普遍定期审查"会议上发言时提到了所谓"维吾尔问题"。① 此外，一些中国的"疆独"分子，利用其在加拿大获得的公民身份大搞跨国分裂活动，挑战中国国家主权，给中加关系带来挑战。

与此相对应的是加拿大爱国华侨华人对这些分裂势力的抵制和斗争。进入 21 世纪以来，加拿大华侨华人中的新移民群体表现出更为鲜明的双重认同与参与行为。在一些议题上，他们往往表现出鲜明的跨国民族主义，不惮在公开场合大张旗鼓地表达自身对于中国的关切，以及对中国政府政策的支持。2008 年加拿大华侨华人自发地反对"藏独"分子破坏北京奥运会圣火传递的大规模游行就是一个经典的例子。

2007 年，在奥运会火炬传递即将进入西藏之际，加拿大国内一"藏独"组织——"自由西藏学生运动"——发言人拉顿德通②声称，该组织将在奥运会期间在全世界范围内发起抗议活动，并呼吁国际奥委会取消在西藏的火炬传递活动。③ 此次活动是与海外"藏青会"等"藏独"组织破坏中国奥运会火炬传递活动相呼应的。④ 2008 年 3 月 29 日，针对"藏独"分子在拉萨发动"西藏独立"和破坏奥运圣火传递的暴力骚乱事件，加拿大华侨华人在多伦多市中心，举行了"宣传西藏真相、维护祖国统一"的集会示威，大约有 1000 人参加。同时，在温哥华、蒙特利尔以及渥太华的华侨华人也分别举行了集会。4 月 13 日，由加拿大华人青年联合总会、中加企业家协会等 24 个华人社团联合发起，在渥太华国会山庄前广场举行全加拿大华侨华人"宣传西藏真相，

---

① 潘光、赵国军：《析"世维会"的国际化图谋》，《现代国际关系》2009 年第 9 期。

② 拉顿德通是加拿大籍藏族人，长期从事"藏独"活动。

③ 《"藏独"分子威胁扰乱下周火炬西藏传递》，2008 年 6 月 6 日，网易（http://2008.163.com/08/0606/00/4DNDJB8N00742437.html）。

④ 《"藏独"女头目密谋恐怖行动》，《环球人物周刊》2009 年第 7 期，人民网（http://paper.people.com.cn/hqrw/html/2009-03/30/content_266487.htm）。

维护祖国统一，支持北京奥运"的大型集会。当天，来自渥太华、温哥华、蒙特利尔、多伦多、魁北克、卡尔加里等十多个城市的华侨华人近万人，全场红旗飘扬，众人高唱中华人民共和国国歌，之后由召集人之一王家明宣读了《致联邦政府哈珀总理的信》。这次活动声势浩大，是海外华侨华人反对"藏独"、支持奥运的最大型的活动之一。加拿大华侨华人表达了对中国政府关于在奥运会期间对西藏抗议者强制取缔的支持，同时表示坚决维护中国主权。①

　　加拿大报纸《环球邮报》报道说："一场前所未有的支持中国的游行在民族媒体、网络论坛等展开。尤其值得注意的是4月份在渥太华的游行……其间有数以千计的华裔加拿大人手持旗帜，到议会山进行游行，表达对其祖国的支持。这一运动在整个国家都在展开，包括蒙特利尔、多伦多等这样的主要城市。一些曾经在渥太华参加了周六游行的人估计游行人数将近1万人。但这一游行几乎未受到英文媒体的报道。"②

　　整体而言，部分加拿大华侨华人在进入21世纪以来出现了跨国性的政治参与行为。在这些跨国政治参与中，由于加拿大华侨华人群体自身的复杂性及其与加拿大和中国之间的复杂互动关系，形成了多元的、对立的跨国政治参与行为。这种复杂的跨国政治参与局面是中加两国社会政治历史发展形成的，并进一步被国际形势的发展所推动和加强。对于当代华人移民来说，维护中国的主权和领土完整、支持中国的发展，是全球绝大多数华侨华人包括加拿大华侨华人在内的主流关注与诉求。一个强大的祖籍国是海外华侨华人抵御自身在东道国被边缘化、获取上向社会流动途径的重要资源，而日益强大的中国足以向其海外族群提供这种资源和依靠。对于当代华侨华人来说，关注中国就是关注自身。

---

　　① *Thousands Protest to Show Support for China*，April 13，2008，CTV［http：//www. ctv. ca/servlet/ArticleNews/story/CTVNews/20080413/OTT _ chinese _ prote st _ 080413/20080413？hub = CTVNewsAt11；Jack Jia，"Archive for Fenlei：Wotaihua 413 jihui，"（"Archive for Classification：Ottawa 413 Rally."）http：//blog. jackjia. com/？cat = 78］.

　　② Jessic Leeder，"Chinese – Canadian Diaspora Fostering Bond"，March 31，2009，*Globe and Mail*（http：//www. theglobeandmail. com/archives/article704140. ece）.

第三节 加拿大华侨华人的跨国社会文化交流

波斯特将散居者的跨国社会文化活动分为个体、社区、政府和跨国公司三个层面的活动。在个体层面的跨国社会文化活动包括移民个体回国探亲访友，移民与祖籍国的家庭、家族和朋友之间建立跨国联系，以及和祖籍国的宗教等方面的联系等。社区与社团层面包括跨国文化艺术交流活动，移民社区组织的传统节日庆典等。在政府和跨国公司层面的跨国社会文化交流包括国家级的文化艺术交流活动以及驻外使馆组织的文化交流活动等。总体而言，加拿大华侨华人在社会文化领域的跨国交流在个体、社区和国家这三个层面都有展开。进入 21 世纪以来，出于中国政府对侨务公共外交的重视，加拿大华侨华人社团与中国官方、半官方以及民间的社会文化交流活动的合作大大加强，促进了两国之间的跨文化交流与沟通。本节主要就政府和社区层面的跨国社会文化交流展开论述。

一 加拿大华侨华人的跨国文化交流

华侨华人是中加社会文化交流的主体，他们丰富多样的实践促进了两国社会的沟通与交流，进一步增进了双方的了解，深化了两国关系。目前在中加社会文化关系中，华侨华人主要依托社团组织及其相关机制，以社会文化主题活动为平台，整合中加民间与官方资源，积极开展形式内容丰富多样的跨国社会文化活动。

加拿大华侨华人常常以各类华人文化节日为契机，开展相关的纪念庆祝活动，邀请各界人士参加，促进沟通与交流。对中国传统文化节日的庆祝活动是加拿大华侨华人寄托乡愁、彰显族裔特色的重要社会文化活动。华人移民社团组织通常会在移居地社区举行各种形式的游行、庆典以及晚宴。出席这些活动的除了社区居民之外，往往还有当地政要、侨领以及中国驻加拿大的一些官方、半官方机构的工作人员。比如华人最重要的节日春节，在华人社团的推动之下，中国新年庆祝活动已经成为加拿大重要的社会节日之一。近年来，加拿大首都的华人社区把中国新年庆祝活动带进了加拿大国会，加拿大副总理、十多位部长、数十名议员和参议员多次应邀出席，与中国大使馆官员及华人社团代表数百人共同欢度春节。此外，每年中国的国庆日，加拿大华人社区也会大举庆祝，邀请加拿大各级政府官员及各界代表参加相关活动。

此外，各类华人社会机构还会积极推广中华文化在加拿大的传播，促进加拿大社会对华人族群在文化上的了解和认识。华文教育作为海外华人社会的重要支柱一直在华人社区中扮演文化传承与推广的重要角色，近年来，随着中国政府对海外汉语教育的重视，加拿大华文教育机构加强了与中国相关机构的合作与交流，加拿大华文教育的跨国性进一步凸显。越来越多华人创办的社会华文学校开始加强与中国大陆的联系，在中加交流中扮演中介者的角色。比如蒙特利尔佳华学校，这是加拿大最早由中国大陆赴加人士创办的中文学校之一，主要面向华侨华人子弟，开设从学前班到高中阶段的汉语普通话和简体字教育。从1994年创办至今，在校学生人数已由最初的四五十人发展到1600多人，成为加拿大东部地区华文教育的"龙头"。蒙特利尔佳华学校课程不仅有中文，还有数学以及围棋、武术、中国美术、中国音乐和中国文史等科目。2011年秋天，蒙特利尔佳华学校成为上海市侨办首批授予的两家"海外文化推广中心"之一。2013年，该学校的教师前往中国大陆参加由上海市人民政府侨务办公室主办的华文教师培训班。该校教师收入并不高，但是吸引了大批热心于传播中华文化的华人新移民前来工作，学校近100名教师几乎都毕业于国内名牌大学。①

除了常态化的文化传播机构以外，中加两国之间的社会文化交流活

---

① 《加拿大蒙特利尔佳华学校致力于华文教育传承中华文化》，2013年5月29日，新华网（http://news.xinhuanet.com/world/2013-05/29/c_115950888.htm）。

动也十分活跃。加拿大华人社团积极配合两国间的各类文化交流活动，为中国文化交流团体在加拿大的各类演出交流活动搭桥铺路，促进交流。一些华人社团组织利用他们与中国政府和民间文化团体的跨国联系，组织专业的艺术团体出访加拿大，在加拿大举行公演或者义演，许多加拿大华人社团也会前往中国参加在那里举行的文化活动。各类友好协会和华人文化艺术团体都致力于推动中加民间交流。这些活动吸引了加拿大公众的参与和广泛关注，比如中加文化发展协会，其宗旨在于交流文化艺术、巩固中加友谊，为加拿大的多元文化做出贡献。2007 年中加文化发展协会成立之后举办过各类文化艺术活动达几十项，足迹横跨加拿大中、东、西的十余个大中小城市，为当地的观众带去文化与艺术的视听享受。既让海外华侨华人感受到博大精深的中国文化，也令加拿大主流社会的观众大饱眼福。[1] 总部设在多伦多的中加文化交流协会，其宗旨是通过开展加拿大和中国之间的文化交流与合作，提升华人在加的文化生活，推动多元文化的发展，在社区创建和谐文化艺术交流与学习的氛围，繁荣文化事业，增进中加人民之间的相互了解与友谊。该协会长期受到来自加拿大各级官方的支持，同时也与各类中加友好团体、社会知名人士、各类企业文化协会建立良好的关系。曾经积极安排促进加拿大和中国之间的酒文化、美食文化、绘画陶艺文化的交流。同时也会定期安排组织加拿大的经济、企业、文化团体赴中国参加各类文化交流活动。[2] 加拿大文化类协会作为中加文化交流的平台，往往在其活动中邀请加拿大官方与民间以及中国官方与民间的人士参加其文化交流活动，通过这些活动，编织了一张覆盖中加两国的文化交流沟通网络。[3]

---

[1] 加中文化发展协会，Canada – China Culture Development Association（http：//cccda. ca/ zh/#whoweare）。

[2] 加中文化交流协会，Canada China Culture Excvhange Assciation（http：//www. cccea. ca/aboutus. html）。

[3] 详见外交部网站相关新闻报道（http：//www. fmprc. gov. cn/mfa_ chn/wjdt_ 611265/ zwbd_ 611281/t761612. shtml）。

自 2013 年以来，中加两国的文化交流活动一度达到高峰。按照中加两国领导人在 2012 年达成的开展中加文化交流系列活动的安排，2013 至 2014 年，在中国文化部、国务院侨务办公室、国务院新闻办公室等的支持下，"中国文化系列活动"以音乐、舞蹈、戏剧、展览等多种形式在加拿大多个主要城市举办。从中国顶尖、著名文化艺术机构，到一些地方艺术团体乃至中国驻多伦多总领馆都参与了这次系列活动。此次加拿大"中国文化系列活动"是两国关系史上迄今规模最大、水平最高的文化交流活动，创下了中加文化交流的新纪录。

中国与加拿大在完成 2013—2014 中加文化交流系列活动之后，双方又宣布 2015—2016 年为中加文化交流年，在这一年间，中国还有一些较大的团体来加拿大演出交流。同时，也会邀请更多加拿大的文化团体到中国交流访问。2015 年 4 月 13 日，"加中文化交流年"开幕仪式暨"河北文化周"活动在温哥华不列颠哥伦比亚大学陈氏中心隆重举行，中国文化部副部长丁伟、加拿大联邦长者事务部长黄陈小萍、中国驻温哥华代总领事樊晓东、不列颠哥伦比亚省国际贸易和多元文化厅长屈洁冰等大温哥华地区政商、文化、教育、媒体界约 150 余位嘉宾出席。2015—2016 "中加文化交流年"是 2014 年 11 月加拿大时任总理哈珀访华期间与中国总理李克强共同宣布为期两年的中加大型文化交流项目。2015 年是中加建交 45 周年、中加建立战略合作伙伴关系 10 周年，中加文化交流年必将促进双边文化交流深入展开，进一步加强双边战略伙伴关系。丁伟副部长表示中加文化交流年活动为期两年，中方文化交流活动将在温哥华、渥太华、蒙特利尔、多伦多等加国主要城市举办，策划中的活动包括 26 个大项目，百余场次，涵盖影视、体育、文学、表演艺术、文化机构交流、友城交流等。

加拿大华人社团在这些文化交流活动中扮演着积极重要的角色，他们是很多文化交流活动的发起者、组织者、沟通联络者。在 2015—2016 年中加文化交流年活动中，中加文化发展协会与中国对外文化集团公司、河北省文化厅一起成为中加大型文化交流活动的承办方。① 中加文化发展协会一直致力于中加文化发展与交流，已举办过两百余场文化交流活动，此次活动是中国对外文化与加拿大文化最为集中、系统的一次交流。

此外，为了迎接 2015 年中加文化交流年，以及世界反法西斯胜利70 周年，魅力中国、闽商总会、加拿大洪门以及环球华语电视台等华人社团与相关机构联合主办一场以祝贺新年为主题的足球杯赛，力图以足球这项世界最流行的代表阳光、健康，充满正能量的体育运动把社区和留学生群体有机紧密地结合在一起，展示海外华人团结、拼搏的正面形象。本次活动得到了中华人民共和国驻多伦多总领事馆、华人社区社团、留学生协会和组织、多伦多及周边华人媒体的大力支持。DCCC 杜兰中加文化中心、Centennial 华人学生会、George Brown 华人学生会、York 华人学生会、CCECU 中加企业资本联盟以协办的方式积极参与。加华新闻、加中时报、魅力中国中文电视、环球华语电视台、WOWTV、CCCTV 国际电视、红枫林传媒、多伦多网上电视、地产周刊、绿色生活、北美在线、都市生活网、名人名商周刊、生报、YorkBBS、加国无忧、星星生活周报等华文媒体也以传媒赞助的方式大力宣传报道。②

近年来，加拿大华侨华人社团开展了很多关注中国大陆议题的文化交流活动。比如为呼应 2015 年中国政府举办的纪念世界反法西斯战争暨中国人民抗日战争胜利 70 周年活动，加拿大华侨华人举行《和平颂》大型系列纪念活动，以期牢记历史、防止战争、捍卫和平。《和平颂》系列活动由加拿大福建社团联合总会和加拿大圆梦园艺术中心共同主办，纪念活动的重头戏《和平颂》大型音乐舞蹈史诗于 2015 年 6 月27 日在大多伦多地区密西沙加艺术中心上演，精选节目赴渥太华、温

---

① 《加中文化交流年在温哥华启动》，2015 年 4 月 15 日，国际在线（http://gb.cri.cn/42071/2015/04/15/8011s4933434.htm）。

② 《加中文化交流年，多伦多华社足球贺新春》，2015 年 3 月 10 日，北美在线（http://www.naol.cc/news/na/2015/03/10 - 1.htm）。

哥华、芝加哥、纽约等北美城市巡演。同时推出"历史文物及图片展",邀请加拿大参加第二次世界大战的华人老兵及各界人士举行多场研讨会,系列活动持续到 2015 年 12 月 13 日南京大屠杀死难者国家公祭日。《和平颂》大型文艺演出及其系列活动自 2014 年 11 月启动后,得到加拿大社会各界的积极支持,来自加拿大本地 30 多家艺术团体近600 位各族裔人士参与,其中包括不少中国港、澳、台地区华人。活动筹委会共同主席欧阳元森和张俭表示,联合加拿大社会各族裔人士举办《和平颂》大型系列活动,旨在纪念 70 年前在国家和民族危难之际,面对侵略者,世界爱好和平的人们同仇敌忾,英勇斗争,展开的一场波澜壮阔的伟大抗战,用鲜血和生命谱写出正义战胜邪恶、光明战胜黑暗、进步战胜反动的英雄史诗。中国人民抗日战争是世界反法西斯战争的重要组成部分,是世界反法西斯战争的东方主战场,抗日战争的伟大胜利,为世界反法西斯战争的胜利做出了巨大贡献。加拿大在世界反法西斯战争中也做出了重大贡献,有上百万加拿大男女军人走上前线(其中有 700 名华人),为和平和自由而战。其中 42000 名加拿大士兵阵亡,另有 55000 人受伤。希望纪念活动提醒后人铭记历史,意识到中加两国在战争中的合作,缅怀包括白求恩在内的先烈,启迪后代。这一活动受到来自加拿大和中国官方的大力支持。加拿大安大略省的议员代表、中国驻多伦多总领事都参加了该活动的新闻发布会。除《和平颂》活动之外,多伦多地区还将举办一系列纪念活动,展现多伦多地区和加拿大侨界的力量。①

　　华侨华人是连接中华文化与加拿大文化的中介与桥梁。尤其是各类文化类社团,以传承、发展、散播中华文化为己任,在各类平台上与加拿大社会与官方以及中国社会与官方展开文化的交流与沟通。在这些文化类社团的积极活动中,中华文化以更为清晰的面貌呈现在加拿大社会

---

① 《加拿大华人筹办"和平颂"大型活动纪念抗战胜利 70 周年》,2015 年 4 月 8 日,新华网(http://news.xinhuanet.com/world/2015 – 04/08/c_ 127666765.htm)。

公众面前，以无声的方式渗透影响着加拿大对中国与中华文化的印象、拉近加拿大与中国的距离。对中华文化的传承与传播成为两国关系中的核心内容与重要拓展渠道。国之交在于民相亲，而文化恰是沟通心灵的桥梁。社会文化交流活动促进了中加双方互相的了解，强调认同，避免在其他经济政治类活动中产生的误解。

目前，中加两国的文化交流活动向体系化、规律化、机制化发展，中加文化交流进一步深入。很多跨境文化交流活动已经以制度的形式被固定下来，成为联系两国社会的重要活动。加拿大社会文化类协会已经举办了数次大型"中国—加拿大文化对话"活动。2009 年 11 月，首届中加文化对话在北京人民大会堂举行，当年主题为纪念白求恩逝世 70 周年。2010 年 10 月中加建交 40 周年之际，两国文化对话活动移师加拿大首都渥太华，加拿大总理哈珀出席了对话开幕式。中国驻加拿大大使兰立俊出席此次对话活动。两天的对话和同时揭幕的"加中关系 40 周年回顾图片展"都是中加建交 40 周年系列庆祝活动的重要内容。加政府众议院领袖贝尔德、前副总理科普斯、前驻华大使以及外交国贸部、遗产部和文化教育界、学术界、商界等代表 150 多人出席。兰大使与加拿大政府众议院领袖贝尔德在会上发表了主旨演讲。[①] 2012 年 6 月，第三届"中国—加拿大文化对话"在北京举行，对话主题为"中加文化交流合作领导能力的培养"，为期两天的对话会促成了两国 12 项长期文化交流合作项目。第四届的文化对话于 2015 年 8 月 5—6 日在安大略省多伦多市举行，由加拿大国际文化基金会携手中加经济增长联盟共同举办，这是该活动首次在两国首都以外的城市举行。本次文化对话旨在促进沟通了解，特别探讨文化的差异对于商务运作和决策的影响。本届活动合作伙伴包括中国人民对外友好协会。加拿大国际文化基金会主席吴永光接受记者采访时表示，中国与加拿大处于两个不同的文化背景中，

---

① 《驻加拿大大使兰立俊出席加中关系研讨会及第二届"加中文化对话会"》，2010 年 10 月 16 日，中华人民共和国外交部（http://www.fmprc.gov.cn/mfa_chn/wjdt_611265/zwbd_611281/t761612.shtml）。

导致对同一种行为方式常常出现不同的理解，因而容易给商业实践造成误解或者偏差。通过文化对话，旨在消除和减少这种误解。① 在这些活动中，加拿大华人社团以及一些个人发挥了重要的作用，他们是中加文化交流的组织者和推动者，在加拿大官方及社会和中国官方及社会之间建立起联系的网络，促进了相互理解。

二　加拿大华侨华人的跨国社会交流

除了跨国文化交流之外，华侨华人还活跃在两国的其他社会交往之中，其中华人社会精英的推动往往产生很大的社会影响力。比如著名华人伍卓生，他曾经担任多伦多大学出版社的总经理，退休后身兼大多伦多中华文化中心副主席、多伦多华人团体联合总会主席及名誉主席、全加华人联会共同主席等职务。他曾经作为中华人民共和国五十周年和六十周年庆典的多伦多华侨筹委会主席应中央政府邀请前往北京参观国庆庆典。从 20 世纪 80 年代促成多伦多市与重庆市结为友好城市，将熊猫引入多伦多市动物园，到多伦多大中华文化中心的建立，伍卓生心系华人社区，为中加友好付出了大量的努力。在他担任全加华人联会共同主席一职期间，华联总会逐渐发展成了一个代表性高、号召力强、组织规模大并受到华人社区和加拿大三级政府日益重视的华人社团。在十多年的时间里，华联总会将一些华人社区的议题提升到更高的层面去解决，如汶川赈灾、争取中医中药以及针灸在安大略省的立法等；此外还带头发动了很多有利于华人合法利益和中加友谊的活动。1948 年移民加拿大之后，伍卓生多次以公务和私人的身份到访中国，积极联络，促进沟通。2008 年汶川大地震，加拿大各大华人社团合力筹款 3000 万加元，伍卓生与一些国会议员沟通，最后促成一比一捐款比例，即加拿大政府

---

① 《加中四度文化对话欲破解商业误解》，2015 年 6 月 24 日，中国新闻网（http://www.chinanews.com/gj/2015/06 – 24/7361467.shtml）。

捐出对等金额，一共筹得六千万加元援助汶川地震灾区。①

　　多伦多著名华人赵炳炽，现任加拿大加京华人社团联合会主席、加京华人中国统一促进会主席、首都区华人联谊会主席、《加京华报》社长兼总编辑、加拿大全国华人中国促统联盟副主席。赵炳炽积极致力于推动中加良好关系的发展。在他的努力下，加拿大首都华人社区把中国新年庆祝活动带进了加拿大国会，并一连3年在国会大厦举办了盛大的中国农历新年晚会。加拿大副总理、十多位部长、数十名议员和参议员多次应邀出席，与中国大使馆官员及华人社团代表数百人共同欢度春节，大大弘扬了中华文化，提高了华人在当地的地位和影响。赵炳炽先后荣获了安省政府颁发的长期服务奖章以及加拿大联邦政府颁发的联邦建制125周年纪念勋章等多种荣誉。

　　还有加拿大华人社会杰出女性活动家、中华文化软实力与国际影响力的推动者吴永光。吴永光女士生于中国香港，祖籍湖南，移民加拿大后，在当地接受大学医学教育。多年来，除了从事医务工作外，还积极投身社区和慈善工作。1993年她创办"加拿大保护中国文物基金会"。1997年8月至1998年3月基金会在加拿大三个城市举办《中国二十世纪名家国画展》。2000年9月至2003年1月在加拿大七个城市举办《中国古代玉器艺术展》。两项大型中华文化展览都在当地引起极大的关注和反响。时任总理克雷蒂安在北京公开演说中高度评价了基金会工作。他说，通过基金会的努力，把中加两国人民更加紧密地联系在一起。基金会还向中国国家博物馆捐赠了专门针对长江三峡地区文化保护的最新研究成果——三维激光扫描数字测绘仪，对古建筑、遗址和出土文物进行三维立体扫描测绘，所得数据用作古建筑搬迁重建依据，在重庆云阳县张飞庙的文物保护工作上取得巨大成效。近年来，吴永光女士又创办了"加拿大国际文化基金会"，先后六次组织加拿大文化代表团

---

① 《著名爱国侨领伍卓生》，2011年11月9日，加拿大华人参政网（http://www.chinesevotecanada.com/a/zhiminghuarenshehuihuodongjia/2011/1109/170.html）。

访问中国，旨在通过面对面的交谈和对话，探讨促进中加之间文化合作的各种可行性。1998 年，多伦多市政府族裔关系委员会授予其"推动多民族和谐杰出贡献"奖。2009 年，加拿大议会授予其"年度亚裔人物"奖。2012 年，加拿大总督授予其"伊丽莎白二世女王钻禧"勋章。2014 年，获选为由中国国家文化部、国务院新闻办公室、国务院侨务办公室、中国人民对外友好协会、孔子学院总部/国家汉办和中央电视台共同主办的第三届"中华之光——传播中华文化年度人物"奖。①

身在加国，心系中国。加拿大华侨华人密切关注家乡建设发展，很多个人或者团体通过各类发展项目回馈家乡。旨在帮助家乡发展的项目通常都有很鲜明的地域性，很多项目都落地在移民的出生地。参与祖籍国发展的相关活动大多是以传统的地缘为纽带的社团组织。这些社团的筹款活动及其用途也带有强烈的地域特性，如在家乡设立村口牌楼，修建和兴建寺庙、祠堂、公园、图书馆、卫生所和老年活动中心，修缮村庄的道路和学校等。传统的以地域为单位的同乡会在这类活动中扮演着重要的角色。一些传统的社团组织与地方政府合作促进相关项目的实施，有时候也有专门针对家乡的慈善活动。

2014 年 7 月，加拿大安大略省海南同乡会和多伦多海南商会联合发起"海南威马逊超强台风赈灾筹款晚宴"。参加本次赈灾晚宴的善心人士在小区的大力支持下由原计划的 200 人最终突破 300 人，而且筹得善款也远远超出预料。活动总共为灾区筹得 31245 加元，在不扣取任何成本、行政和管理费下，所收款项将 100% 捐助灾区，此笔善款会通过总领馆转交海南侨办，定向用于文昌市翁田镇的龙马中心小学的灾后修复和援助。②

大型的慈善事业往往是跨地域的、针对祖籍国发生的重大自然灾害

---

① 《加国吴永光医生获选中国"传播中华文化年度人物"》，2014 年 12 月 29 日，温哥华乐活网（http://www.lahoo.ca/article‐37038‐1.html）。

② 《加拿大华人社团筹逾三万加元，向海南台风灾区捐款》，2014 年 7 月 31 日，网易（http://edu.163.com/14/0731/14/A2G5030H00294M9O.html）。

的慈善资金筹募。2008 年中国汶川大地震发生后，全加救助中国地震灾区的行动如火如荼。据统计，仅华人社区的捐款便超过 360 万加元，加拿大红十字会收到的个人捐款近 500 万加元。按照加联邦政府的对等捐款方式，政府亦将匹配近 500 万加元。中国驻多伦多总领事朱桃英表示，四川地震发生后，她每天都被侨胞们的爱国热情所感动，她与加拿大侨胞一起度过了难忘的九天。朱桃英总结了此次华侨华人赈灾的三大特点是：行动迅速、涉及面广、涉及人多。她说，加拿大社会对事件反应非常迅速，地震发生当天，安大略省省长麦坚迪已经给她发来唁电，对灾区人民表示慰问，各级政府和议员也纷纷来电来函表示慰问之情。华人社区更是体现了血浓于水的精神，在赈灾过程中抛开了种族、宗教、政治理念的纷争，从社团、艺术团体、留学生组织、商会到中资机构等，都采用各种方式表达自己对灾区人民的关怀。总领馆开放吊唁当天就有八百多人参加，到场者有白发苍苍的长者，也有天真的儿童。杨强总领事在介绍灾情时一度哽咽，他说海外华侨华人在此次重大灾难的关头，发扬中国传统的"一方有难，八方相助"精神，慷慨解囊，令人感动。

此外，各种联谊会定期在中国和加拿大甚至世界其他国家举行。如传统的同乡会以及社团组织经常定期在全世界范围内举办会议，试图与其他海外华人社会建立联系。这些联谊会的会议出版中文或者英文双语的纪念刊物，并且发行到中国以及海外各地的华人社会之中。比如1997 年世界华商大会在温哥华举行，而加拿大华商代表团也会参加两年一度的在世界各地举办的世界华商大会。中国新移民社团组织特别是专业团体，通常也举行年会，年会上常常会邀请当地地位显赫的人士来担当大会主题的发言人，会议主题往往涉及专业领域。华侨华人在不断深化的跨国文化社会交往之中，交流了信息、建立了联系，并且从中获得了来自加拿大和中国社会的双重认可。

除了主动的、有意识的跨国文化社会交流活动之外，大部分的华侨华人在中加之间的交流往往是通过日常的社会活动展开的。从跨国主义视角出发，散居者是始终生活在东道国与祖籍国之间的跨国社会场域/网络的群体。现代通信和交通技术的发展令这种生活方式变得越来越普遍。华侨华人的生活安排、财务计划以及家庭计划超越国界，存在于两国之间。这些社会联系从本质上来说都是跨文化交流。尽管华侨华人自身是祖籍国文化的载体，在持续不断地与东道国的社会和文化展开互动的过程中，华人社群中会产生新的观念与文化。无论是主动接触还是被动接受，跨文化交流是他们无法避免的处境。在散居者生活的跨国社会场域之中，跨文化交流就是散居者的生存状态。①

因此，在两国之间的文化与社会交流之中，加拿大华侨华人成为连接两国文化与社会的中介与桥梁。通过华人精英和社团的行动与发声，中华文化与中国社会以更为清晰的面貌呈现在加拿大社会公众面前，以无声的方式渗透影响着加拿大对中国与中华文化的印象、拉近加拿大与中国的距离。对中华文化的传承与传播成为两国关系中的核心内容与重要拓展渠道。国之交在于民相亲，而文化恰是沟通心灵的桥梁。社会文化交流活动促进了中加双方的互相了解，强调认同，化解刻板印象，进一步推动了两国关系的良性发展。

小　　结

第二次世界大战结束之后，加拿大华人解决了在加拿大的政治身份认同问题；自20世纪70年代始，他们的文化认同也开始获得新的生命力；冷战结束以来，加拿大华人的认同日益复杂多重、彼此兼顾。在多重认同驱动之下，他们在中国和加拿大（甚至第三国）之间穿梭往复，

---

① Levitt P., Glick Schiller N., "Conceptualizing Simultaneity: A Transnational Social Field Perspective on Society", *International Migration Review*, Vol. 38, 2004, pp. 1002 - 1039. Peggy Levitt and B. Nadya Jaworsky, "Transnational Migration Studies: Past Developments and Future Trends", *Annual Review of Sociology*, Vol. 33, 2007, p. 139.

将其固有的血缘、地缘和业缘关系建构到全球化时代的动态网络之中，有效地将加拿大和中国以及世界其他地区的资源结合起来，实现经济推动、政治参与、文化交流和价值共享。在不断发展的跨国互动进程之中，华侨华人社群产生了新的跨国性的发展趋势：他们具有高度全球化特征的投资贸易等经济行为、政治联合行为以及社会文化沟通行为，在中加之间构建起一个复杂的网络，将加拿大和中国紧密地联系在一起。

　　总体来看，当代加拿大华侨华人的经济、政治以及社会文化行为的跨国化发展趋势深受 20 世纪 90 年代以来全球经济全球化、政治民主化以及中国崛起这三种力量的影响。在中加之间的跨国场域之中，当代加拿大华侨华人在加拿大、中国以及华人社群这三者的复杂互动中界定发展自身，深度嵌入加拿大和中国两个社会之中，成为最深刻的跨文化交流者，是中加关系中独特的存在。对于加拿大华侨华人来说，积极促进中加经贸关系发展、推动中华文化传播、支持中国的发展是他们的主流关注和诉求。因为一个强大的中国是海外华侨华人抵御自身在东道国被边缘化、获取上向社会流动途径的重要资源，而日益强大的中国足以向其海外族群提供这种资源和依靠。对于当代华侨华人来说，关注中国就是关注自身。

第五章

全球化时代的加拿大华侨华人：
发展、挑战与机遇

　　进入 21 世纪以来，加拿大华侨华人的散居化发展趋势进一步加深。面对中国的快速发展和大量的工作机会，一些华人选择回到中国，成了"回流"移民。这一群体由于过着既在此处又在彼处的跨国生活，逐渐产生了复杂的双重认同。与此同时，数字网络的快速发展催生了网络空间中的华人"数字散居者"。世界华人基于中华文化之上的复杂联系，在网络上形成了一个"虚拟的共同体"，共同关注全球的华裔生存状态。从现实层面来看，无论是对于加拿大来说，还是对于中国来说，华侨华人都属于民族的范畴。对于加拿大来说，赋予华人公民身份和政治认同并不能完全消除族裔差别带来的文化与政治上的差异，而华人移民的"双重甚至多重认同"在一些时候则会引来国内主流社会的猜忌。对于中国来说，海外华人虽然"属我族类"，但是在其政治认同归属他国的情况下，过分强调同一民族也会引发东道国的防范。此外，华侨华人越发灵活复杂的跨国实践也引发了两国诸多政策与机制方面的实际问题。作为全球化时代的一种自下而上的跨国社会力量，跨国华侨华人将会对主流的民族国家体系产生结构性的冲击，迫使国家对全球化时代人类新的流动和聚集方式做出回应。

第一节　加拿大华侨华人跨国性的进一步发展

进入21世纪以来，加拿大华侨华人散居化的发展趋势进一步加深。已经移居到加拿大的一些华人又重新"回流"到中国，在中国成了"加拿大散居者"。在全球网络信息技术加速发展的推动下，加拿大的华侨华人通过网络汇入世界华人网络体系，在民族国家之间，基于中华文化建构了"想象中的共同体"，在虚拟的空间中汇集成了"华人数字散居者"群体。

一　加拿大华侨华人"回流"中国

进入21世纪，在加拿大华侨华人中出现移民"回流"现象。本节所指的"回流移民"主要是指那些已经在加拿大入籍成为加拿大公民，并且回到中国居住的华人；由于中国国籍法的规定，这些人放弃了中国公民的身份。[①] 导致华人回流的原因很多，有些群体的回流是因为受到中国国家政策的激励，这一群体主要是那些拥有顶级海外大学学历、选择从加拿大回国创业的移民精英。还有些移民选择再次回到祖籍国是因为无法适应加拿大的生活，比如无法实现更好的就业与社会融入，这一群体处于移民的中层。在加拿大很多学者都注意到自20世纪90年代以来的华人技术移民在加拿大劳动力市场普遍遭遇"贬值"的状况。[②]

在这种情况之下，一些移民家庭采取了跨国家庭发展策略，成了"空中飞人家庭"。家庭经济收入的主要负担者——一般为男性配偶——会选择回到中国寻找更好的工作机会，将其子女留在加拿大，由

---

① Elaine Lynn – Ee Ho & David Ley, "'Middling' Chinese Returnees or Immigrants from Canada? The Ambiguity of Return Migration and Claims to Modernity", *Asian Studies Review*, Vol. 38, No. 1, 2013.

② 详见朱红、李胜生、郭世宝等的研究。实际上，这是一个采纳评分制移民体制的国家，如澳大利亚、新西兰等国都面临的问题。

母亲陪伴照顾。家庭中的部分成员（一般来说是母亲与子女）就可以继续留在加拿大以获得公民身份。[①]　就这些移民的家庭来说，他们具有了"灵活公民身份"。[②]　根据丹尼尔·赫伯特与大卫·雷伊的研究，大温哥华地区有45%的居民出生在海外，是"跨国家庭"的重镇。温哥华国际机场每天有十几班飞机飞返中国。25%的大温哥华地区的移民至少每年返回原居地一次，而且20%的人在原居住地拥有房产。在中国香港约有30万人拥有加拿大护照，很多都是所谓的"太空人"：妻小在加拿大，自己返回中国香港经商或工作。[③]

有关这一群体的确切规模及其特点目前还没有非常完整的研究。根据丁月牙对北京的技术回流移民的研究，很多回流的加拿大华人移民都在40多岁年富力强之时，在回到中国之前基本上在加拿大生活了十年左右。[④]　2009年到2010年，根据伊莱恩与大卫·雷伊的田野调查，来自加拿大的回流移民的年龄区间处于30—50岁，有些人仅仅在加拿大生活了2—5年。[⑤]

回流移民会在中国开展商业活动或者再就业。他们在国内遇到的情况千差万别，每个个体对此的感受也大相径庭。根据丁月牙对回流移民生活史的研究，她认为回流移民的再融入过程，并非充满了"文化休克"般的痛苦；回流移民对再融入的感受是乐观的，对适应母文化环境

---

①　Teo Sin Yih, "Vancouver's Newest Chinese Diaspora：Settlers or 'Immigrant Prisoners'?", *GeoJournal*, Vol. 68, No. 2, 2007. Johanna Waters, "Flexible Families？Astronaut' Households and the Experiences of Lone Mothers inVancouver, British Columbia", *Social and Cultural Geography*, Vol. 3, No. 2, 2002.

②　Lan – Hung Nora Chiang, "Astronaut Families：Transnational Lives of Middle – Class Taiwanese Married Women in Canada", *Social and Cultural Geography*, Vol. 9, No. 5, 2008. David Ley, *Millionaire Migrants：Trans – Pacific Life Lines*, Malden, MA：Wiley – Blackwell, 2010.

③　《大温成"跨国家庭"重镇》，2014年8月3日，温哥华在线（http：// www. vanonline. com/news/bencandy. php？fid = 31&id = 40724）。

④　丁月牙：《回流移民再融入的生活史研究——以加拿大回流北京的技术移民为例》，《华侨华人历史研究》2012年第4期。

⑤　Elaine Lynn – Ee Ho & David Ley, " 'Middling' Chinese Returnees or Immigrants from Canada？The Ambiguity of Return Migration and Claims to Modernity", *Asian Studies Review*, Vol. 38, No. 1, 2013.

的态度也是积极的。她同时认为，自我价值期待在祖籍国社会获得满足的程度，成为影响回流者对再融入过程的主体体验的关键要素。[①] 郭世宝也发现，由于一些新移民并不能在加拿大获得更高的经济利益，他们选择回到中国大陆，在那里他们的学历与资格受到承认，无形中获得了更好的工作与机会。这些由加拿大回到中国的新移民，比他们在加拿大时和移民到加拿大前更快乐。[②] 此外，他们也可能具有更强烈的民族主义或者更坚定的意愿投身国家建设。[③]

伊莱恩与大卫·雷伊针对华人"中层的回流移民"的田野研究则得出了不同的结论。他们发现很多回流移民依然会在中国面临职业发展的瓶颈。放弃中国国籍则意味着很多社会权利的丧失。由于没有中国公民的身份，所以他们也就无法享受相关的失业以及医疗保险。尤其是那些随着丈夫回到中国的加拿大籍华人女性，由于她们持有的是亲属签证，所以在中国没有工作的权利，与此同时，她们在加拿大作为家庭主妇的经历令她们在申请工作签证时面临很大的障碍。在这种情况下，回流移民的家庭收入并不会必然提高，生活水平并不会必然改善。[④] 飞利浦·马观察到，这些中层回流移民经受着一种结构上的焦虑和脆弱性——既失去了中国公民身份及其相关的社会福利，还会面临现有社会经济环境带来的种种不适。[⑤] 这种离散的状态也给很多家庭带来了诸如

① 丁月牙：《回流移民再融入的生活史研究——以加拿大回流北京的技术移民为例》，《华侨华人历史研究》2012 年第 4 期。

② Guo Shibao, "Return Chinese Migrants or Canadian Diaspora? Exploring the Experience of Chinese Canadians in China", in Leo Suryadinata ed., *Migration, Indigenization and Interaction: Chinese Overseas and Globalization*, Singapore: World Scientific Publishing Company, 2011, pp. 297 - 320.

③ Devesh Kapur, *The Political Impact of International Migration on Sending Countries*, Migration and Development: Future Directions for Research and Policy, Social Science Research Council Migration & Development Conference Paper No. 14, 1st March, 2008, New York, p. 12.

④ Elaine Lynn - Ee Ho & David Ley, " 'Middling' Chinese Returnees or Immigrants from Canada? The Ambiguity of Return Migration and Claims to Modernity", *Asian Studies Review*, Vol. 38, No. 1, 2013.

⑤ Phillip Mar, "Unsettling Potentialities: Topographies of Hope in Transnational Migration", *Journal of Intercultural Studies*, Vol. 26, No. 4, 2005.

亲子分离、婚姻危机等现实问题。这些问题促使很多华人决定将家庭重新安置在中国，以保障家庭的完整与和谐。

此外，还有一些关于回流移民的研究发现，尽管他们在加拿大经历了不同程度的失望，但是在中国他们也面临着放弃中国公民身份带来的焦虑，因此很多人都表示还会再次回到加拿大。他们在中国只是暂时地居住、努力赚钱，让孩子熟悉中国的语言和文化，同时照顾年迈的父母。等到他们有了足够的积蓄之后，再回到加拿大颐养天年。这与曾经回流的香港和台湾移民一样，在全球布局家庭发展的策略，将中国视为工作的场所，而将加拿大视为享受生活的地方。① 即使留在中国，这些回流移民依然希望保持与加拿大的联系，甚至加深他们与加拿大之间的联系。他们依然对与加拿大相关的发展与事件感兴趣。他们关注加拿大的新闻，参与中国的加拿大人协会组织的活动。在那里生活了若干年之后，他们会觉得加拿大是他们的家，在那里养儿育女，还会定期返回加拿大纳税，并保持他们在那里的社会联系，尽管在那里曾经生活艰辛。回流中国的"加拿大散居者"成为他们在加拿大商业与社会圈子中逐渐被认可的标签。②

这些"华人加拿大散居者"的特殊身份以及不断增加的数量带来了很多实际的问题，逐渐引发了中加两国官方和民间的关注。根据德沃兹的统计，2006 年大约有 29.2 万加拿大公民在中国。③ 在中国的加拿大人主要分为以下几类：华人加拿大归国者或者回流移民（包括第一代以及第二代移民）、加拿大跨国企业中的业主或者员工、雅思考试教师、留学生以及其他。这些在华的加拿大人的数量在不断地增长，给加拿大

---

① David Ley, *Millionaire Migrants: Trans - Pacific Life Lines*, Malden, MA: Wiley - Blackwell, 2010. Lan - Hung Nora Chiang, "Return Migration: The Case of the 1.5 Generation of Taiwanese in Canada and New Zealand", *China Review*, Vol. 11, No. 2, 2011.

② Huhua Cao and Vivienne Poy, eds. *The China Challenge: Sino - Canadian Relations in the 21st Century*, Ottawa: University of Ottawa Press, 2011.

③ Don DeVoretz, *Canada's Secret Province: 2.8 Million Canadians Abroad*, Asia Pacific Foundation of Canada, Project Paper Series #09 - 5, October 29, 2009, p. 15.

政府带来了外交上的考量。国籍和领事议题已经成为加拿大与中国关系中复杂与重要的因素。加拿大承认双重国籍，而中国不承认。[①] 这带来一系列的包括领事保护权等问题在内的关于国籍的复杂问题。

实际上，回流移民群体的情况十分复杂，这不仅仅是指群体内部由于职业背景、国籍身份以及生活方式产生的情况的多样性，同时还指他们在再次移民的过程中产生的认同与身份的多重性。这些来自中国的回流移民的认同情况更为复杂，被视为具有"双重离散认同"[②]。这种复杂的认同是他们在复杂的跨国社会生活中形成的。这一回流群体回到中国，携带着新的技能、财富、联系以及观念。他们在加拿大居住期间所形成的偏好与期望，会成为他们在中国发挥影响的主要意识因素。[③] 这种跨国生活令很多华侨华人的生活产生了"散居化"的状态。加拿大华侨华人在这种不断深化的跨国生存模式中，与两个国家和两种社会文化交流互动，深度嵌入了加拿大和中国两个社会中，因此他们成为最深刻的跨文化交流者，并在跨文化交流的过程中完成新散居者的认同，在这一跨国社会场域中不断传递自身的价值观。

二　华人"数字散居者"的出现

全球化的发展促进了各个国家越发灵活宽容的政策，在这种趋势之下海外华人的跨国生活趋势日益加强。今天，信息技术的发展以及移动互联时代的到来强化了海外华人的跨国空间，他们通过不同的网络展开

---

① Government of the Hong Kong Special Administrative Region Immigration Department, *Nationality Law of the People's Republic of China* (http://www. immd. gov. hk/ehtml/chnnationality _ 1. htm).

② Guo Shibao, "Return Chinese Migrants or Canadian Diaspora? Exploring the Experience of Chinese Canadians in China", in Leo Suryadinata ed., *Migration*, *Indigenization and Interaction*: *Chinese Overseas and Globalization*, Singapore: World Scientific Publishing Company, 2011, pp. 297 – 320.

③ Devesh Kapur, *The Political Impact of International Migration on Sending Countries*, Migration and Development: Future Directions for Research and Policy, Social Science Research Council Migration & Development Conference Paper No. 14, 1st March, 2008, New York, p. 12.

联系，创造出一个独特的散居者的空间。在这个网络空间中，全球华人共享的一些特征，强化了华人的民族主义话语。① 全球华人跨越国界，汇聚在网络民族主义的旗帜之下，成了"数字散居者"。②

随着全球文化产品以及事务传播的速度和数量的不断增加，形成了跨国的公共领域。杰奎琳·史密斯认为，在国际政治中，通过参与跨国的社会运动组织，一些个体获得了参与全球议题讨论的机会，这一过程扩展和强化了全球的公共领域。③ 阿纳斯塔西娅·帕纳加科斯通过研究加拿大卡尔加里的希腊裔人组织的集会，发现社会动员是技术性联系的结果，它令卡尔加里的希腊裔社群能够与希腊其他的社会文化组织保持联系，促成了希腊裔网络公共空间的形成。④ 在这些跨国公共空间之中，联结全球各地族裔个体的并非传统的民族国家的概念与框架，而是一种超越国家的族裔文化与思想。

进入 21 世纪，全球华人的跨国媒体空间已经形成。⑤ 从宽泛的意义上来说，华人的跨国网络文化空间包括在线空间、在线杂志报纸等非交互式空间、网络 BBS 等，是一个跨国的交流沟通空间。这一空间足够开放和多元化，几乎任何人都可以参与沟通和交流，因此能够产生针对中国议题的很多鲜活的话语。这一跨国公共空间能够承担公众表达与公众联合的社会功能。来自全球各个角落的华人活跃在这一网络空间之

① Robert A. Saunders and Sheng Ding, "Digital Dragons and Cybernetic Bears: Comparing the Overseas Chinese and Near Abroad Russian Web Communities", *Nationalism and Ethnic Politics*, Vol. 12, No. 2, 2006.

② Adam McKeown, "Conceptualizing Chinese Diasporas: 1842 to 1949", *The Journal of Asian Studies*, Vol. 58, No. 2, 1999, pp. 306 – 337.

③ Guobin Yang, "The Internet and the Rise of a Transnational Chinese Cultural Sphere", *Media, Culture & Society*, Vol. 25, No. 4, 2003. Jackie Smith, "Global Civil Society?", *The American Behavioral Scientist*, Vol. 42, No. 1, 1998, p. 102.

④ Panagakos, Anastasia N. "Citizens of the Trans – nation: Political Mobilization, Multiculturalism, and Nationalism in the Greek Diaspora", *Diaspora*, Vol. 7, No. 1, 1998, pp. 53 – 73. 转引自 Guobin Yang, "The Internet and the Rise of a Transnational Chinese Cultural Sphere", *Media, Culture & Society*, Vol. 25, No. 4, 2003。

⑤ Wanning Sun, "Media and the Chinese Diaspora: Community, Consumption, and Transnational Magination", *Journal of Chinese Overseas*, No. 1, 2005.

中。虽然所谓"去领土化的华人主体性"成为这一群体的认同基础①，但是在某些特定的时刻，全球华人"数字散居者"会跨越国界，汇聚在以"中华文化"或"中华民族"为基础的共同利益之下。

1998 年在互联网上抗议印尼针对华人的种族暴力就是这样一个跨国性案例。1998 年 5 月 12—15 日，印尼发生了针对华人的种族暴力事件。这一事件曾在 1965 年发生过，但是当时并未在全球华人中引起太多注意。但在这次事件中，全球华人的反应有了很大的不同。新西兰的一位华人 Joe Tan 在网上宣称"对于自己的无所作为感到羞耻，并对大部分人漠不关心的态度感到有一些恶心"②。Joe Tan 因此联合一位加拿大华人工程师 Edward Liu，以及一位来自旧金山的马来西亚籍华人律师 W. W. Looi，在 Looi 建立的世界华人联盟（World Huaren Federation）网站上展开了针对印尼排华事件的全球抗议活动。③ 在这之后，美国俄亥俄州辛辛那提大学的菲律宾籍华人计算机教师 William Wee 敦促其所在地的华人学生协会组织一场在华盛顿特区的游行活动，事件开始逐步升级。Wee 将其写的游行计划于 1998 年 7 月 17 日公布在"北美自由论坛"上，由此在网上形成了一个推进此次游行并在全球范围内推动游行的委员会，通过互联网进行沟通和指挥。1998 年 8 月 7 日，反对印尼针对华人暴行的游行在华盛顿、芝加哥、旧金山、洛杉矶、休斯敦、纽约以及多伦多同时举行；8 月 8 日，在芬兰首都赫尔辛基以及新西兰的奥克兰举行游行；8 月 15 日、16 日，在美国的亚特兰大和加拿大温哥华分别举行了游行；8 月 22 日，美国达拉斯也举行了游行。④ 这些游行引

---

① Mayfair Mei – Hui Yang, "Mass Media and Transnational Subjectivity in Shanghai: Notes on (Re) Cosmopolitanism in a Chinese Metropolis", in Ong and Nonini, eds., *Ungrounded Empires: The Cultural Politics of Modern Chinese Transnationalism*, New York: Routledge, 1997, p. 309.

② Guobin Yang, "The Internet and the Rise of a Transnational Chinese Cultural Sphere", *Media, Culture & Society*, Vol. 25, No. 4, 2003, p. 482.

③ Guobin Yang, "The Internet and the Rise of a Transnational Chinese Cultural Sphere", *Media, Culture & Society*, Vol. 25, No. 4, 2003, p. 482.

④ Guobin Yang, "The Internet and the Rise of a Transnational Chinese Cultural Sphere", *Media, Culture & Society*, Vol. 25, No. 4, 2003, p. 482.

发了新加坡英文报纸 *The Straits Times* 8 月 20 日的评论："8 月 7 日发生的革命，并未撼动世界，也没有颠覆任何政府。但是它的影响深远：它撕开国家的边界，将其行为公之于世，因而戏剧性地改变了政府、社会以及社团管理自己的方式。"①

上文提到的全球华人网站，以及基于此之上的全球华人联盟组织，宣称其成立的目的是"促进世界各地的华人更强的认同感，增进华人的民族和谐，而非沙文主义"。这一组织在几年内的成员数量就达到了一千万。② 王龙指出，这种网站在真实的世界中产生了一种团体感，当这些团体的利益受到威胁或者挑战的时候，他们会试图通过网络去发起保卫线下团体利益的行动。③ 杨国斌将这些虚拟空间称作"华人跨国网络文化空间"，这些网络空间也许可以在国家与国际的层面实现有意义的社会政治功能。④

在信息全球化的发展趋势中，中国和加拿大都是积极的参与者。网络空间不但令那些身居海外的散居者超越文化的孤立和社会的位移，同时也帮助他们展开社会动员。⑤ 根据统计数据，加拿大从 2000—2007 年，互联网的使用增加了 73.2%⑥；2005 年加拿大 61% 的家庭安装了互联网。加拿大 18—44 岁的互联网使用者（85%）是 45 岁及以上使用

---

① 原文是：A revolution of sorts took place on Aug 7. It didn't shake the world. It didn't topple any government. But it achieved more than these. It changed dramatically the way governments, societies and communities conducted themselves by tearing down national boundaries and making their deeds transparent to the entire world.

② Aihwa Ong, "Cyberpublics and Diaspora Politics Aamong Transnational Chinese", *Interventions: International Journal of Postcolonial Studies*, Vol. 5, No. 1, 2003, p. 84.

③ Loong Wong, "Belonging and Diaspora: The Chinese and the Internet", *First Monday*, Vol. 8, No. 4, 2003, p. 10.

④ Guobin Yang, "The Internet and the Rise of a Transnational Chinese Cultural Sphere", *Media, Culture & Society*, Vol. 25, No. 4, 2003, p. 483.

⑤ Sheng Ding, "Digital Diaspora and National Image Building: A New Perspective on Chinese Diaspora Study in the Age of China's Rise", *Pacific Affairs*, Vol. 80, No. 4, Special Forum: East Timor's Truth Commission, 2007, p. 627.

⑥ Brenda O'Neill, *Indifferent or Just Different? The Political and Civic Engagement of Young People in Canada*, Charting the Course for Youth Civic and Political Participation, Canadian Policy Research Networks, June 2007, p. 30.

者（50%）的 1.5 倍。① 通信技术深刻地改变了加拿大的政治社会生态。越来越多的华人——尤其是年轻的一代——通过网络来实施自己的社会政治参与。政治行动主义的最新发展就是使用手机。加拿大《环球邮报》在 2007 年 6 月 1 日的一篇报道的题目是："Text‑messages：the new Chinese protest tool（短息——华人抗议的新工具）"。

数字化发展趋势进一步加强了华侨华人的跨国性特征。伴随越来越多的 "Web 2.0" 门户网站的建立和即时交流网络的建立，网络交流正日渐以交互性和社会性为导向，网络所提供的服务内容常常是通过创建一个可视的、交互的网页来充分挖掘网络效应。与传统网站相比，这些网站更依赖用户，其用户交流从单纯的 "读" 向 "写" 和 "共同建设" 发展，由被动地接收互联网信息向主动创造互联网信息迈进。"社会媒体" 在传播中的作用力和影响力凸显。海外华人通过数字化平台，传播信息、构建议题、实现离散或是聚集，超越了国家的边界。在某种程度上来说，他们通过网络实现了 "全球化" 和 "本土化" 的统一——全球本土化。②

21 世纪，网络以及全球化的深入发展深刻地影响了海外华人社群的生活方式和思想观念。他们长期游弋在祖籍国、东道国以及自身建立的跨国空间这三者重叠交织的关系中，逐渐建构出多样化的、互动的以及可变的网络。③ 因此有学者认为，海外华侨华人是非常独特的群体，从全球化的视角来看，与其说海外华侨华人是散居世界各地的民族群体，不如说他们是一些具有灵活认同的社会综合组织。这一群体对家乡的渴望已经不再是一种普遍的情怀，更多的人拥有的是一种 "生活在祖

---

① Brenda O'Neill, *Indifferent or Just Different? The Political and Civic Engagement of Young People in Canada*, Charting the Course for Youth Civic and Political Participation, Canadian Policy Research Networks, June 2007, p. 30.

② 郑华：《新公共外交内涵对中国公共外交的启示》，《世界政治与经济》2011 年第 4 期。

③ Zhongping Chen, "Building the Chinese Diaspora across Canada: Chinese Diasporic Discourse and the Case of Peterborough, Ontario", *Diaspora*, Vol. 13, No. 2/3, 2004, p. 186.

国之外"的生活方式。①

　　从离开祖籍国的原因、能够被东道国接受的信念以及由此而建立的自身的集体文化等角度而言,今天的海外华侨华人显示出与早期华人旅居者的显著不同。② 自 20 世纪 90 年代冷战结束以来,华侨华人的生活在现代通信和交通的促进之下变得更为"散居化",他们中的很大一部分人参与了越发密集复杂的跨国实践,令其祖籍国和东道国开始重新审视主权概念的边界和实践,给国际关系研究带来了新的挑战与思考。

第二节　加拿大华侨华人与民族国家: 全球化时代的挑战与机遇

　　当代华侨华人跨国性的进一步发展引发了这一群体与民族国家之间关系的理论与实践问题。无论是加拿大还是中国,都是从民族的角度来观察看待华侨华人这个群体的。对于加拿大来说,赋予华人公民身份和政治认同并不能完全消除族裔差别带来的社会文化差异,而华侨华人的双重甚至多重认同在很多时候引来的是国内主流社会的猜忌。对于中国来说,虽然认为海外华侨华人"属我族类",但是在民族国家框架之下,华人政治认同归属他国,在这样的情况下过分强调同一民族也会引发东道国的防范。尽管如此,在世界人口流动加强的趋势之下,散居者灵活多样的跨国实践活动也引发了世界各国诸多政策与机制方面的实际问题。华人移民——就如世界其他移民群体一样——逐渐发展成为一种自下而上的跨国力量,对传统主流的民族国家体系产生了结构性的冲

---

　　① Michael Jacobsen, "Re - conceptualising Notions of Chineseness in a Southeast Asian Context", *East Asia*, Vol. 24, No. 2, 2007, p. 219.

　　② Jana Evans Braziel and Anita Mannur, "Nation, Migration, Globalization" in Jana Evans Braziel and Anita Mannur eds. , *Theorizing Diaspora*: *A Reader*, Massachusetts: Blackwell, Malden, 2003, pp. 1 – 22.

击，民族国家必然要对这样一个全球化时代人类新的流动和聚集方式作出观念和实践上的回应。

一　加拿大华侨华人的双重认同：跨国性与忠诚性的悖论

当代跨国移民的出现伴随着跨国民族主义的产生。所谓移民的"跨国民族主义"包括两方面的内容：一是跨越边界的"祖国民族主义"，指身居海外却依然拥有本民族的认同。移民在政治上的跨国主义行动的基础就是祖国民族主义；二是"双重民族主义"，指同时具有两个不同民族的认同，双重民族主义者声称自己从属于东道国和祖籍国双方的民族。① 面对这种情况，移民所在的东道国及其主流社会往往持两种态度：一种是对外来移民的社会政治倾向保持宽容；另一种是存有怀疑和抵触的态度，认为这是一种不忠诚的表现，会损害东道国的国家利益。

加拿大是一个移民组成的国家。由于自20世纪70年代以来推行多元文化主义的国策，加拿大对移民的双重认同持宽容的态度。尽管如此，加拿大主流的白人社会中依然存在着民族主义的思维模式，制约着他们对华侨华人认同的承认和接纳。如前所述，冷战结束后的整个20世纪90年代，对多元文化主义观念及其政策的主要质疑来自于它能否促进新移民建立"加拿大认同"，融入加拿大社会。一些质疑者认为多元文化主义强调了文化相对主义，实际上侵蚀了加拿大主流的认同、价值以及文化，同时也阻碍了新移民尽快融入加拿大社会的进程。1994年，尼尔在其著作《贩卖幻想：加拿大多元文化主义的迷局》中，表达了他对政府推进的多元文化主义政策中隐含的潜在分裂的担忧。在他看来，政府这种鼓励种族区别的做法，导致了移民对加拿大主流文化产生了一种"分离心态"，这种心态令加拿大的族群之间误解加深，并且

---

① 吴前进：《跨国主义的移民研究——欧美学者的观点和贡献》，《华侨华人历史研究》2007年第4期。

会为了获取权力与资源相互竞争。① 尼尔的观点在当时很有代表性，在一些加拿大人眼中，多元文化主义政策的推行是以加拿大的统一为代价的。这一政策带来了太多的多样性，在强调"区别"的主流思维之下，加拿大作为一个统一体的价值与认同遭到分裂；在适应其他文化的过程中，加拿大传统的文化与象征遭到了丢弃。此外，理查德·格温（Richard Gwyn）在《没有边界的民族主义》中以及加拿大历史学家杰克·格拉纳斯丁（Jack Granastein）在《谁杀死了加拿大历史？》中，都批判了多元文化主义政策。理查德·格温认为，20世纪90年代初在加拿大的"就业恐慌"中产生的对多元文化主义的抵制，实际上是加拿大一种社会情绪的反映，因为很多人害怕自己成为"自己国土上的陌生人"。杰克·格拉纳斯丁认为，在加拿大年轻一代与学校中，多元文化主义与政治正确导致了"加拿大历史的死亡"。他认为多元文化主义政策在加拿大的移民，甚至加拿大本土出生的人中间散播了这样一种观念：加拿大尤其是英语加拿大，没有文化以及自身的认同。② 对于这一政策负面影响的担忧也出现在对外政策领域。很多人认为，这一政策在实质上鼓励了加拿大的一些移民社团以及宗教团体发展有害于加拿大国家利益的跨国联系。格拉纳斯丁将其称为"不健康的跨国主义"③。这一联系是由于拥有"双重政治忠诚"移民社群将其祖籍国的"旧世界""输入"了加拿大。

　　这种不安的民族主义情绪并没有因为加拿大接受了多元文化主义就得到了彻底地抚慰，它悄悄地在加拿大的制度中隐藏起来，遇到特定的情势时就会出现。华人在加拿大的历史，就是一段受到歧视与排

---

① Michael Dewing, *Canadian Multiculturalism*, Social Affairs Division, Parliamentary Information and Research Service, September 2009, p. 14.

② *Canadian Multiculturalism*, Social Affairs Division, Parliamentary Information and Research Service, September 2009, p. 15.

③ Vic Satzewich, "Multiculturalism, Transnationalism, and the Hijacking of Canadian Froeign Policy: Pseudo - Problem", *International Journal*, Vol. 63, No. 1, Diasporas: What is Now Means to be Canadian, 2007/2008.

斥的历史，尽管进入 21 世纪，华人社会地位有所提升，但是作为整个华人社群来说，加拿大主流社会的"白人加拿大"思想及其相关社会存在成为他们进入主流社会最重要的心理和制度因素。今天看来，华人在加拿大的主流社会中并没有取得与加拿大白人同等的社会政治地位。从原则和理念的角度来说，绝大多数加拿大人都承认少数民族应当享有和其他族裔相同的机会和平等的权利；曾经那些基于人种或者基因解释的种族优劣论已经被淘汰。① 然而接受平等公平的原则并不等于传统文化偏见与种族歧视的消除。2002 年，加拿大统计局开展的一项调查问卷显示：20% 的加拿大非白人认为他们在过去的 5 年间，时常或者经常经历种族歧视或者不公平的待遇。加拿大《环球邮报》2003 年的一次问卷调查显示：有 74% 的人认为加拿大依然存在着比较严重的种族主义。②

对于那些 20 世纪 90 年代之后移民加拿大的华人新移民来说，融入加拿大的主流社会依然是一件十分艰辛的事情。华人作为少数族裔，整体面对的是加拿大种种结构性的障碍。加拿大官方虽然支持并鼓励建立多元公平的社会，但是很多华人新移民面临着与原住社会制度不同、文化背景差异很大的情况，即使拥有相当的财富或者专业技术，依然发现适应和融入加拿大社会会带来很高的成本。很多华人新移民来到加拿大，与其原住社会相比，其社会价值被大大低估。朱红在她的研究中指出了新移民——尤其是来自于中国大陆的新移民——普遍面临融入加拿大主流社会的困境。③ 通过研究，她发现了那些接受过良好教育的中国专业人士面临着就业的障碍，这一障碍是加拿大就业市场中影响职业需求的社会结构所产生的，它导致了来自中国（尤其是大陆）的专业技

---

① Shanti Fernando, *Race and the City：Chinese Canadian and Chinese American Political Mobilization*, UBC Press, 2006, p. 4.

② 宗力：《多元文化社会的民族关系与新种族主义：中国大陆移民在加拿大面临的社会障碍》，《西安交通大学学报》（社会科学版）2010 年第 6 期。

③ 朱红：《转换、融合——中国技术移民在加拿大》，社会科学文献出版社 2008 年版。

术移民的价值被低估。[①]

　　上述华人的社会地位与面临的社会环境都在不同程度地侵蚀着加拿大华侨华人认同的合法性。珊蒂·费尔南多发现加拿大社会依然存在的"隐形的种族主义"或者"制度化的种族主义"。[②] 这种历史形成的"白人加拿大"的观念与多元文化主义宣扬的平等之间存在的差距，表现在加拿大很多的领域与机构中。加拿大关于白人主导社会的意识形态传统成为加拿大政治体制的占支配地位的前提，无处不在的"系统种族主义"依然留存在其现代的政治机制中。在珊蒂·费尔南多看来，这种既被实践同时又被否认的系统种族主义十分危险，因为这种实践会形成一种排斥少数族裔的社会氛围，从而成为少数族裔融入加拿大社会的种种障碍。[③] 华人在加拿大崎岖的参政之路就可以说明这一点。

　　在加拿大著名的华人社会学者李胜生眼中，华人作为一个文化上与种族上的"非我族类"这种历史形象已经在加拿大变成了一个根深蒂固的文化成见。这种"非我族类"的观念形成了一种针对亚裔移民的独特的种族主义，它在很长的一段时期内剥夺了加拿大华人的选举权等重要的政治权利，导致他们在政治参与中长期处于边缘化的地位。全面的政治参与是实质性的公民权利和政治权利，缺乏政治参与的热情与政治参与度低，整体而言是加拿大"系统种族主义"存在的结果。[④]

　　进入 21 世纪以来，越来越多的华人移民到加拿大。随着中国经济的发展和世界地位的上升，华侨华人受到更多的关注。这其中不乏赞美

---

① Janet Salaff, "Arent Greve & Lynn Xu Li Ping, Paths into the Economy: Structural Barriers and the Job Hunt for Skilled PRC Migrants in Canada", *The International Journal of Human Resource Management*, Vol. 13, No. 3, 2002.

② Shanti Fernando, *Race and the City: Chinese Canadian and Chinese American Political Mobilization*, UBC Press, 2006, p. 4.

③ Shanti Fernando, *Race and the City: Chinese Canadian and Chinese American Political Mobilization*, UBC Press, 2006, pp. 5 - 6.

④ Shanti Fernando, *Race and the City: Chinese Canadian and Chinese American Political Mobilization*, UBC Press, 2006, pp. 5 - 6.

或者鼓励等积极的关注，但是也有很多伴随着种族主义的思想产生的对中国以及华人的消极负面的观念。一些加拿大人对包括华人在内的移民产生了恐惧与排斥的心理，认为移民——无论他们是移民、公民还是永久居住者——抢走了白人的工作，很多人通过非法的途径进入加拿大，导致了社会的不稳定等。近些年来，加拿大政府逐渐开始收紧移民政策，开始倾向于支持那些所谓的"好移民"——有钱的移民，反对"坏移民"——因为家庭原因产生的移民。非白人移民在这样的政策导向之下显得尤为脆弱，他们很有可能因此而失去永久居民的身份、工作以及教育的机会。2010 年，加拿大著名的杂志 Maclean's 刊登了一篇文章"Too Asian"，指出越来越多的亚裔学生令加拿大的大学变得"亚洲化"，这篇文章引起加拿大亚裔社区的不满和抗议。这种针对亚裔的不公正报道显然反映出加拿大社会对亚裔人群的偏见。[①]

进入 21 世纪，中加两国关系受到加拿大保守党政府执政的挑战，华侨华人在加拿大也受到了一些不公正的对待和指责，华人的"忠诚度"一度备受质疑。保守党执政之后，对于华人工业间谍的指控总是不时地影响着加拿大与中国的关系。在 2006 年 4 月，在保守党政府宣誓就职后的两个月，时任对外事务部部长彼得·麦凯就指控有 1000 名中国间谍在加拿大窃取工业与高科技机密。[②] 很快，加拿大的很多媒体也刊登了诸如《加拿大担心中国剽窃商业情报》《中国有 1000 名商业间谍潜伏在加拿大》这种标题的文章。加拿大一些右翼政客和媒体称，中国情报机构早就有计划地将目光瞄准了加拿大自然资源和科技部门，利用中国学生和访问学者窃取加拿大的科技情报，并借此提高中国的全球经济竞争力。保守党的这一言论令加拿大华侨华人倍感紧张，将华人社

---

① 《加拿大主流媒体代表承认报道少数族裔普遍存偏颇》，2012 年 3 月 27 日，中国新闻网（http://www.chinanews.com/hr/2012/03－27/3775232.shtml）。

② "Government Vows to Curb Chinese Spying on Canada", April 16, 2006, *CanWest News Service*（http://www.canada.com/montrealgazette/news/story.html? id = ca90416e－fe77－4b8d－ae59－a4e9f55b6441&k = 26688）.

群整体置于被怀疑的境地，同时也影响了两国关系。[①] 时任中国驻加拿大大使卢树民回应说，渥太华的指责是毫无根据的，同时对两国的双边关系毫无益处。[②] 在加拿大和中国相关方面的努力之下，此事并未对中加关系造成更大的负面影响，不过对华人的恶意猜测和负面宣传并未就此打住。

当北京击败多伦多取得 2008 年奥运会的主办权后，一批华侨华人欣喜万分走上街头庆祝，华文媒体大量报道，引发了一场不小的风波。加拿大主流社会指责华人对加拿大毫无"归属感"。

2010 年 6 月，加拿大安全情报局局长查德·法登在接受加拿大广播公司专访时表示，一些外国政府以物质利益拉拢加拿大一些政界人物，希望通过他们来影响加拿大有关政策的制定；至少有两个省的某些内阁厅厅长以及市级官员，主要是华人，受到外国政府的渗透。虽然法登没有公开指明任何国家或个人，但他在讲话中多次暗示这个"外国政府"就是中国。比如，他说这个外国政府邀请加拿大官员访问并支付访问费用，对他们施加影响。他还指出，中国在加拿大的大学等机构施加政治影响的力度很大。加拿大的一些华人议员和政府官员认为，法登无凭无据对民选议员明示或暗示的批评实属不当，对很多人造成伤害，让一些政府公职人员蒙受猜疑，扰乱了他们的正常工作。针对法登的言论，及其在听证会上的表现，华人社群表达了不满，他们认为法登的言论已引起移民的极大反应，难以弥补对加拿大移民族群的伤害，要求法登收回言论并道歉，甚至引咎辞职。[③] 6 月 5 日，法登出席了众议院听证会，就这些言论接受质询。法登承认公开发表相关言论极不恰当。

① Jianada Zhongguo Jiandie Fengbo Kongzi Xueyuan Ye Cheng Jiandie Zuzhi, "Canada – China Spy Storm, Confucius Institute Alleged Spy Organization", June 19, 2007, *Singtao News* (http://www.stnn.cc：82/america/200706/t20070619_560041.html).

② "Canada's Espionage Accusation Against China Baseless", April 21, 2006, *China Daily* (http://www.chinadaily.com.cn/china/2006 – 04/21/content_573700.htm).

③ 《加拿大情报局长抛中国间谍论，华人团体纷纷抗议》，2010 年 7 月 8 日，国际在线 (http://gb.cri.cn/27824/2010/07/08/107s2912948.htm)。

2014年3月，加拿大不列颠哥伦比亚省的公益组织"中侨互助会"（SUCCESS）在列治文市树立了一块中文反赌博的广告牌，因为只有中文而没有英文受到当地英文媒体《列治文评论报》的抨击：认为中侨互助会作为政府资助的慈善机构，在公益广告中却不使用加拿大官方语言，是对纳税人资源的浪费。列治文市华人人口高达43.6%，是亚洲以外华人比例最高的城市。2013年10月加拿大联邦统计局所公布的资料显示，列治文市以普通话、粤语、闽南话等中国语言为母语的常住居民比例高达40.9%，令该市成为全加拿大唯一单一少数民族语言使用比例超过英、法两大官方语言的城市。但列治文市也是"反中文"情绪最激烈的地方。《温哥华太阳报》将列治文市称为"中国文化最明显的堡垒"①。2012年，两名列治文非华人居民对该市中文店标、门面广告进行取证，认为这些店"纯中文标识太多""对不懂中文者十分不便""会增加种族隔离和抹灭加拿大身份"。他们认为应像该市著名商场时代坊那样，强制规定2/3店标、广告必须用英/法语。2013年3月，他们在加拿大各传媒发起"千人签名征集"，试图通过向列治文市议会提交议案的方式，将"时代坊模式"强制性确定为地方法规。② 作为一种商业行为的标牌，在加拿大有些地区也成了"中国文化的堡垒"，会制造"种族隔阂"，这体现出加拿大非华人社群对华人的潜在不信任。

对华人"忠诚度"的怀疑反映出加拿大政府与社会中所隐藏的对华人族群作为"他者"看待的心理和近年来加拿大人对于中国经济崛起所展现出的复杂心态。在加拿大，正如在其他国家一样，自20世纪90年代以来中国的快速发展产生了两种反应：第一种是中国很大、很重要，而且正在变得更大和更重要；第二种反应混合了更多的不确定、焦虑以及恐惧，其中或许掺杂了一些机遇。

---

① 《列治文华人候选人"自宫"：招牌中文尺寸应小于英文》，2011年11月16日，新浪网（http：//finance. sina. com. cn/roll/20111116/183810829021. shtml）。

② 《加反赌广告只标中文引争议，被抨抹灭加拿大身份》，2014年3月20日，环球网（http：//world. huanqiu. com/exclusive/2014－03/4916709. html）。

　　根据加拿大亚太基金会所做的民意调查，我们可以看到加拿大公众对中国的态度的一些变化。对于中国不断增长的影响这一问题，亚太基金会在 2008 年、2010 年以及 2011 年的调查显示 66%、60% 以及 67% 的加拿大人认为未来十年中国的力量将会超越美国；就中国崛起所引发的焦虑而言，2004 年，只有 23% 的加拿大人认为中国不断增长的经济力量对于加拿大来说是威胁大于机遇；在 2006 年，这一数据上升到 38%。在 2008 年、2010 年以及 2011 年的调查中，问题有了调整：中国是一个机遇还是一种威胁？那些认为中国是机遇的人数从 2009 年的 60% 跌至 2010 年的 48%，2011 年为 43%。此外，中国军事实力的增长，2006 年有 52% 的加拿大人认为是一种威胁，2008 年是 64%，2010 年是 58%，而 2011 年是 60%。对中国的对外直接投资以及对加拿大公司的控制的看法：2010 年 82% 的加拿大受访者认为中国公司将来会掌控加拿大的主要公司。[①] 实际上，这些民意调查反映出的与那些在谈话类节目、媒体以及网络上反映出的问题是一致的。就是加拿大公众对于政府能够在多深的程度上包容拥有不同的价值、历史以及力量的中国表现出的焦虑。虽然很多华人已经成了加拿大的公民，依然无法获得本土加拿大人的彻底信任。而其日益加深的散居化趋势则更加剧了加拿大社会民族主义者的忧虑。

　　从中国的角度来看，华侨华人的散居化发展也会带来一定程度的挑战。双重认同的产生可以令中国将其海外族群作为极有价值的资源纳入国家的发展战略中，同时也可能导致东道国主流社会对华人社群的看法发生转变，产生与"中国威胁"有关的负面暗示，甚至最终给海外华人带来灾难。[②] 这在历史上是有前车之鉴的。著名华人历史学家王赓武，从海外华人的视角出发，对华侨华人的这种微妙处境开展过深入的

① Paul Evans, "Engagement with Conservative Characteristics: Policy and Public Attitudes, 2006 – 2011", in Pitman B. Potter and Thomas Adams ed., *Issues in Canada – China Relations*, Canadian International Council, 2011, pp. 24 – 26.

② Gregor Benton and Hong Liu, "A Single Chinese Diaspora?", in *Diasporic Chinese Ventures: The Life and work of Wang Gungwu*, London, New York: Routledge Curzon, 2004, p. 158.

研究。他的研究涉及东南亚华人民族主义、华人与中国、华人与东道国的关系等领域。王赓武通过对华人与中国、与东道国历史关系的描述，关注中国—华侨华人—东道国三者之间的互动，阐发上述三者之间的微妙复杂的现实，借此指出中国和东南亚邻国之间存在某些挥之不去的长久困扰，这便是一度深刻缠绕着海外华人社会的"中国情结"与"东南亚情结"之间的迷茫。在整个冷战期间，东南亚华人社会中，上述两种情结始终弥漫在华人与中国及其东道国的关系中。①

二 加拿大华侨华人跨国实践与民族国家的应对

长久以来，世界各国的移民都要承受融入东道国的艰辛，但是这些并没有阻止他们流动的步伐。进入 21 世纪，世界人口流动趋势大大加强，国家间形成了跨国的经济社会场域。加拿大华侨华人灵活多样的跨国实践活动也引发了中加两国诸多政策与机制方面的实际问题。华人移民——就如世界其他移民群体一样——逐渐发展成为一种自下而上的跨国力量，对传统主流的民族国家体系产生了结构性的冲击，民族国家必然要对这样一个全球化时代人类新的流动和聚集方式作出观念和实践上的回应。

20 世纪中叶开始加速的全球化进程给民族国家带来极大的挑战。随着跨国移民的产生，多民族社会的出现以及跨国共同体的形成，在现代通信、交通技术的推动下，非国家行为体能够保持紧密的跨国联系。民族国家的基本框架和界限受到来自这些跨国的非国家行为体的挑战。散居者群体身处于"祖籍国之外"，但是在认同上又被视为是在"人民之内"的独特处境令他们生活在现有的国际体系结构的"间隙"中，他们的组织以及空间逻辑往往会与现行的国际体系产生竞争。散居者的实践会逐渐产生累计的效应：影响作为机构的国家与作为观念的国家之间的关系；此外还会改变人们对国家的认识和实践

---

① 吴前进：《国家关系中的华侨华人和华族》，新华出版社 2003 年版，第 26—28 页。

的变化。

麦伦·维纳认为移民的跨国流动这种新的国际现实逐渐改变了"主权"这一概念：国家之间变得越发相互依存，国内政治受到越来越多的国际因素的影响，这些都在结构上侵蚀着早期的主权概念。对于国际移民来说，这一群体的独特之处在于他们能够改变和影响一个国家的人口结构，从而进一步影响其内政。他们将"外部"引入"内部"，每个移民个体都相当于将一小块"祖籍国"带入东道国的社会中；其结果并不是简单机械的，而是人与人之间的深度互动。因此，国际移民在决策者眼中的重要性不断提升，国家内部也产生了很多新的行政机构。例如，如果关于移民的议题与双边或者区域性的谈判相关，那么权力就会从劳动与内政部门转移到对外事务与防务部门。在实践中，移民的双边化趋势与国家的很多双边关系相连——贸易、投资、援助、资源以及环境等，这样一来就会牵涉更多的国内行政部门。因此，移民的流动及其实践会带来双方国家相关机构内部关系以及政策的变化，并且在祖籍国以及东道国的移民政策考量中引入了新的、多元化的利益。①

（一）中国的应对

华人新移民最重要的特征之一是他们的跨国流动性，这种特性既受到国家政策的影响，同时也会对国家政策及其相关机制产生影响。自20世纪90年代以来，随着中国改革开放进程的进一步深入发展，中国移民的国际流动性大大增强。例如，2006年针对3000名在北京工作的回国人员调查显示，692人（23.1%）拥有外国国籍，445人（14.8%）拥有外国永久居留权，该两项占到受调查人数的37.9%。在2007年的一项针对毕业后去向的调查显示，37%在英的留学生选择回国，29%不打算回国，34%不确定。两栖创业模式越来越受到高技术移民欢迎，这使得他们可以往返于中国和东道国之间，在中国创业，又不

---

① Myron Weiner, "On International Migration and International Relations", *Population and Development Review*, Vol. 11, No. 3, 1985.

必放弃海外的居留与事业。据欧美同学会副会长王辉耀估计，这种介于海归与居留之间的"海鸥"人数超过 10 万，成为当代中国国际移民的重要特征之一。①

为了能够将这一群体纳入中国的国家发展战略中，中国政府做出了相应的政策与机制的回应。很多新的政策顺应了跨国移民发展的潮流和趋势，在鼓励回国人员报国的同时为他们提供了全球范围内流动的弹性空间。传统意义上具有固定政治和地理界限的国家被更灵活的跨国流动概念所取代，高层次移民因之受益，他们在移出国和移入国担任多项并行的工作的可能性不受国界限制，体现了"散居者选择"及"人才环流"的模式。政府吸引高技术移民回国并与海外华人团体和个人建立更加紧密的联系。

然而国家和移民仍有不同的模式和运作差异（跨国流动性和国家主权至上的矛盾），这也不可避免地影响了不同群体的利益。围绕双重国籍的辩论成为国际移民和国际关系之间错综复杂的互动模式的一个反映。

由于许多新移民已加入所在国国籍，不少"海鸥"也是拥有外国国籍者，使双重国籍问题再次引起关注。对于很多海外华人来说，中国不承认双重国籍依然是一种政策和法律上的限制。很多华人都表达了希望中国能够承认双重国籍的愿望。1999 年中国全国政协会议期间，有代表提议修订国籍法，允许双重国籍，此后，主张承认（或有条件地承认）双重国籍的观点通过两会和新闻媒体等渠道反映出来。2003 年 10 月，加拿大普通话华人联合会在该国的新移民中进行了一次网上的调查，在 1888 位回答者中，92.6% 的人认为中国应当允许那些所在国也承认双重国籍的中国人持有双重国籍。② 该联合会将此项报告提交给时

---

① 刘宏：《海外华人与崛起的中国：历史性、国家与国际关系》，载刘宏《跨界亚洲的理念与实践——中国模式、华人网络、国际关系》，南京大学出版社 2013 年版。

② 刘宏：《海外华人与崛起的中国：历史性、国家与国际关系》，参见刘宏《跨界亚洲的理念与实践——中国模式、华人网络、国际关系》，南京大学出版社 2013 年版。

任国侨办主任陈玉杰。[①] 新西兰的四个华侨华人团体在 2004 年向全国政协副主席罗豪才提交修改双重国籍的条例。在中国国内，一些政界和海归人士如韩方明、王辉耀等人同样建议弹性处理双重国籍的问题，以便发挥高技术移民支持中国建设更大的能动性。2004 年，"双重国籍议题"被国侨办列为与政策相关的议题，并邀请学术机构对此进行深入研究。2004 年 12 月，国侨办官员表示修订国籍法时机尚未成熟，标志着以上关于双重国籍的争议和建议活动正式告一段落。

关于双重国籍问题的争论及其解决引出了两个值得关注的现象。第一，大量移民认为有必要恢复或保留中国国籍反映出高层次人才回国潮渐成趋势，中国跨国人才日渐增多。第二，为了缓解国际化和国家利益之间结构性差异带来的矛盾，高技术新移民认为可以通过解除国籍法限制来达到二者之间的共同利益。虽然双重国籍提议最终未获得通过，中国政府还是采取了其他种种方式适应新移民自由流动的趋势并鼓励他们为国效力，这彰显出中国国家治理思维的开放与方式的灵活。

中国政府出台一系列政策，旨在同时满足国家核心利益和新移民的利益需求。进入 21 世纪，中国对其海外华侨华人的关注点更加聚焦于拥有国际经验和全球视野的高级人才。2006 年 12 月，人事部为高层次留学回国人才开通"绿色通道"。这些人才包括三类：一是能够帮助促进中国技术进步、社会发展并与世界水平同步的高层次人才；二是能够帮助中国同世界加强联系和交流的高层次人才；三是具有国际经验和世界视野的高端人才。2009 年年底，由中组部牵头，中央制定了"千人计划"，旨在"分层次组织实施海外高层次人才引进计划。围绕国家发展战略目标，重点引进一批能够突破关键技术、发展高新产业、带动新兴学科的战略科学家和科技领军人才"。[②]

---

① 《中国政府重视双重国籍民意调查》，2010 年 11 月 4 日，多伦多在线（http://immi-gration. tigtag. com/canada/living/9577. shtml）。

② 刘宏：《海外华人与崛起的中国：历史性、国家与国际关系》，参见刘宏《跨界亚洲的理念与实践——中国模式、华人网络、国际关系》，南京大学出版社 2013 年版。

中国的外交部门为了适应新的情况，为华人移民回国提供更为便利的服务，也做出了很多调整。从 2013 年 7 月 1 日起，中国开始实施口岸签证制度，该签证一次入境有效，停留时间不得超过 30 天。目前全国 44 个城市已经设立超过 60 个口岸签证点。这种签证主要适用于人道类为主要原因的需紧急临时抵华的情况，华人如果需抵华看望病危病人或参加丧事等情况，可以抵达暂住地的口岸签证处，口岸机关会根据具体情况而及时做出批准与否的决定。从 2010 年 6 月 1 日起，公安部推出扩大外国人居留许可证签发对象政策，增设了探亲、投靠、置房、赡养、寄养等类居留许可，合法入境的华人，凡符合条件，均可申请办理。此外，中国出入境管理局联合外交部于 2004 年 8 月 1 日出台了中国永久居留证，也就是中国绿卡，有效期十年。但是由于申请条件十分严苛，截至 2011 年年底获得批准的人数仅为 4700 余人。2013 年 7 月 1 日生效的新《出入境管理条例》对于申请绿卡的门槛将有所降低。

海外侨胞与国内联系交往日益密切，为保护他们在中国国内合法权益，国务院侨办和地方各级侨办根据"一视同仁、不得歧视，根据特点、适当照顾"的基本原则，会同或者推动有关部门制定了涵盖华侨国内权益的一系列政策法规，保护华侨在国内权益的政策法规体系逐步形成。比如推动解决了在中国就业的华侨参加社会保险问题；保障华侨学生在国内的受教育权；积极参与制定引进海外侨胞人才政策；完善保护华侨捐赠权益的法规和政策等。

此外，中国还通过人民政协制度将海外华侨纳入国家政治制度中，保障华侨在中国的政治权力。全国政协从第一届开始就专门设有涉及华侨事务的委员会。① 自 20 世纪 90 年代以来，由于侨情的发展和变化，海外华侨逐渐产生了参与政协活动的现实需求，应邀列席政协会议也成为人民政协制度的重要创新。目前，中国的各级政协都开展了邀请海外华侨参与政协的工作。但总体还处于探索实践的阶段，尚无国家层面明

---

① 张赛群：《中国侨务政策研究》，知识产权出版社 2010 年版，第 142 页。

确的法规政策，许多工作还需进一步开展实践创新和制度创新。①

（二）加拿大的应对

华侨华人的跨国流动也给加拿大政府带来了新的议题。华人移民、华人留学生以及华人旅游者日益增加，加拿大政府同样关注如何将这一庞大跨国群体的利益与加拿大的国家利益整合在一起。因此努力将自身打造成为华人移民、留学以及旅游目的国。

进入21世纪以来，加拿大政府在各个方面都加大了向中国开放的力度。例如，吸纳投资移民方面，将更多的指标分配给了中国。据统计，2010年计划吸收的2055个移民投资者中，其中52%的指标分配给了加拿大驻中国香港和北京的办公室。② 与此同时，加拿大公民与移民部对相关的移民政策与法规进行了调整，目的是促进中加之间的人口流动，更好地促进包括教育和旅游等相关产业的发展。③ 例如，签证问题。为了解决加拿大针对中国学生、短期工作以及旅游签证审批慢、拒签率高的问题，争取中国这一巨大的出境游市场，自从2009年中国政府批准加拿大成为中国旅游目的地国家后④，加拿大政府为了吸引中国游客，在放宽签证方面不断做出努力。目前中国游客赴加旅游签证的通过率已经高达95%。2011年中国公民过境面签项目落实到位，这项规定令持有美国签证的中国公民在通过温哥华国际机场往返于中美之间时，无须持有加拿大过境签证。

除了大量流向加拿大的中国移民、留学生和旅行者外，近年来出现的一个更为重要的发展趋势是加拿大向中国的人口流动趋势。自20世

---

① 陈文良：《制度视角下的海外侨胞回国参加政协会议机制：历史、现状与发展》，《华侨华人历史研究》2013年第3期。

② "Canada Eyes Rich Chinese Immigrant Investors"，March 18，2009，*Chinese in Vancouver*（http：//www. chineseinvancouver. ca/2009/03/canada – eyes – rich – chinese – immigrant – investors）.

③ Kenny Zhang，*Flows of People and the Canada – China Relationship*，Canadian International Council，China Papers，No. 10，May 2010，p. 24.

④ "Canada Granted Approved Destination Status by Chinese Government"，January 21，2005，*Industry Canada*（http：//www. ic. gc. ca/eic/site/ ic1. nsf/eng/02331. html）.

纪 90 年代以来，中国经济发展的速度和巨大的体量，已经令其成为一个极具发展前景与充满机会的国家，尽管她不是一个移民国家，但是依然吸引着包括加拿大在内的很多国家的人前往那里寻求机遇。

进入 21 世纪以来，中国发放的工作签证逐年增加。举例来说，仅就上海一地来看，在进入 21 世纪的头十多年中，工作签证的数量就增长了十几倍。加拿大是上海外籍工作人员的第七大来源国。对于加拿大来说，目前中国是其第十大旅游目的地国家。中国已经超过加拿大，成为吸引国际学生的第六大目的国。[①] 中国正在吸引包括加拿大人在内的世界各国的人群前往工作、学习和旅游。伴随这一发展趋势，学习中文、作为游客访问或者居住在中国的华裔加拿大人或非华裔加拿大人的数量在不断上升。

随着在中国的加拿大社群的日益壮大，加拿大政府越发感到无法忽略这一群体。对于加拿大政府来说，如何有效地管理这一海外"加拿大散居者"群体（其中很大一部分是华人）是加拿大对华政策与关系中的重要内容之一。2009 年 4 月 17 日，出于对其海外人口的管理与控制的目的，为了推动海外散居的加拿大人能够真正居住在加拿大，而非仅仅获取一个身份，加拿大通过了 C—37 法案——新公民法。新公民法规定，海外出生的移民在成为加拿大公民后，如果他们在加拿大以外地方生孩子，而这些孩子的下一代将来也在加拿大以外出生的话，这些移民的第二代将不会自动获得加拿大国籍。[②] 这一新法案对那些已经获得加拿大公民身份的回流华人产生了很大的影响，因为海外第三代不能自动继承加拿大国籍。尤其在中国香港、新加坡等加拿大华商聚集的地区引发了争议及不满。海外加拿大华人建立了"修改 C37 条网站：www. Amendc37. ca"，希望聚集所有的反对力量，促成加拿大恢复原有国籍

---

① Kenny Zhang, *Flows of People and the Canada – China Relationship*, Canadian International Council, China Papers, No. 10, May 2010, p. 31.

② New Citizenship Rules, *Citizenship and Immigration Canada*, （http：//www. cic. gc. ca/english/citizenship/rules – citizenship. asp）.

法，给予海外第三代继承国籍的权利。

近年来，在中加关系日益受到加拿大政府高度关注的背景下，加拿大政府开始转变思路，从人口双向流动的意识出发，尊重海外加拿大人居住在海外的意愿，同时增强他们与加拿大的联系以及归属感。他们不再将那些居住在中国的加拿大华人视作是一群仅仅持有加拿大护照的人，试图通过一些政策与机制的调整将这一海外群体纳入加拿大的国家利益中。近年来，加拿大更为重视他们在海外的领事工作，进一步完善相关的沟通机制，广泛听取海外散居群体的需求；同时完善涉及领事保护及其他服务的相关法律法规，以便于他们对其海外公民权益的知情与介入，确保海外加拿大人相关的风险得到妥善地评估与处理。此外，加拿大政府还试图将居住在海外的公民纳入一些特定的决策进程中，鼓励他们在一些特定议题上进行政治参与。比如鼓励在华的华裔加拿大人积极参与加拿大对华政策决策进程，此外还涉及海外加拿大公民的纳税和选举等问题。这些政策与措施的目的都是保持和加强加拿大散居者与加拿大的紧密联系。①

就中加关系而言，加拿大各级政府都希望能够通过在中国的旅居群体更好地加强与中国的贸易、投资以及商务关系。② 对加拿大来说，中国已经不再仅仅是她的一个重要的人力资源输出国，她正在发展成为一个世界人口、资源和商品流动的重要集散中心。加拿大开始意识到中国同时作为两国人口流动的来源国和目的地的重要性，因此做出了政策的应对，在对华关系中试图将自身定位为一个中国移民、学生、旅行者偏好的目的国；与此同时，也需要面对更多的加拿大人前往东方去学习和工作的现实。对加拿大来说，只有通过相关的政策保证两国之间贸易及投资的畅通、促进两国间人口的自由流动，才能受惠于中国的经济增

---

① Mark Boyle and Rob Kitchin, *A Diaspora Strategy for Canada? Enriching Debate through Heightening Awareness of International Practice*, Canadians Abroad Project Paper, No. 11 – 1, May 2011.

② Kenny Zhang, *Flows of People and the Canada – China Relationship*, Canadian International Council, China Papers, No. 10, May 2010, p. 34.

长，有利于加拿大的国家利益。

小　结

进入21世纪，加拿大华人社群出现了新的发展趋势。20世纪90年代之后移入加拿大的新移民（尤其是中国大陆新移民）中，有很多人再次回流到中国。这一批回流移民很多已经入籍成为加拿大公民，因而成为"再移民"回中国居住的加拿大散居者。这种复杂的流动给华人移民带来更为复杂多元的生存状态与情感认同。进入21世纪以来，迅速发展的互联网科技进一步加强了散居世界各地的华人的跨国性。全世界的华人，即使没有参与行动上的跨国流动，也开始在互联网上共享一些松散的社会文化空间。这一网络空间建立在中华文化以及由此带来的民族主义的基础之上，它超越了国家的界限，有其自身运行和实践的伦理规范。这种现实情况成为海外华人跨国性、散居化发展的标志之一。在观念上，它具有的某种去领土化的华人主体性对传统的国家概念提出了挑战。

华侨华人的散居化发展引发了跨国主义与民族国家之间的关系问题。从现实层面来看，无论是对于加拿大还是对于中国来说，华侨华人都属于民族的范畴。对于加拿大来说，赋予华人公民身份和政治认同并不能完全消除族裔差别带来的文化与政治上的差异，而华人的"双重甚至多重认同"在某些时候会引起国内主流社会的猜忌。对于中国来说，海外华人虽然"属我族类"，但是在其政治认同归属他国的情况下，过分强调同一民族也会引发东道国的防范。与此同时，华侨华人灵活的跨国实践也引发两国在诸多政策与机制方面的实际问题与考量。从长远来看，华侨华人跨国流动的进一步发展将会成为一种自下而上的跨国力量，对现行的民族国家体系产生结构性的冲击，迫使国家对全球化时代人类新的流动和聚集方式做出回应。

结束语

华侨华人与人类命运共同体

经过几个世纪的流动和移居，海外华侨华人已经形成了一个规模巨大的群体。从客居他乡到散居世界各地，华侨华人的生活和流动方式产生了很大变化。在全球化深入发展的趋势之下，当代华侨华人的生存状态出现了跨国性的特征：他们与东道国和祖籍国之间产生了更为复杂、灵活、密集的互动关系，在国家之间编织出跨国社会网络，并且形成了彼此兼顾的多重认同和社会实践。

当代华侨华人的散居化发展是全球化时代的产物。自 20 世纪后半叶以来，经济全球化深入发展，与此同时信息交通技术快速提升，全球人口流动速度加快、数量增加。移民群体的跨国实践活动超越了传统的国家界限，建构出新的跨国空间，给现代民族国家的治理带来了机遇与挑战。在越发密集的跨国场域中形成的社会经济政治互动促进了国家之间的全面接触和沟通交流，国际事务的参与主体更加多元化，国家之间的相互依存进一步加深。移民的跨国实践扩展了国际关系的研究领域，令"低政治"（经济、文化、社会、环境和移民等问题）进入决策者和研究者的视野。同时这种跨国实践也对国际关系的结构产生了影响。在包括跨国移民在内的非国家行为体日益活跃的今天，"国内"与"国际"、"国家"与"民族"之间的关系日益复杂，国家的边界开始变得模糊。当然，民族国家依然是国际关系领域最重要的行为者，但是他们都不得不对自身庞大的跨国流动人群做出民族国家框架之内的价值、实践以及政策上的应对。

移民群体自身也在跨国实践中发生了变化。他们与民族国家产生了新的互动，由于这些互动很多发生在现有国际体系结构的"间隙"之中，它们因此慢慢地建构出具有鲜明的跨国性特征的组织和空间逻辑，与现有的国际体系产生了竞争。从长远来看，这些跨国移民密集的社会实践终将产生累积的效应，影响人们对于民族国家和国际关系的认识与实践。

中国正在努力实现 21 世纪的国家发展和民族复兴的历史任务，也面临着前所未有的机遇和挑战。在全球化时代实现这一历史任务，需要结合自身的历史与现实，界定和阐明中国在新时代的价值观；同时还需要在一个充满不确定因素的多变复杂的国际环境中寻求国家的统一和发展。如何面对和正确处理开放时代带来的人口的大规模流动，使其成为助力国家内政和外交的积极因素，是中国这样一个拥有悠久的移民历史和丰富的海外移民资源的国家的重要国际关系议题。在这一背景下，应当从三个方面观察华侨华人、中国外交与国际关系的互动。

首先，中国国家利益与华侨华人利益之间的关系。第二次世界大战结束以来，伴随着中国的发展，国家利益在不同的阶段有不同的发展变化。在此期间，国家利益或与海外华人利益相容，或与其利益相左，直接影响着海外华侨华人的发展及其与中国的关系。冷战结束以来，来自中国大陆的新移民数量增加。他们在中国完成了社会化，对中国的社会文化具有天然的认同，同时具备中国融入全球化所需要的管理技能和国际经验，因此在中国的经济转型、社会建设中发挥了积极作用。新移民群体与中国之间的跨国接触的深度与广度都要超过海外华人的其他亚群体。在这一过程之中，他们也实现了自身的发展和价值，因此他们的利益与中国的利益是一致的。中国因此调整和修改了一系列政策，形成了更为便捷有效的机制，以便更好地促进这一群体与中国的沟通互动，将他们纳入中国的国家发展与国际战略之中。

其次，中国特色的国际关系理论建构与海外华侨华人之间的关系。

虽然一直以来基于文化身份认同的利益联结关系成为我们看待与对待海外华侨华人重要的认识与理论基础，但是在进一步的理论思考中，海外华侨华人参与中国发展建设的可行性以及他们的身份认同和利益是否与中国的具体利益相一致等问题还需要更为系统地考察与研究。在这一研究过程中，必须充分考虑中国和那些华侨华人的居住国的文化、社会与历史的发展，以及政治结构的特点等因素，并对这些差异性做出分析和解释。要用历史的眼光在观察华侨华人的发展以及祖籍国和东道国的发展变化中寻求答案。

最后，在中国国家实力增强和国际地位不断提升的情况之下，需要更为审慎地看待以及处理中国与华侨华人之间的关系。国际体系的发展一直是制约华侨华人在国际关系中发挥作用的重要背景因素。当下国际秩序正在发生变化，中国正在转变成为国际新秩序的关键性建构者。在这样的国际形势之下，我们应当用历史和发展的眼光看待中国的海外散居群体在国际关系中不断增长的积极作用，并提供相应的政策回应与制度保障。这不仅仅是目前国际关系研究学者面临的挑战，也是中国和华侨华人面临的挑战。

中共十九大提出构建人类命运共同体的思想，是一种顺应时代发展的新时代的世界观。这一思想所具有的发展的、全球的宽阔视野，能够让我们更清晰地看到中国和其海外移民之间的历史渊源和发展前景。同时这一思想也为世界人口流动治理提供了中国智慧。人类命运共同体的建构与世界范围内的人口流动息息相关。中国悠久的移民历史，和世界上其他国家和民族的移民历史一样，让我们看到了人类因为流动而最终需要面对共同的生活环境和利益交错这一历史趋势。如何正确处理与移民之间的关系，事关国家的稳定和发展、人类的命运与前途。

华侨华人作为中国海外移民群体，一直以来与祖籍国保持着各种形式的联系。他们是中国与世界联系的一个独特的群体，在不同的历史时期发挥了不同的历史作用。今天，海外华侨华人所独具的双重文化、跨国流动和全球网络等优势使得他们成为承载中国对外文化交流沟通、经济商贸往来以及促进和平发展的重要群体。对于中国而言，在国家进一步改革开放的推动之下，在人类命运共同体的美好愿景的感召之下，应当更加重视海外华侨华人这一群体在其中能够发挥的重要作用，在相互依存的世界中创建一个共同的领域。

从华侨华人的角度来说，人类命运共同体的愿景符合他们的发展趋势和群体利益。人口的大规模便捷地流动是当今世界发展的趋势，这一流动促进了世界经济的发展和社会文化的交流，利于全球的和平与发展。中国顺势而为，提出共同构建人类命运共同体，将中国海外华侨华人的命运与中国和全球的发展联系在一起。与全世界共同发展，才能最终结束海外华侨华人漂泊流离的命运。

参考文献

一 相关的中文著述

（一）中文著作

陈奕平：《和谐与共赢——海外侨胞与中国软实力》，暨南大学出版社
　　2012年版。

冯应谦：《全球化华文媒体的发展机遇——第四届世界华文传媒与华夏
　　文明传播国际学术研讨会论文集》，复旦大学出版社2006年版。

关世杰：《跨文化交流学》，北京大学出版社2012年版。

郭万超：《探寻当代最优发展模式——中国经济大变革》，经济日报出
　　版社2012年版。

黄昆章、吴金平：《加拿大华侨华人史》，广东高等教育出版社2001
　　年版。

李节传编著：《图本加拿大通史》，山东人民出版社2011年版。

李未醉：《加拿大华人社会内部的合作与冲突研究（1923—1999）》，世
　　界知识出版社2007年版。

李智：《文化外交——一种传播学的解读》，北京大学出版社2006年版。

刘宏：《跨界亚洲的理念与实践——中国模式·华人网络·国际关系》，
　　南京大学出版社2013年版。

刘泽彭：《互动与创新：多维视野下的华侨华人研究》，广西师范大学
　　出版社2011年版。

潘兴明：《20世纪的加中关系》，学林出版社2007年版。

丘进：《华侨华人研究报告（2012）》，社会科学文献出版社 2012 年版。

任贵祥：《海外华侨华人与中国改革开放》，中共党史出版社 2009 年版。

王辉耀：《中国国际移民报告（2015）》，社会科学文献出版社 2015 年版。

王辉耀：《中国国际移民报告（2014）》，社会科学文献出版社 2014 年版。

王辉耀、苗绿：《海外华侨华人专业人士报告（2014）》，社会科学文献出版社 2014 年版。

王鸣鸣：《外交政策分析：理论与方法》，中国社会科学出版社 2008 年版。

王晓萍、刘宏：《欧洲华侨华人与当地社会关系：社会融合、经济发展、政治参与》，中山大学出版社 2011 年版。

吴前进：《国家关系中的华侨华人和华族》，新华出版社 2003 年版。

邢悦：《文化如何影响对外政策：以美国为个案的研究》，北京大学出版社 2011 年版。

赵启正、雷蔚真：《中国公共外交发展报告（2015）》，社会科学文献出版社 2015 年版。

赵启正：《公共外交与跨文化交流》，中国人民大学出版社 2011 年版。

张赛群：《中国侨务政策研究》，知识产权出版社 2010 年版。

仲伟合主编：《加拿大内政与外交研究》，世界图书出版广东有限公司 2014 年版。

周聿峨、龙向阳等：《华侨华人与国际关系》，厦门大学出版社 2012 年版。

朱红：《转换 融合——中国技术移民在加拿大》，社会科学文献出版社 2008 年版。

（二）中文译著

［英］克里斯托弗·希尔：《变化中的对外政策政治》，唐小松、陈寒溪译，人民出版社 2007 年版。

［英］戴维·赫尔德：《全球大变革：全球化时代的政治、经济与文化》，杨雪冬译，社会科学文献出版社 2001 年版。

［日］金子将史、北野充：《公共外交："舆论时代"的外交战略》，《公共外交》翻译组译，外语教学与研究出版社 2010 年版。

［加］李胜生：《加拿大的华人与华人社会》，宗力译，香港三联书店 1992 年版。

［美］米尔顿·J. 贝内特：《跨文化交流的建构与实践》，关世杰、何惺译，北京大学出版社 2012 年版。

［美］约翰·J. 米尔斯海默、斯蒂芬·M. 沃尔特：《以色列游说集团与美国对外政策》，王传兴译，上海人民出版社 2009 年版。

［加］沃尔特·怀特、罗纳德·瓦根伯格、拉尔夫·纳尔逊：《加拿大政府与政治》，刘经美、张正国译，北京大学出版社 2006 年版。

［美］亚历山大·温特：《国际政治的社会理论》，秦亚青译，上海人民出版社 2008 年版。

（三）中文期刊论文

阿列汉德罗·波斯特、周敏：《国际移民的跨国主义实践与移民祖籍国的发展——美国墨西哥裔和华裔社团的比较》，《华人研究国际学报》2011 年第 1 期。

保罗·埃文斯、胡虹霞、崔存明摘译：《加拿大对全球化中国的回应》，《国外理论动态》2008 年第 10 期。

柴玲：《论海外华人的中国认同》，《国际社会科学杂志》（中文版）2010 年第 1 期。

潮龙起：《侨务公共外交：内涵界定与特点辨析》，《东南亚研究》2013 年第 3 期。

潮龙起、魏华云：《跨国的政治参与：华侨华人的反独促统工作探析：以海外中国和平统一促进会为中心》，《理论学刊》2010 年第 6 期。

潮龙起：《跨国华人研究的理论和实践——对海外跨国主义华人研究的评述》，《史学理论研究》2009 年第 1 期。

车英麟：《两岸和平发展引领海外反"独"促统运动登新高》，《统一论坛》2009 年第 5 期。

陈国霖、陈波译：《华人有组织犯罪》，《犯罪研究》2013 年第 6 期。

陈力：《中国人才流动的政策措施》，2012 年 11 月 28 日，中国人事科学研究院。

陈丽园：《侨批公会的建立与跨国侨批网络的制度化（1911—1937）：以潮汕为例的研究》，《华侨华人历史研究》2012 年第 2 期。

陈文良：《制度视角下的海外侨胞回国参加政协会议机制：历史、现状与发展》，《华侨华人历史研究》2013 年第 3 期。

陈奕平、范如松：《华侨华人与中国软实力：作用、机制与政策思路》，《华侨华人历史研究》2010 年第 2 期。

陈永升：《跨国移民理论与华侨华人研究座谈会综述》，《华侨华人历史研究》2007 年第 4 期。

程希：《侨务工作转型与政府机构改革刍议》，《中国发展》2009 年第 9 卷第 3 期。

程希：《五十年代中国侨务与外交关系浅议》，《八桂侨刊》2004 年第 3 期。

邓丽兰、班国瑞：《英国华侨社团的历史演变与当代华人社会的转型》，《华侨华人历史研究》2005 年第 2 期。

邓三鸿、许鑫：《近 10 年国内华人华侨研究状况——基于 CSSCI 的分析》，《东岳论丛》2011 年第 11 期。

丁月牙：《回流移民再融入的生活史研究——以加拿大回流北京的技术移民为例》，《华侨华人历史研究》2012 年第 4 期。

丁月牙：《论跨国主义及其理论贡献》，《民族研究》2012 年第 3 期。

高伟浓、寇海洋：《试析新型华人社团在中国公共外交中的文化中介功能》，《商丘师范学院学报》2013 年第 2 期。

和静钧：《用政治自由享受政治民主——加拿大华人组党启示录》，《南风窗》2007 年 8 月（下）。

贺灿飞、王俊松:《社会文化联系与香港对外贸易》,《经济地理》2008
　　年第 28 卷第 1 期。

黄鸿钊:《加拿大华人社会的变迁》,《史学月刊》1996 年第 6 期。

李安山:《华侨华人学的学科定位与研究对象》,《华侨华人历史研究》
　　2004 年第 1 期。

李明欢:《战后世界人口的增长与华人海外移民》,《华侨华人历史研
　　究》1993 年第 1 期。

李其荣:《发达国家技术移民政策及其影响——以美国和加拿大为例》,
　　《史学集刊》2007 年第 2 期。

李其荣:《华人新移民研究评析》,《东南亚研究》2007 年第 5 期。

李嘉郁:《论华文教育的定位及其发展趋势》,《华侨华人历史研究》
　　2004 年第 4 期。

李未醉:《加拿大华人参政之我见》,《八桂侨刊》2007 年第 1 期。

李未醉:《加拿大的华文报刊论析》,《八桂侨刊》2009 年第 2 期。

李盈慧:《海外华人认同的三种论述:评颜清湟、古鸿廷、王赓武的三
　　部著作》,《东南亚学刊》2004 年第 1 卷第 1 期。

梁志明:《世纪之交中国大陆学术界关于华侨华人的研究》,《华侨华人
　　历史研究》2002 年第 1 期。

廖建裕:《全球化中的中华移民与华人华侨研究》,《华侨华人历史研
　　究》2012 年第 1 期。

廖杨:《世界体系中的"华南经济圈"及其参与中国—东盟自由贸易区
　　的优势问题——全球化背景下的华南经济圈研究之一》,《广西民族
　　研究》2005 年第 1 期。

林逢春、陈梦莹:《华人精英对"中国梦"的态度与成因初探》,《山东
　　青年政治学院学报》2014 年第 6 期。

刘宏:《海外华人研究的谱系——主题的变化与方法的演进》,《华人研
　　究国际学报》2009 年第 2 期。

刘新华:《论中国的海外利益》,《当代世界》2010 年第 8 期。

隆德新、林逢春：《建构主义视角下的侨务公共外交——理论沟通与发现》，《广西社会科学》2014 年第 4 期。

隆德新、林逢春：《侨务公共外交：理论内核、本体特征与效用函数》，《东南亚研究》2013 年第 5 期。

龙向阳、周聿峨：《关于"华侨华人与国际关系"的再思考》，《华侨华人历史研究》2011 年第 1 期。

龙向阳：《1500—1800 年间的东南亚国家关系与华侨华人——一种世界体系视角的分析》，《南洋问题研究》2006 年第 1 期。

龙向阳：《朝贡体系中的华侨华人（1000—1500 年）——一种世界体系视野分析》，《南洋问题研究》2004 年第 4 期。

龙向阳：《世界体系思想对华侨华人历史研究的意义》，《华侨华人历史研究》2004 年第 1 期。

糜晓昕：《中国网络媒体影响下的加拿大华文媒体的融合——浅析〈环球华报〉应对策略》，《新闻传播》2013 年 2 月。

潘光、赵国军：《析"世维会"的国际化图谋》，《现代国际关系》2009年第 9 期。

彭霄：《全球化、民族国家与世界公民社会——哈贝马斯国际政治思想评述》，《欧洲研究》2004 年第 1 期。

丘立本：《国际移民趋势、学术前沿动向与华侨华人研究》，《华侨华人历史研究》2007 年第 3 期。

山岸猛：《新阶段的侨汇与新移民（下）》，《南洋资料译丛》2008 年第2 期。

苏长和：《论中国海外利益》，《世界经济与政治》2009 年第 8 期。

唐小松、黄忠：《中国网络外交的现状与对策研究》，《国际问题研究》2009 年第 4 期。

王辉：《加拿大华人文化和主流文化整合的案例分析——以温哥华力拓加铝国际龙舟节为例》，《八桂侨刊》2013 年第 4 期。

万晓宏：《当代加拿大华人精英参政模型分析》，《华侨华人历史研究》

2012 年第 3 期。

万晓宏：《当代加拿大华人参政分析》，《世界民族》2011 年第 4 期。

王伟男：《侨务公共外交：理论构建的尝试》，《国际展望》2012 年第
　　8 期。

王建波：《魁北克问题与加拿大的多元文化主义政策》，《中南大学学
　　报》（社会科学版）2012 年第 6 期。

吴洪芹：《海外华人的民族认同与国家观念辨析》，《华侨华人历史研
　　究》1996 年第 1 期。

吴前进：《当代移民的本土性与全球化——跨国主义视角的分析》，《现
　　代国际关系》2004 年第 8 期。

吴前进：《冷战后华人移民的跨国民族主义——以美国华人社会为例》，
　　《华侨华人历史研究》2006 年第 1 期。

吴前进：《跨国主义的移民研究——欧美学者的观点和贡献》，《华侨华
　　人历史研究》2007 年第 4 期。

吴前进：《孙中山与海外华侨民族主义》，《华侨华人历史研究》2011 年
　　第 3 期。

吴婷、汪炜：《加拿大华人参政的制约因素》，《八桂侨刊》2013 年第
　　1 期。

徐丹、梁璐璐：《管窥文化资本维度下的新移民融合问题——以加拿大
　　华人为个案》，《东北大学学报》（社会科学版）2013 年第 15 卷第
　　2 期。

翟金秀：《中国崛起语境下的加拿大对华反应与外交》，《历史教学》
　　2008 年第 12 期。

张秀明：《国际移民体系中的中国大陆移民——也谈新移民问题》，《华
　　侨华人历史研究》2001 年第 1 期。

张燕：《加拿大华文教育的发展现状与主要问题研究》，《云南师范大学
　　学报》2011 年第 1 期。

张燕：《加拿大华文教育的历史发展及前景展望》，《八桂侨刊》2010 年

第 4 期。

张颖:《华人社团与华人华侨文化认同探析》,《中华文化》2012 年第 3 期。

赵可金、刘思如:《中国侨务公共外交的兴起》,《东北亚论坛》2013 年第 5 期。

郑华:《新公共外交内涵对中国公共外交的启示》,《世界政治与经济》2011 年第 4 期。

周敏、刘宏:《海外华人跨国主义实践的模式及差异——基于美国与新加坡的比较分析》,《华侨华人历史研究》2013 年第 1 期。

周聿峨、龙向阳:《关于"华侨华人与国际关系"的思考》,《现代国际关系》2002 年第 6 期。

周聿峨、白庆哲:《国际移民与当代国际安全:冲突、互动与挑战》,《东南亚纵横》2006 年第 1 期。

周聿峨、王显峰:《当代中国非法移民活动的成因——以福建沿海地区非法移民为例》,《东南亚纵横》2004 年第 3 期。

朱桃香、代帆:《融合与冲突——论海外华侨华人的认同》,《东南亚研究》2002 年第 3 期。

庄国土:《东亚华商网络的发展趋势——以海外华资在中国大陆的投资为例》,《当代亚太》2006 年第 1 期。

庄国土:《回顾与展望:中国大陆华侨华人研究述评》,《世界民族》2009 年第 1 期。

卓高鸿:《海外华侨华人在"反独促统"活动中的优势和作用》,《中央社会主义学院学报》2012 年 4 月。

赵可金:《网络外交的兴起:机制与趋势》,《世界经济与政治》2011 年第 5 期。

宗力:《多元文化社会的民族关系与新种族主义:中国大陆移民在加拿大面临的社会障碍》,《西安交通大学学报》(社会科学版)2010 年第 6 期。

（四）中文学位论文

白庆哲：《华侨华人与两岸关系研究》，博士学位论文，暨南大学，
　　2005 年。

贺建涛：《二战后加拿大少数族群公民身份的建构与调适》，博士学位
　　论文，南开大学，2012 年。

罗俊翀：《美籍华人与美中关系》，博士学位论文，暨南大学，2008 年。

罗向阳：《当代华人社团跨境活动研究》，博士学位论文，暨南大学，
　　2010 年。

吴婷：《加拿大华人参政研究——以 2011 年联邦大选为例》，硕士学位
　　论文，暨南大学，2012 年。

袁源：《冷战后加拿大华文教育研究——兼论加、美华文教育之异同》，
　　硕士学位论文，暨南大学，2006 年。

张广利：《引进外资中海外华人社会资本的功效研究》，博士学位论文，
　　复旦大学，2004 年。

郑义绚：《华侨华人资本对华投资对中国经济发展的作用》，硕士学位
　　论文，对外经济贸易大学，2006 年。

钟弢：《加拿大华文报刊发展策略研究》，硕士学位论文，浙江大学，
　　2010 年。

二　相关的英文著述

（一）英文著作

Aihwa Ong, *Flexible Citizenship*：*The Cultural Logics of Transnationality*,
　　Durham, NC：Duke University Press, 1999.

Aihwa Ong, *Flexible Citizenship*：*The Cultural Logics of Transnationality*,
　　Durham, NC：Duke University Press, 2000.

Aihwa Ong and Donald Donini eds. , *Ungrounded Empires*：*The Cultural
　　Politics of Modern Chinese Transnationalism*, New York：Routledge,
　　1997.

Andrew F. Cooper and Dane Rowlands eds. , *Canada Among Nations*, Montreal & Kingston: McGill – Queen's UP, 2005.

Daniel Chirot and Anthony Reid eds. , *Essential Outsiders: Chinese and Jews in the Modern Transformation of Southeast Asia and Central Europe*, Seattle: University of Washington Press, 1997.

David Carment and David Bercuson eds. , *The World in Canada: Diaspora, Demography, and Domestic Politics*, Montreal: McGill – Queen's University Press, 2008.

David Ley, *Millionaire Migrants: Trans – Pacific Life Lines*, Malden, MA: Wiley – Blackwell, 2010.

Deborah Bryceson, Ulla Vuorela, *The Transnational Family: New European Frontiers and Global Networks*, Oxford; New York: Berg, 2002.

Eva Ostergaard – Nielsen, *Trans – State Loyalties and Politics: Turks and Kurds in Germany*, London; New York: Routledge, 2003.

Eric A. Nordlinger, *On the Autonomy of the Democratic State*, Cambridge, Massachusetts: Harvard University Press, 1981.

Gregor Benton and Hong Liu ed. , *Diasporic Chinese Ventures: The Life and work of Wang Gungwu*, London, New York: Routledge Curzon, 2004.

Gungwu Wang eds. , *Global History and Migrations*, Boulder, Colo. : Westview Press, 1997.

Gungwu Wang, *China and the Chinese Overseas*, Singapore: Times Academic Press, 1991.

Henry Yeung Wai – chung, *Chinese Capitalism in the Global Era: Towards Hybrid Capitalism*, London: Routledge, 2004.

Henry Wai – chung Yeung and Kris Olds, eds. , *Globalization of Chinese Business Firms*, New York: St. Martin's Press, 2000.

Howard Aldrich and Martin Ruef, *Organizations Evolving*, London: Thousand Oaks, California: Sage, 2006.

Huhua Cao and Vivienne Poy, eds. , *The China Challenge—Sino – Canadian Relations in the 21ˢᵗ Century*, Ottawa: University of Ottawa Press, 2011.

Jana Evans Braziel and Anita Mannur eds. , *Theorizing Diaspora: A Reader*, Massachusetts: Blackwell, Malden, 2003.

Jennifer W. Cushman ed. , *Changing Identities of the Southeast Asian Chinese since World War II*, Singapore: Hong Kong University Press, 1988.

Jennifer W. Cushman and Wang Gungwu eds. , *Changing Identities of the Southeast Asian Chinese since World War II*, Hong Kong: Hong Kong University Press, 1985.

Joel Kotkin, *Tribes: How Race, Religion and Identity Determine Success in the Global Economy*, New York: Random House, 1993.

Laurence J. C. Ma and Carolyn Cartier eds. , *The Chinese Diaspora*, Lanham: Rowman and Littlefield, 2003.

Leo Suryadinata ed. , *Migration, Indigenization and Interaction: Chinese Overseas and Globalization*, Singapore: World Scientific Publishing Company, 2011.

Linda Basch, Nina Glick Schiller and Cristina Szanton Blanc, *Nations Unbound: Transnational Projects, Postcolonial Predicaments and Deterritorialized Nation – States*, Langhorne, PA: Gordon and Breach, 1994.

Ludger Pries ed. , *Migration and Transnational Social Space*, Aldershot: Ashgate, 1999.

Michael Hart, *From Pride to Influence: Towards a New Canadian Foreign Policy*, Vancouver: UBC Press, 2008.

Ming – huan Li, *We Need Two Worlds: Chinese Immigrant Associations in a Western Society*, Amsterdam: Amsterdam University Press, 1999.

Myron Weiner and Michael S. Teitelbaum, *Political Demography, Demographic Engineering*, New York: Berghahn Books, 2001.

Nadje Al – Ali and Khalid Koser ed. , *New Approaches to Migration? Transnational Communities and the Transformation of Home*, London; New York: Routledge, 2002.

Ninette Kelley and Michael Trebilcock, *The Making of the Mosaic—A History of Canadian Immigration Policy*, (Second Edition), Toronto, Buffalo, London: University of Toronto Press, 2000.

Paul Heinbecker, *Getting Back in the Game: A Foreign Policy Playbook for Canada* (2nd ed.), Toronto: Dundurn, 2011.

Peggy Levitt, *The Transnational Villagers*, Berkeley: University of California Press, 2001.

Peter H. Koehn and Xiao – huang Yin eds. , *The Expanding Roles of Chinese Americans in U. S. – China Relations: Transnational Networks and Trans – Pacific Interactions*, Armonk, New York: M. E. Sharpe, 2002.

Peter S. Li, *The Chinese in Canada* (2nd ed.), Toronto; New York: Oxford University Press, 1998.

Ping – Chun Hsiung, *Living Rooms as Factories: Class, Gender, and the Satellite Factory System in Taiwan*, Philadelphia: Temple University Press, 1996

Rey Chow ed. , *Modern Chinese Literacy and Cultural Studies in the Age of Theory: Rethinking a Field*, Durham: Duke University Press, 2000.

Rey Koslowski ed. , *International Migration and the Globalization of Domestic Politics*, London, New York: Routledge, 2005.

Robert O. Keohane and Joseph S. Nye, *Transnational Relations and World Politics*, Cambridge, MA: Harvard Univ. Press, 1971.

Robin Cohen, *Global Diasporas: An Introduction*, Seattle: University of Washington Press, 1997.

Shanti Fernando, *Race and the City: Chinese Canadian and Chinese American Political Mobilization*, UBC Press, 2006.

Steven Vertovec, *Transnationalism*, London and New York: Routledge/Taylor and Francis Group, 2009.

Tan Chee – Beng ed. , *Chinese Transnational Networks*, London; New York: Routledge, 2007.

Thomas Faist, *The Volume and Dynamics of International Migration and Transnational Social Spaces*, Oxford: Clarendon Press, 2000.

Thomas Faist, The Volume and Dynamics of International Migration and Transnational Social Space, Oxford, UK: Oxford University Press, 2000.

Thomas Gold, Douglas Guthrie and David Wank ed. , *Social Networks in China: Institutions, Culture and the Changing Nature of Guanxi*, Cambridge, UK; New York: Cambridge University Press, 2002.

Tu Wei – ming ed. , The Living Tree: the Changing Meaning of Being Chinese Today, Stanford: Stanford University Press, 1994.

Weidenbaum, M. , and Samuel H. , The Bamboo Networks, Martin Kessler Books, the Free Press, New York, 1996.

（二）英文期刊

Adam McKeown, "Conceptualizing Chinese Diasporas: 1842 to 1949", *The Journal of Asian Studies*, Vol. 58, No. 2, 1999.

Aihwa Ong, "Cyberpublics and Diaspora Politics Aamong Transnational Chinese", *Interventions: International Journal of Postcolonial Studies*, Vol. 5, No. 1, 2003.

Alejandro Portes, Cristina Escobar, Alexandria Walton Radford, "Immigrant Transnational Organizations and Development: A Comparative Study", *International Migration Review*, Vol. 41, No. 1, 2007.

Alejandro Portes, Luis E. Guarnizo and Patricia Landolt, "The Study of Transnationalism: Pitfalls and Promise of an Emergent Field", *Ethnic and Racial Studies*, Vol. 22, No. 2, 1999.

Alejandro Portes, William Haller, Luis Guarnizo, "Transnational Entrepreneurs: An Alternative Form of Immigrant Economic Adaption", *American Sociological Review*, Vol. 67, 2002.

Anastasia N. Panagakos, "Citizens of the Trans – nation: Political Mobilization, Multiculturalism, and Nationalism in the Greek Diaspora", *Diaspora*, Vol. 7, No. 1, 1998.

Anita Singh, "The Diaspora Networks of Ethnic Lobbying in Canada", *Canadian Foreign Policy Journal*, Vol. 18, No. 3, 2012.

Bahar Baser and Ashok Swain, "Diasporas as Peacemakers: Third Party Mediation in Homeland Conflicts", *International Journal on World Peace*, Vol. 25, No. 3, 2008.

Bruce Gilley, "Middle Powers During Great Power Transitions", *International Journal*, Vol. LXVI, No. 2, 2011.

Charles Burton, "Canada's China Policy under the Harper Government", *Canadian Foreign Policy Journal*, Vol. 21, No. 1, 2015.

Charles King and Neil J. Melvin, "Diaspora Politics: Ethnic Linkages, Foreign Policy, and Security in Eurasia", *International Security*, Vol. 24, No. 3, 1999/2000.

Charles McC. Mathias Jr. , "Ethnic Groups and Foreign Policy", *Foreign Affairs*, Vol. 59, No. 5, 1981.

David Ip, Christine Inglis and Chung Tong Wu, "Concepts of Citizenship and Identity among Recent Asian Immigrants in Australia", *Asian and Pacific Migration Journal*, Vol. 6, No. 3 –4, 1997.

David King and Miles Pomper, "Congress and the Contingent Influence of Diaspora Lobbie: Lessons from U. S. Foreign Policy toward Azerbaijan and Armenia", *Journal of Armenian Studies*, Vol. 8, No. 1, 2004.

David Ley, "Explaining Variations in Business Performance Among Immigrant Entrepreneurs in Canada", *Journal of Ethnic and Migration Studies*,

Vol. 32, No. 5, 2006.

David Zweig, Chen Changgui & Stanley Rosen, "Globalization and Transnational Human Capital: Overseas and Returnee Scholars to China", *The China Quarterly*, Vol. 179, 2004.

David Zweig, Chung Siu Fung and Donglin Han, "Redefining the Brain Drain: China's Diaspora Option", *Science Technology & Society*, Vol. 13, No. 1, 2008.

Dennis Stairs, "The Political Culture of Canadian Foreign Policy", *Canadian Journal of Political Science*, Vol. 15, No. 4, 1982.

Dirlik Arif, "Transnationalism, the Press, and the National Imaginary in Twentieth – Century China", *The China Review*, Vol. 4, No. 1, 2004.

Donglin Han and David Zweig, "Images of the World: Studying Abroad and Chinese Attitudes towards International Affairs", *The China Quarterly*, Vol. 202, 2010.

C. R. Nagel, "Geopolitics by Another Name: Immigration and the Politics of Assimilation", *Political Geography*, Vol. 28, No. 8, 2002.

Douglas S. Massey, Jorge Duran, Emilio A. Parrado, "Migradollars and Development: A Reconsideration of the Mexican Case", *International Migration Review*, Vol. 30, No. 2, 1996.

Elaine Lynn – Ee Ho & David Ley, " 'Middling' Chinese Returnees or Immigrants from Canada? The Ambiguity of Return Migration and Claims to Modernity", *Asian Studies Review*, Vol. 38, No. 1, 2013.

Eva Ostergaard – Nielsen, "The Politics of Migrants' Transnational Political Practices", *International Migration Review*, Vol. 37, 2003.

Eva Ostergaard – Nielsen, "Transnational Practices and Receiving State: Turks and Kurds in Germany and Netherlands", *Global Networks*, Vol. 1, No. 3, 2001.

Fiona B. Adamson and Madeleine Demetriou, "Remapping the Boundaries of

State and ' National Identity ' : Incorporating Diasporas into IR Theorizing ", *European Journal of International Relations*, Vol. 13, No. 4, 2007.

George F. Kennan, " Diplomacy without Diplomat ", *Foreign Affairs*, Vol. 76, No. 5, 1997.

G. William Skinner, "Chinese Assimilation and Thai Politics", *The Journal of Asian Studies*, Vol. 16, No. 2, 1957.

Gordon C. K. Cheung, " Chinese Diaspora as a Virtual Nation : Interactive Roles between Economic and Social Capital", *Political Studies*, Vol. 52, No. 4, 2004.

Gordon Redding, " Overseas Chinese Networks : Understanding the Enigma", *Long Range Planning*, Vol. 28, No. 1, 1995.

Guobin Yang, "The Internet and the Rise of a Transnational Chinese Cultural Sphere", *Media, Culture & Society*, Vol. 25, No. 4, 2003.

Gungwu Wang, " Greater China and the Chinese Overseas ", *The China Quarterly*, Vol. 136, 1993.

Haiming Liu, "The Trans – Pacific Family : A Case Study of Sam Chang's Family History", *Amerasia Journal*, Vol. 18, No. 2, 1992.

Hong Liu, " Old Linkages, New Networks : The Globalisation of Overseas Chinese Voluntary Associations and its Implications", *China Quarterly*, No. 155, 1998.

H. Black, " The 2006 and 2008 Canadian Federal Elections and Minority MPs", *Canadian Ethnic Studies*, Vol. 41, No. 1 – 2, 2009.

HuiyaoWang, David Zweig & Xiaohua Lin, " Returnee Entrepreneurs : Impact on China's Globalization Process", *Journal of Contemporary China*, Vol. 20, No. 70, 2011.

Jackie Smith, " Global Civil Society?", *The American Behavioral Scientist*, Vol. 42, No. 1, 1998.

James Clifford, "Diasporas", *Cultural Anthropology*, Vol. 9, No. 3, 1994.

James E. Rauch and Victor Trindade, "Ethnic Chinese Networks in International Trade", *Review of Economics and Statistics*, Vol. 84, No. 1, 2002.

Janet Salaff, Arent Greve & Lynn Xu Li Ping, "Paths into the Economy: Structural Barriers and the Job Hunt for Skilled PRC Migrants in Canada", *The International Journal of Human Resource Management*, Vol. 13, No. 3, 2002.

Janet Salaff and Pearl Chan, "Competing Interests: Toronto's Chinese Immigrant Associations and the Politics of Multiculturalism", *Population. Space and Place*, Vol. 13, 2007.

Jeffrey C. Alexander, "Theorizing the 'Modes of Incorporation': Assimilation, Hyphenation, and Multiculturalism as Varieties of Civil Participation", *Sociological Theory*, Vol. 19, No. 3, 2001.

Jennifer M. Welsh, "Fulfilling Canada's Global Promise", *Policy Options*, 2005.

Jeremy Paltiel, "Canada's China Re – set: Strategic Realignment or Tactical Repositioning? Re – energizing the Strategic Partnership", *Canadian Foreign Policy Journal*, Vol. 18, No. 3, 2012.

Jerome H. Black, "The 2006 and 2008 Canadian Federal Elections and Minority MPs", *Canadian Ethnic Studies*, Vol. 41, No. 1 – 2, 2009.

Jia Gao, "Migrant Transnationality and its Evolving Nature", *Journal of Chinese Overseas*, Vol. 2, No. 2, 2006.

Jianli Huang, "Conceptualizing Chinese Migration and Chinese Overseas: The Contribution of Wang Gungwu", *Journal of Chinese Overseas*, Vol. 6, No. 1, 2010.

Johanna Waters, "Flexible Families? Astronaut' Households and the Experiences of Lone Mothers inVancouver, British Columbia", *Social and Cultural Geography*, Vol. 3, No. 2, 2002.

John Kirton and Blair Dimock, "Domestic Access to Government in Canadian Foreign Policy Process 1968 – 1982", *International Journal*, Vol. 39, No. 1, 1983/1984.

John Zhao, "Brain Drain and Brain Gain: The Migration of Knowledge Workers from and to Canada", *Education Quarterly Review*, Vol. 6, No. 3, 2000.

Johnson G. E., "Ethnic and Racial Communities on Canada", *Ethnic Groups*, Vol. 9, No. 3, 1992.

Jose Itzigsohn and Silvia Giorguli – Saucedo, "Immigrant Incorporation and Sociocultural Transnationalism", *International Migration Review*, Vol. 36, No. 3, 2002.

Kenneth S. Y. Chew and John M. Liu, "Hidden in Plain Sight: Global Labor Force Exchange in the Chinese American Population, 1880 – 1940", *Population and Development Review*, Vol. 30, No. 1, 2004.

Khachig Tölölyan, "Rethinking Diaspora (s): Stateless Power in the Transnational Moment", *Diaspora*, Vol. 5, 1996.

Kim D. Butler, "Defining Diaspora, Refining a Discourse", *Diaspora*, Vol. 10, No. 2, 2002.

Kim Richard Nossal and Leah Sarson, "About Face: Explaining Changes in Canada's China Policy, 2006 – 2012", *Canadian Foreign Policy Journal*, Vol. 20, No. 2, 2014.

Lan – Hung Nora Chiang, "Return Migration: The Case of the 1. 5 Generation of Taiwanese in Canada and New Zealand", *China Review*, Vol. 11, No. 2, 2011.

Lan – Hung Nora Chiang, "Astronaut Families: Transnational Lives of Middle – Class Taiwanese Married Women in Canada", *Social and Cultural Geography*, Vol. 9, No. 5, 2008.

Levitt Peggy, Glick Schiller Nina, "Conceptualizing Simultaneity: A Transnational Social Field Perspective on Society", *International Migration Review*, Vol. 38, 2004.

Lloyd L. Wong and Michele Ng, "Chinese Immigrant Entrepreneurs in Vancouver: A Case Study of Ethnic Business Development", *Canadian Ethnic Studies/Études Ethniques au Canada*, Vol. 30, No. 1, 1998.

Loong Wong, "Belonging and Diaspora: The Chinese and the Internet", *First Monday*, Vol. 8, No. 4, 2003.

Luin Guarnizo, Alejandro Portes, William J. Halles, "Assimilation and Transnationalism: Determinants of Transnational Political Action among Contemporary Migrants", *American Journal of Sociology*, Vol. 1098, No. 6, 2003.

Marketa Geislerova, "The Role of Diasporas in Foreign Policy: The Case of Canada", *Central European Journal of International and Security Studies*, Vol. 1, No. 2, 2007.

Martin N. Marger, Constance A. Hoffman, "Ethnic Enterprise in Ontario: Immigrant Participation in the Small Business Sector", *International Migration Review*, Vol. 26, No. 3, 1992.

Mary M. Young and Susan J. Henders, "Other Diplomacy and the Making of Canada – Asia Relations", *Canadian Foreign Policy Journal*, Vol. 18, No. 3, 2012.

Matthew Wright, Irene Bloemraad, "Is There a Trade – off between Multiculturalism and Socio – Political Integration? Policy Regimes and Immigrant Incorporation in Comparative Perspective", *Perspectives on Politics*, Vol. 10, No. 1, 2012.

Maxwell A. Cameron, "Democratization of Foreign Policy: The Ottawa Process as a Model", *Canadian Foreign Policy Journal*, Vol. 5, No. 3, 1998.

Mette Thunø, "Reaching Out and Incorporating Chinese Overseas: The

Trans – territorial Scope of the PRC by the End of 20th Century", *The China Quarterly*, Vol. 168, 2001.

Michael G. Goodman, "The Role of Business in Public Diplomacy", *Journal of Business Strategy*, Vol. 27, No. 3, 2006.

Michael Hart, "Dragon Fears: China's Impact on Canada – US Trade Relations", *International Journal*, Spring 2011.

Michael Jacobsen, "Re – conceptualizing Notions of Chineseness in a Southeast Asian Context", *East Asia*, Vol. 24, No. 2, 2007.

Michele Reis, "Theorizing Diaspora: Perspectives on 'Classical' and 'Contemporary' Diaspora", *International Migration*, Vol. 42, No. 2, 2004.

Muhammad Raza, Roderic Beaujot & Gebremariam Woldemicael, "Social Capital and Economic Integration of Visible Minority Immigrants in Canada", *International Migration and Integration*, Vol. 14, No. 2, 2013.

MyronWeiner, "On International Migration and International Relations", *Population and Development Review*, Vol. 11, No. 3, 1985.

Nadje Al – Ali, Richard Black and Khalid Koser, "The Limits to 'Transnationalism': Bosnian and Eritrean Refugees in Europe as Emerging Transnational Communities", *Ethnic and Racial Studies*, Vol. 24, No. 4, 2001.

Nicola Pipes, "Temporary Migration and Political Remittances: The Role of Organisational Networks in the Transnationalisation of Human Rights", *European Journal of East Asian Studies*, Vol. 8, No. 2, 2009.

Nina Glick Schiller, Linda Basch and Cristina Blanc – Szanton, "Transnationalism: A New Analytical Framework for Understanding Migration", *Annals of the New York Academy of Sciences*, Vol. 645, 1992.

Patrick J. Haney and Walt Vanderbush, "The Role of Ethnic Interest Groups in US Foreign Policy: The Case of the Cuban American National Foundation", *International Studies Quarterly*, Vol. 42, No. 2, 1999.

Paul Westhead, "Survival and Employment Growth Contrasts Between Types of Owner – managed High – technology Firms", *Entrepreneurship: Theory & Practice*, Vol. 20, No. 1, 1995.

Peggy Levitt and B. Nadya Jaworsky, "Transnational Migration Studies: Past Developments and Future Trends ", *Annual Review of Sociology*, Vol. 33, 2007.

Peggy Levitt and Nina Glick Schiller, "Transnational Perspectives on Migration: Conceptualizing Simultaneity", *International Migration Review*, Vol. 38, No. 3, 2004.

Peggy Levitt and Nina Glick Schiller, "Conceptualizing Simultaneity: A Transnational Social Field Perspective on Society", *International Migration Review*, Vol. 38, No. 3, 2004.

Peggy Levitt, "Transnational Migration: Taking Stock and Future Directions", *Global Networks*, Vol. 1, No. 3, 2001.

Peggy Levitt, "Social Remittances: Migration Driven Local – Level Forms of Cultural Diffusion ", *International Migration Research*, Vol. 32, No. 4, 1998.

Peter S. Li, "Reconciling with History: the Chinese – Canadian Head Tax Redress", *Journal of Chinese Overseas*, Vol. 4, No. 1, 2008.

Peter S. Li, "The Rise and Fall of Chinese Immigration to Canada: Newcomers from Hong Kong Special Administrative Region of China and Mainland China 1980 – 2000", *International Migration*, Vol. 43, No. 3, 2005.

Peter S. Li, "Chinese Investment and Business in Canada: Ethnic Entrepreneurship Reconsidered", *Pacific Affairs*, Vol. 66, No. 2, 1993.

Phillip Mar, "Unsettling Potentialities: Topographies of Hope in Transnational Migration ", *Journal of Intercultural Studies*, Vol. 26, No. 4, 2005.

Prasenjit Duara, "Transnationalism and the Predicament of Sovereignty:

China, 1900 – 1945", *American Historical Review*, Vol. 102, No. 4, 1997.

Renqiu Yu, "Chinese American Contributions to the Educational Development of Toisan, 1920 – 40", *Amerasia Journal*, Vol. 10, 1983.

Robert A. Saunders and Sheng Ding, "Digital Dragons and Cybernetic Bears: Comparing the Overseas Chinese and Near Abroad Russian Web Communities", *Nationalism and Ethnic Politics*, Vol. 12, No. 2, 2006.

Rogier Creemers, "Never the Twain Shall Meet? Rethinking China's Public Diplomacy Policy", *Chinese Journal of Communication*, 2015.

Sarah V. Wayland, "Immigration, Multiculturalism and National Identity in Canada", *International Journal on Group Rights*, Vol. 5, No. 1, 1997.

Sami Mahroum, "Highly Skilled Globetrotters: Mapping the International Migration of Human Capital", *R&D Management*, Vol. 30, No. 1, 2000.

Samuel P. Huntington, "The Erosion of American National Interest", *Foreign Affairs*, Vol. 76, No. 5, 1997.

Sheldon X. Zhang & Ko – lin Chin, "Snakeheads, Mules, and Protective Umbrellas: a Review of Current Research on Chinese Organized Crime", *Crime Law and Soialc Change*, Vol. 50, No. 3, 2008.

Sheng Ding, "Digital Diaspora and National Image Building: A New Perspective on Chinese Diaspora Study in the Age of China's Rise", *Pacific Affairs*, Special Forum: East Timor's Truth Commission, Vol. 80, No. 4, 2007.

Shibao Guo, "Return Chinese Migrants or Canadian Diaspora? Exploring the Experience of Chinese Canadians in China", in L. Suryadinata ed., *Migration, Indigenization and Interaction: Chinese Overseas and Globalization*, Singapore: World Scientific Studies, Vol. 27, No. 3, 2001.

Siu – lun Wong and Janet W. Salaff, "Network Capital: Emigration from

Hong Kong", *British Journal of Sociology*, Vol. 49, No. 3, 1998.

Stephen Chan, "What is This Thing Called Chinese Diaspora?", *Contemporary Review*, Vol. 2, 1999.

Steven Vertovec, "Conceiving and Researching Transnaitonalism", *Ethnic and Racial Studies*, Vol. 22, No. 2, 1999.

Teo Sin Yih, "Vancouver's Newest Chinese Diaspora: Settlers or Immigrant Prisoners?", *Geo Journal*, Vol. 68, No. 2, 2007.

TingGao, "Ethnic Chinese Networks and International Investment: Evidence from Inward FDI in China", *Journal of Asian Economics*, Vol. 14, 2003.

Wang Ling – chi, "The Structure of Dual Domination: Toward a Paradigm for the Study of the Chinese Diaspora in the United States", *Amerasia Journal*, Vol. 21, 1995.

Wanning Sun, "Media and the Chinese Diaspora: Community, Consumption, and Transnational Imagination", *Journal of Chinese Overseas*, Vol. 1, No. 1, 2005.

Wenran Jiang, "Seeking a Strategic Vision for Canada – China Relations", *International Journal*, Vol. 64, No. 4, 2009.

William Safran, "Diasporas in Modern Societies: Myths of Homeland and Return", *Diaspora*, Vol. 1, 1991.

V. Seymour Wilson, "The Tapestry Vision of Canadian Multiculturalism", *Canadian Journal of Political Science / Revue canadienne de science politique*, Vol. 26, No. 4, 1993.

Vic Satzewich, "Multiculturalism, Transnationalism, and the Hijacking of Canadian Froeign Policy: Pseudo – Problem?", *International Journal*, Diasporas: What is Now Means to be Canadian, Vol. 63, No. 1, 2007/2008.

Xiao – feng Liu and Glen Norcliffe, "Closed Windows, Opened Doors: Geopolitics and Post – 1949 Mainland Chinese Immigration to Canada", *The*

Canadian Geographer, No. 4, 1996.

Yen Ching – hwang, "Overseas Chinese Nationalism in Singapore and Malaya, 1877 – 1912", *Modern Asian Studies*, Vol. 16, No. 3, 1982.

Yong Chen, "The Internal Origins of Chinese Emigration to California Reconsidered", *The Western Historical Quarterly*, Vol. 28, No. 4, 1997.

Yossi Shain and Aharon Barth, "Diasporas and International Relations Theory", *International Organization*, Vol. 57, No. 3, 2003.

Yu Shi, "Identity Construction of the Chinese Diaspora, Ethnic Media Use, Community Formation, and the Possibility of Social Activism", *Journal of Media and Cultural Studies*, Vol. 19, No. 1, 2005.

Zhongping Chen, "Building the Chinese Diaspora Across Canada: Chinese Diasporic Discourse and the Case of Peterborough, Ontario", *Diaspora*, Vol. 13, No. 2/3, 2004.

（三）英文会议论文及研究报告

Abd – El – Aziz, Alaa et al., *Scoping the Role of Canadian Diaspora in Global Diplomacy and Policy Making*, University of Winnipeg Global College, 2005.

Asia Pacific Foundation of Canada, *The Role of Asian Ethnic Business Associations in Canada*, Canada Asia Commentary, No. 35, 2004.

Ballard R., *The Impact of Kinship on the Economic Dynamics of Transnational Networks: Reflections on Some South Asian Developments*. Working Paper 01 – 14. Transnational Communities Programme, Oxford University, Oxford, UK, 2001.

Brenda O' Neill, *Indifferent or Just Different? The Political and Civic Engagement of Young People in Canada*, *Charting the Course for Youth Civic and Political Participation*, Canadian Policy Research Networks, June 2007.

Canadian Association of University Teachers (CAUC), *Almanac of Post Sec-*

ondary Education 2011 – 2012.

Cindy Horst, *Diaspora Engagements in Development Cooperation*, PRIO Policy Brief. Oslo: International Peace Research Institute, 2008.

David Greenaway, Priydarshini. A. Mahabir and Chris Milner, *Does the Presence of Ethnic Chinese in Trading Partner Countries Influence Bilateral Trade Flows with China?* Leverhulme Centre for Research in Globalization and Economic Policy (GEP), University of Nottingham, September 2007.

Devesh Kapur, "The Political Impact of International Migration on Sending Countries", *Migration and Development: Future Directions for Research and Policy*, Social Science Research Council Migration & Development Conference Paper No. 14, 1st March, 2008, New York.

Don DeVoretz, *Canada's Secret Province: 2. 8 Million Canadians Abroad*, Asia Pacific Foundation of Canada, Project Paper Series #09 – 5, October 29, 2009.

Elena Caprioni, "The Chinese Diaspora in Canada," in *Tapping Our Ptential: Diaspora Communities and Canadian Foreign Policy*, The Mosaic Institute and the Walter & Duncan Gordon Foundation, July 2011.

Gary Hamilton ed. , *Business Groups and Economic Development in East Asia*, Hong Kong: Centre of Asian Studies, University of Hong Kong, 1991.

Glenn E. Curtis, Seth L. Elan, Rexford A. Hudson, Nina A. Kollars, *Transnational Activities of Chinese Crime Organizations*, A Report Prepared under an Interagency Agreement by the Federal Research Division, Library of Congress, *Trends in Organized Crime*, Vol. 7, No. 3, 2002.

International Migration Report, United Nations Department of Economic and Social Affairs/Population Division, 2013.

Jeffrey G. Reitz, *Canada: New Initiatives and Approaches to Immigration and Nation – Building*, paper presented at Conference on Immigration Policy in an Era of Globalization, SMU Tower Center for Political Studies and the

Federal Reserve Bank of Dallas, May 18 – 20, 2011.

JiaGao, "*The Diasporisation of Contemporary Overseas Chinese: From Aliena-tion to an Alternative Way of Life*," Lecture in the Asia Institute at the Uni-versity of Melbourne, Australia.

Jack Jedwab, *Leadership, Governance and the Politics of Identity in Canada*, Commissioned by the Department of Canadian Heritage for the Ethnocultur-al, Racial, Religious, and Linguistic Diversity and Identity Semi-nar. November 1 – 2, 2001.

Kenny Zhang, *Multi – stream Flows Reshape Chinese Communities in Cana-da: A Human Capital Perspective*, Asia Pacific Foundation of Canada, Presentation to The 5th WCILCOS International Conference of Institutes and Libraries for Chinese Overseas Studies – Chinese through the Americas, May 16 – 19, 2012, UBC, Vancouver.

Kenny Zhang, *Flows of People and the Canada – China Relationship*, Cana-dian International Council, China Papers, No. 10, May 2010.

Kenny Zhang, *Mission invisible: Rethinking the Canadian Diaspora*, Canada – Asia Commentary 46, 2007, Vancouver: Asia – Pacific Foundation.

Kyle Grayson and David Dewitt, *Global Demography and Foreign Policy: A Literature Brief and Call for Research*, York Centre for International and Security Studies, Working Paper No. 24, December 2003.

Mark Boyle and Rob Kitchin, *A Diaspora Strategy for Canada? Enriching De-bate through Heightening Awareness of International Practice*, Canadians A-broad Project Paper, No. 11 – 1, May 2011.

Michael Dewing, *Canadian Multiculturalism*, Social Affairs Division, Parlia-mentary Information and Research Service, 15 September, 2009.

Michael Szonyi, "Asian – Canadians And Canada's International Relations," *Foreign Policy Dialogue Series*, Asia Pacific Foundation of Canada, No-vember 2003.

Myles Hulme, *The Canada – Taiwan Parliamentary Friendship Group*, Canadian International Council, China Papers, No. 15, July 2010.

Natalie Brender, "Toward Diaspora Engagement in Foreign Policy Making: an Overview of Current Thought and Practice," in *Tapping Our Potential: Diaspora Communities and Canadian Foreign Policy*, September 2011.

Nina Glick Schiller and Peggy Levitt, *Haven't We Heard This Somewhere Before? A Substantive View of Transnational Migration Studies by Way of Reply to Waldinger and Fitzgerald*, CMD Working Paper 06 – 01, 2006.

Paul Evans, "Engagement with Conservative Characteristics: Policy and Public Attitudes, 2006 – 2011," in Pitman B. Potter and Thomas Adams ed., *Issues in Canada – China Relations*, Canadian International Council, 2011.

Peter S. Li, *Immigrants from China to Canada: Issues of Supply and Demand of Human Capital*, Canadian International Council, China Papers, No. 2, January 2010.

Pierre Gottschlich, *Diasporas and Diasporic Communities as New Sources of Power in International Relations*, Paper presented at The X. International Conference of Young Scholars: Crucial Problems of International Relations through the Eyes of Young Researchers. University of Economics, Prague, May 25th, 2006.

Raaj Tiagi with Lu Zhou, *Canada's Economic Relations with China*, Fraser Institute Studies in Chinese Economic Policy, Vancouver, 2009.

Raphael Girard, "Mechanisms for Governmental Consultation with Canadian Diaspora Groups in Foreign Policy Development", in *Tapping Our Potential: Diaspora Communities and Canadian Foreign Policy*, The Mosaic Institute and the Walter & Duncan Gordon Foundation, 2011.

Robert Smith, *Deterritorialized Nation Building: Transnational Migrants and the Re – imagination of Political Community by Sending States*, Paper Presented at the Annual Meeting of the American Political Science Association, Washington, D. C. , September 2 – 3, 1993.

Steve Grunau, *Feeding the Dragon*: *Canadian Exporters and a Booming China*, Statistics Canada Analytical Paper, 2006.

Wenhong Chenand Barry Wellman, *Doing Business at Home and Away—Policy Implications of Chinese – Canadian Entrepreneurship*, Asia Pacific Foundation of Canada, April 2007.

Xiang Biao, *Promoting Knowledge Exchange through Diaspora Networks* (*The Case of People's Republic of China*), ESRC Centre on Migration, Policy and Society (COMPAS), University of Oxford, A report written for the Asian Development Bank, March 2005.

Xiaohua Lin, Jian Guan and Mary Jo Nicholson, *Transnational Entrepreneurs as Agents of International Innovation Linkages*, International Research Institute, Ted Rogers School of Management, Ryerson University, December 2008.

（四）英文学位论文

Linda Serna Blanshay, *The Nationalisation of Ethnicity*: *A Study of the Proliferation of National Monoethnocultural Umbrella Organizations in Canada*, Ph. D. Dissertation, University of Glasgow, January 2001.

Nancy Leigh Willer Blundell, *Taiwanese Immigrants to Canada*: *An Exploratory Study*, Master Degree Thesis, University of Victoria, 2003.

Roy B. Norton, *Domestic Determinants of Foreign Policy*: *Newly Immigrated Ethnic Communities and the Canadian Foreign Policy Making Process*, 1984 – 1993. Ph. D. Dissertation, John Hopkins University, Washington, D. C. , 1998.

Shibao Guo, *An Interpretive Study of a Voluntary Organization Serving Chinese Immigrations in Vancouver*, *Canada* PhD Thesis, University of British Columbia, July 2002.